지은이 이연란

숭실대학교 일반대학원 미디어 학과 공학박사 졸업
숭실대학교 유기신소재 · 파이버공학과 교수 재직
명지대학교 방목교양대학 객원교수(R 프로그램 강의)
연세대학교 미래교육원 SMEC(C언어 강의)
세종대학교 컴퓨터공학과(파이썬 강의)
서울시 인재개발원, 한국생산성본부, 한국지역정보개발원, 경기도인재개발원,
한국정보화진흥원, 성남산업진흥재단, 중앙공무원교육원 등

저서 : 시나공 Excel & Powerpoint(길벗)
  시나공 MOS WORD & ACCESS(길벗)
  Photoshop CS5 쉽게 따라하기(숭실대학교 출판부)
  소셜미디어로 활용하기(한국지역정보개발원)

쉽고 빠르게 합격하는 COS 2급

초판 발행 2018년 2월 12일
지은이 이연란 / **펴낸이** 김태헌
펴낸곳 한빛아카데미(주) / **주소** 서울시 서대문구 연희로 2길 62번지 2층 한빛아카데미
전화 02-2128-8750 / **팩스** 02-336-7199
등록 2013년 1월 14일 제2013-000013호 / **ISBN** 979-11-5664-369-2   13000

총괄 배용석 / **책임편집** 권오상
표지 인투/김연정, **내지** 인투/김연정
영업 이윤형, 길진철, 유제욱, 김태진, 김성삼, 제주희, 주희 / **마케팅** 김호철

이 책에 대한 의견이나 오탈자 및 잘못된 내용에 대한 수정 정보는 한빛아카데미 홈페이지를 이용해 알려주십시오.
잘못된 책은 구입하신 서점에서 교환해 드립니다. 책값은 뒤표지에 표시되어 있습니다.
한빛아카데미 www.hanbit.co.kr/academy

Published by HANBIT Academy, Inc. Printed in Korea
Copyright © 2018 이연란 & HANBIT Academy, Inc.
이 책의 저작권은 이연란에 있습니다.
저작권법에 의해 보호를 받는 저작물이므로 무단 복제 및 무단 전재를 금합니다.

지금 하지 않으면 할 수 없는 일이 있습니다.
책으로 펴내고 싶은 아이디어나 원고를 메일(academy@hanbit.co.kr)로 보내주세요.
한빛아카데미(주)는 여러분의 소중한 경험과 지식을 기다리고 있습니다.

한빛아카데미(주)는 한빛미디어(주)의 대학교재 출판 부문 자회사입니다.

이 책의 머리말

스크래치 프로그램은 실제로 코딩을 하는 C++, C#, 비주얼 베이직과 달리 다양한 블록을 이용해서 프로그래밍을 하기 때문에 프로그래밍을 처음 접하는 사람이나 어린 아이들에게 권할 수 있는 프로그래밍 언어입니다.

전 세계 많은 학교들이 필수 교육 과정으로 프로그래밍 교육을 하고 있고, 한국에서도 코딩 교육 열풍이 일고 있습니다. 또한, 스크래치 프로그래밍에 대한 자격 검정을 YBMNet에서 시행하고 있습니다. 이런 시대 흐름에 맞추어 본 교재를 출간하게 되었습니다.

본 교재는 단순히 스크래치 프로그램에 대한 기능적인 소개만 하는 것이 아니라 다른 프로그래밍과의 차이점 및 실제 스크래치 프로그램을 통해 어떻게 프로그래밍을 하는지에 대한 구체적인 설명을 하고 있습니다. 또한, 스크래치를 활용하여 YBMNet에서 주관하는 코딩 활용능력 COS(Coding Specialist) 2급 시험을 완벽하게 대비할 수 있습니다.

본 교재를 통해 COS 시험을 준비하는 수험생들에게 많은 도움이 되고 쉽고 빠르게 합격할 수 있기를 소망합니다.

2018년 2월 1일
이연란 드림

COS 시험안내

■ Coding Specialist 안내

COS(Coding Specialist)란? Scratch 에 대한 자격증으로 높은 수준의 프로그래밍 활용능력이 있음을 증명할 수 있습니다.

COS(Coding Specialist)는 시작부터 종료까지 100% 컴퓨터상에서 진행되는 CBT(Computer Based Test)로 평가 방식이 정확함은 물론 시험 종료 즉시 시험 결과를 알 수 있습니다.

■ Coding Specialist 자격증 종류 및 Level

Scratch 프로그램 중에서 자유롭게 등급을 선택하여 응시할 수 있습니다.

■ 합격기준

합격 점수는 1,000점 만점으로 시험 종료 후 바로 성적표가 발급되며 합격 점수는 등급별로 다릅니다.

등급	검정방법	검정시행 형태	합격기준
1급 / Advanced	실기시험	10문제(실기) 시험시간 : 50분	700점 이상
2급 / Intermediate	실기시험	10문제(실기) 시험시간 : 50분	600점 이상
3급 / Basic	실기시험	10문제(실기) 시험시간 : 40분	600점 이상

■ Score Report

COS Score Report에는 취득 점수와 합격 여부를 확인할 수 있습니다. 또한 프로그래밍에 필요한 능력수준과 기술수준에 대한 능력을 0~100%의 성취도를 확인할 수 있어, 취약부분을 파악할 수 있습니다.

■ 시험별 응시료 안내

등급	시험응시 검정료
1급 / Advanced	₩23,000
2급 / Intermediate	₩20,000
3급 / Basic	₩18,000

※ 자격증 발급비용 별도(₩4,500)이며 검정료 및 발급비용은 변경될 수 있습니다.

■ 과목별 평가항목

등급	검정기준
1급 / Advanced	• 화면 구현 : 화면 구성, IDE 도구 활용 • 프로그램 구현 : 개발 도구의 이해, 변수, 리스트, 함수, 스프라이트 활용, 반복문과 조건문, 연산자 활용, 난수, 멀티미디어 활용, 소프트웨어 테스트, 공통모듈, 소스코드 검토 및 디버깅, 성능개선, 알고리즘
2급 / Intermediate	• 화면 구현 : 화면 구성, IDE 도구 활용 • 프로그램 구현 : 개발도구의 이해, 변수, 리스드, 함수, 스프라이드 활용, 반복문과 조건문, 연산자 활용, 난수, 멀티미디어 활용 소프트웨어 테스트, 공통모듈, 소스코드 검토 및 디버깅, 성능개선, 순서도
3급 / Basic	• 화면 구현 : 화면 구성, IDE 도구 활용 • 프로그램 구현 : 프로그래밍 도구 활용, 변수, 스프라이트 활용, 반복문과 조건문, 연산자 활용, 난수, 멀티미디어 활용, 스프라이트 제어, 애니메이션 효과, 좌표이해, 소스코드 검토 및 디버깅

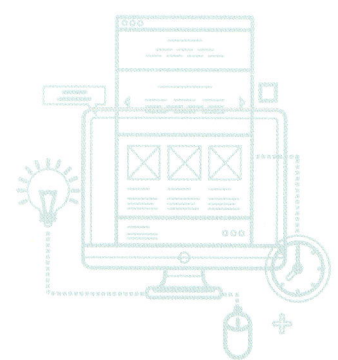

CONTENTS

PART 01 | 스크래치 프로그래밍

Chapter 01 | 소프트웨어와 스크래치 ·········· 13

SECTION 01 소프트웨어의 구성 ·········· 14
SECTION 02 프로그램과 프로그래밍 언어 ·········· 16
SECTION 03 스크래치의 특징과 실행 구조 ·········· 20

연습문제 ·········· 25
실습문제 ·········· 26

Chapter 02 | 기본블록 구성 활용하기 ·········· 27

SECTION 01 스크래치 스크립트 블록의 이해 ·········· 28
SECTION 02 스크래치 기초 프로그래밍 소개 ·········· 37
SECTION 03 스프라이트의 스크립트 작성하기 ·········· 45

연습문제 ·········· 52
실습문제 ·········· 53

Chapter 03 | 스프라이트 동작 구현하기 ·········· 57

SECTION 01 스프라이트의 구현 방식 ·········· 58
SECTION 02 스프라이트의 동작 구현하기 ·········· 62
SECTION 03 스프라이트의 형태 표현 ·········· 72
SECTION 04 스프라이트의 소리 구현 ·········· 85
SECTION 05 스프라이트의 펜 그리기 활용 ·········· 90

연습문제 ·········· 94
실습문제 ·········· 95

Chapter 04 | 자료형과 연산, 변수 · 99

SECTION 01 자료형과 연산 · 100
SECTION 02 변수 · 106
SECTION 03 지역변수와 전역변수 · 113
SECTION 04 프로그램 주석 · 119
SECTION 05 구조적 자료형 · 121

연습문제 · 129
실습문제 · 131

Chapter 05 | 문장의 조건 구조문 · 135

SECTION 01 조건의 이해 · 136
SECTION 02 실행 문장의 개념 · 144
SECTION 03 문장의 실행 반복 · 149

연습문제 · 159
실습문제 · 161

Chapter 06 | 선택적 조건문 · 165

SECTION 01 문장의 선택적 실행 · 166
SECTION 02 반복과 중첩 실행 · 175

연습문제 · 180
실습문제 · 182

CONTENTS

Chapter 07 | 프로시저(함수)와 분산 처리 ·· 187

   SECTION 01 프로시저의 특징과 매개변수 ································ 188

   SECTION 02 분산처리 구현하기 ·· 199

   `연습문제` ··· 208

   `실습문제` ··· 210

Chapter 08 | 컴퓨팅 알고리즘과 프로그래밍 ································ 215

   SECTION 01 컴퓨팅적 사고의 특성 ·· 216

   SECTION 02 추상화의 특성 ·· 219

   SECTION 03 분해의 특성 ·· 222

   SECTION 04 패턴인식의 속성 ·· 227

   SECTION 05 알고리즘의 구조 ·· 231

   `연습문제` ··· 237

   `실습문제` ··· 239

Chapter 09 | 감지 현상 응용 프로그래밍 ····································· 243

   SECTION 01 감지 현상의 개념 ·· 244

   SECTION 02 카메라와 마이크 기능 ·· 252

   `연습문제` ··· 259

   `실습문제` ··· 261

| Chapter 10 | 이벤트형 동작 프로그래밍 | 265 |

SECTION 01 이벤트 현상의 이해 ········ 266

연습문제 ········ 282

실습문제 ········ 284

| Chapter 11 | 스프라이트 복제 범위 난수, 재귀호출 프로그래밍 | 287 |

SECTION 01 스프라이트 복제와 활용 ········ 288

SECTION 02 난수의 활용 ········ 296

SECTION 03 재귀호출의 활용 ········ 302

연습문제 ········ 306

실습문제 ········ 308

PART 02 실전 모의고사

| Chapter 01 | 실전 모의고사 ········ 314

01~10회 ········ 314

이 책의 학습방법

PART 01 스크래치 프로그래밍

프로그래밍에 대한 기초적인 이해와 더불어 스크래치 프로그램에서는 어떻게 구현하는지 자세하게 설명하고 있습니다. 또한 다양한 예제는 스크래치 각 기능별 사용법에 대한 이해를 높일 수 있고, 단원별 프로그래밍 기초 이론 점검과 실습문제를 통해 다양한 시험 유형에 완벽하게 대비할 수 있습니다.

 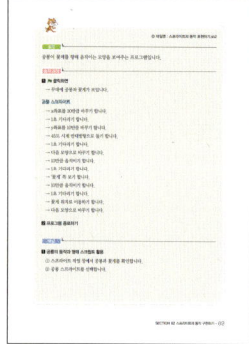 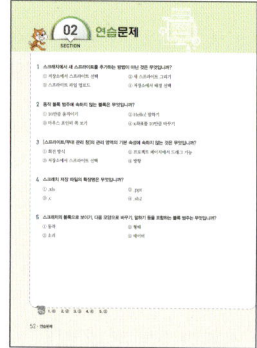 

PART 02 실전 모의고사

다양한 실전 모의고사를 통해 실제 시험에 완벽히 대비할 수 있도록 출제 가능성 있는 기능들의 문제들로 구성하였습니다.

※ 부록

YBMNet 제공하는 샘플문제와 실전 모의고사에 대한 해설을 PDF로 제공합니다. 또한 이 책에 수록된 예제 파일은 한빛아카데미 홈페이지에서 다운 받을 수 있습니다.

예제 소스 다운로드 받기

YBMNet에서 제공하는 샘플문제와 실전 모의고사에 대한 해설을 PDF로 제공합니다. 예제 소스와 PDF는 다음과 같은 방법으로 다운로드 합니다.

① 한빛출판네트워크 http://www.hanbit.co.kr 홈페이지에 접속한다.
② 메인 페이지 오른쪽 하단의 [자료실] 버튼을 클릭한다.

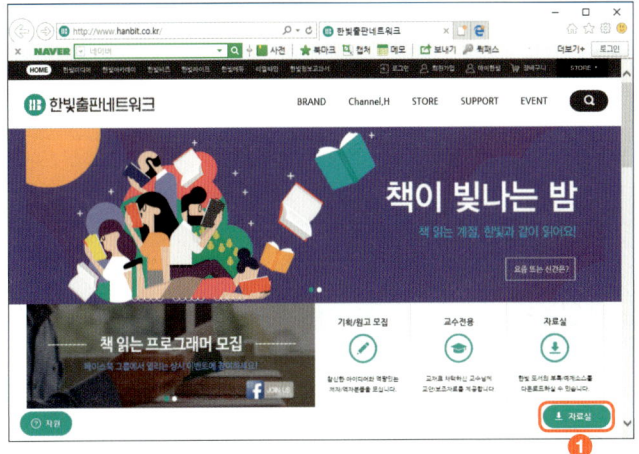

③ 도서검색 창에 'COS'를 검색한다.
④ 도서가 검색되면 예제소스 [다운로드] 버튼을 클릭한다.
⑤ 다운로드 받은 파일을 열어 예제 소스를 확인한다.

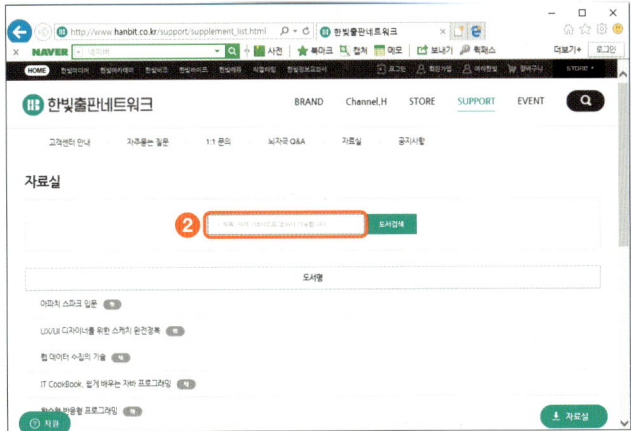

01 스크래치 프로그래밍

Chapter 01	소프트웨어와 스크래치
Chapter 02	기본블록 구성 활용하기
Chapter 03	스프라이트 동작 구현하기
Chapter 04	자료형과 연산, 변수
Chapter 05	문장의 조건 구조문
Chapter 06	선택적 조건문
Chapter 07	프로시저(함수)와 분산 처리
Chapter 08	컴퓨팅 알고리즘과 프로그래밍
Chapter 09	감지 현상 응용 프로그래밍
Chapter 10	이벤트형 동작 프로그래밍
Chapter 11	스프라이트 복제 범위 난수, 재귀호출 프로그래밍

Scratch Programming

CHAPTER 1
소프트웨어와 스크래치

이 장에서 무엇을 공부하나요?

- 하드웨어와 소프트웨어의 개념과 차이를 이해하고 소프트웨어의 종류를 학습합니다.
- 프로그램과 프로그래밍 언어를 이해하고 프로그래밍 언어의 종류를 학습합니다.
- 컴파일러와 인터프리터의 차이를 이해하고 프로그램 실행 과정을 학습합니다.
- 스크래치의 주요 교육목표를 이해합니다.
- 프로그래밍 교육용 언어로서 스크래치의 장점과 특징을 학습합니다.

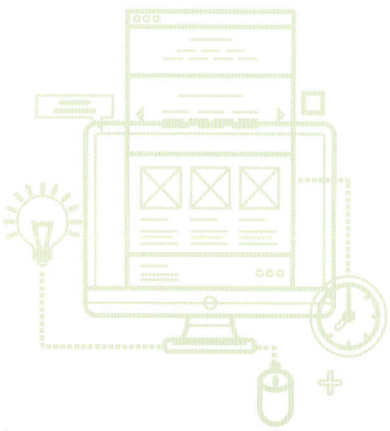

SECTION 01 | 소프트웨어의 구성

SCRATCH PROGRAMMING

① 하드웨어와 소프트웨어의 이해

컴퓨터는 하드웨어와 소프트웨어로 구성됩니다. 하드웨어는 시스템의 물리적 부품의 영역을 의미하며, 다른 의미로 컴퓨터에 속한 주변장치의 통합적 명칭이기도 합니다. 이것의 주요 구성은 본체, CPU, 마우스, 모니터 등이 있습니다. 즉, 컴퓨터를 구성하는 주변 기계 장치가 하드웨어입니다.

컴퓨터 본체, 모니터, 키보드 등 　　　컴퓨터 본체 내부 기기 　　　CPU 　　　메모리

소프트웨어는 '프로그램'이라고도 합니다. 하드웨어의 상대적 의미로 컴퓨터를 사용함에 있어서 필요하지만, 구체적인 사물과 같이 시각적이지 않은 대상을 포함합니다. 또한 PC, 스마트 폰, 시계, 자동차 등에 소프트웨어를 탑재하고 있어 그 활용 분야는 다양합니다. 점차 소프트웨어 활용 대상이 다양해지므로 소프트웨어 산업의 중요성이 부각되고 있습니다.

② 소프트웨어의 구조적 특징

소프트웨어는 시스템 소프트웨어와 응용 소프트웨어 두 가지로 구분합니다.
시스템 소프트웨어는 '운영체제'라고도 합니다. 키보드, 모니터와 같은 하드웨어 장치를 제어하며, 윈도우즈, 리눅스, 도스 등이 대표적인 종류입니다.
응용 소프트웨어는 사용자의 필요에 따라 다양한 목적을 가지고 활용할 수 있는 특징이 있습니다. 대표적인 예로 문서 편집기, 게임, 계산기 등의 다양한 애플리케이션이 있습니다.

다시 말하면 시스템 소프트웨어의 작업 영역은 컴퓨터의 본체, 마우스, 키보드, 모니터, 프린터 등과 같은 컴퓨터 하드웨어의 제어 및 동작을 할 수 있는 작업을 대상으로 합니다. 그렇지만 응용 소프트웨어는 시스템 소프트웨어의 환경에서 목적을 갖는 문서 작성, 자료 관리, 전자 계산표, 그래픽 프로그램의 실행을 구현합니다.

▲ 윈도우즈 시스템 운영체제

▲ 디지털 미디어 게임

SECTION 02 프로그램과 프로그래밍 언어

1 프로그램, 프로그래머, 프로그래밍의 의미

- **프로그램** : 어떤 일을 하기 전에 그 과정과 나열 순서를 명시하는 것을 프로그램이라고 합니다. 이것은 다른 사람도 프로그래밍 할 수 있도록 전달이 가능합니다. 이와 같이 어떤 결과물을 창출하기 위해서 컴퓨터를 통해 수행할 일을 기록한 글을 컴퓨터 프로그램 또는 일반적으로 '프로그램'이라고 합니다.
- **프로그래머** : 프로그램을 제작하는 사람을 '프로그래머'라고 부릅니다.
- **프로그래밍** : 프로그램을 제작하는 행위를 '프로그래밍'이라고 합니다.

즉, 프로그래머가 프로그래밍 과정을 통해 프로그램을 제작하고, 제작된 프로그램 과정에 따라 컴퓨터는 실행하여 결과를 표현합니다.

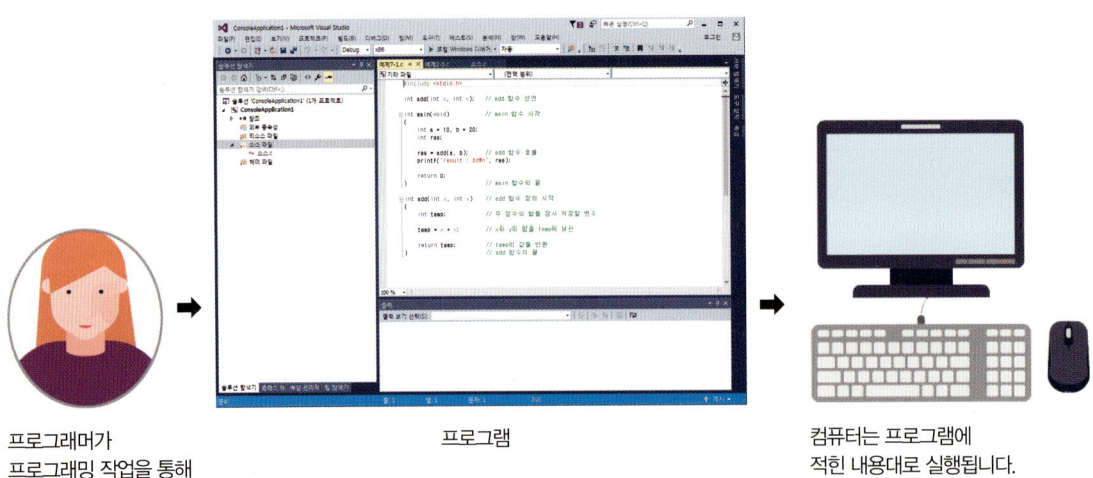

프로그래머가 프로그래밍 작업을 통해 프로그램을 만듭니다. 　　프로그램 　　컴퓨터는 프로그램에 적힌 내용대로 실행됩니다.

컴퓨터는 사람이 느끼는 다양한 감성을 표현할 수 없습니다. 예를 들어 컴퓨터는 '유쾌', '불쾌', '긴장', '편안'과 같은 감성적이고, 구체적이지 못한 의미를 인식하지 못하며 실행 결과로 표현할 수도 없습니다. 즉 사람은 좋고 나쁨의 다양한 감성의 표현을 말할 수 있지만, 컴퓨터에서는 실행 과정을 구체적으로 제시하는 특징만 실행합니다. 곧, 프로그램은 정확한 수치로 표현된 내용만을 요구합니다.

② 프로그래밍 언어의 특징

프로그램을 설계할 때 프로그래밍 언어로 표현합니다. 프로그래밍 언어의 속성은 컴퓨터가 이해할 수 있는 구조적 형태를 갖추어야 합니다. 그렇게 하기 위해 컴퓨터가 이해할 수 있도록 기계어의 작성이 필요합니다. 기계어는 '0'과 '1'로 구성된 언어만 해석할 수 있습니다. 그렇지만 사람이 컴퓨터가 이해할 수 있는 기계어로만 프로그램을 작성한다면 어려운 일일 것입니다. 기계어 프로그래밍의 어려움을 해결하기 위해 프로그래밍 언어들이 개발되었는데, 이런 종류의 언어들을 고급 프로그래밍 언어라고 칭합니다.

```
#include <stdio.h>

int main(void)
{
    int i;                    // 반복 횟수를 세기 위한 제어 변수
    int sum = 0;              // 1부터 10까지의 합을 누적할 변수

    for (i = 1; i <= 10; i++) // i는 1부터 10까지 증가하면서 10번 반복
    {
        sum += i;             // i값을 sum에 누적
        if (sum > 30) break;  // 누적한 값이 30 보다크면 반복문을 끝낸다.
    }
    printf("누적한 값 : %d\n", sum);
    printf("마지막으로 더한 값 : %d\n", i);

    return 0;
}
```
▲ C언어

```
#include <stdio.h>

int main(void)
{
    int i;                    // 반복 횟수를 세기 위한 제어 변수
    int sum = 0;              // 1부터 10까지의 합을 누적할 변수

    for (i = 1; i <= 10; i++) // i는 1부터 10까지 증가하면서 10번 반복
    {
        sum += i;             // i값을 sum에 누적
        if (sum > 30) break;  // 누적한 값이 30 보다크면 반복문을 끝낸다.
    }
    printf("누적한 값 : %d\n", sum);
    printf("마지막으로 더한 값 : %d\n", i);

    return 0;
}
```
▲ C++언어

> **전문가 조언**
>
> 컴퓨터 프로그래밍으로 간단한 문장의 기계어와 일대일 대응 형식의 저급형 언어인 어셈블리어가 있습니다. 어셈블리어는 단순한 기계어를 쉬운 기호로 변환하여 표현해주므로 컴퓨터가 이해하기 쉬운 언어 유형입니다. 예를 들어 기계어로 1101은 더하기 명령인데 어셈블리어는 ADD라고 표현해줍니다. 어셈블리어는 어셈블러라는 특수한 프로그램의 과정을 거쳐 다시 컴퓨터가 모두 인식할 수 있는 형태의 기계어로 변환합니다.

③ 프로그램의 번역과 실행

고급 프로그래밍 언어 형식을 소스 프로그램 또는 원시 프로그램이라고 합니다. 기계어만 인식하는 컴퓨터는 소스 프로그램으로 완성할 수 없습니다. 그러므로 소스 프로그램을 기계어로 번역하는 작업에서 컴파일러와 인터프리터라는 전문화한 프로그램이 실행되어야 합니다. 컴파일러 과정은 소스 프로그램을 기계어 프로그램으로 일괄 번역합니다. 컴파일러 결과 생성된 기계어 프로그램은 목적 프로그램이고, 실질적으로 컴퓨터는 이런 유형의 목적 프로그램을 실행합니다. 그리하여 컴파일러는 목적 프로그램을 기계어 프로그램으로 실행하는 과정이 필요합니다. 또한 인터프리터는 소스 프로그램의 문장들을 실행하는 과정 순서에 따라 단계별로 해석하고, 기계어 유형으로 번역하여 컴퓨터가 실행할 수 있도록 합니다.

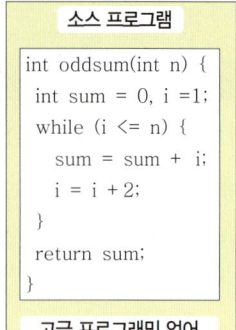

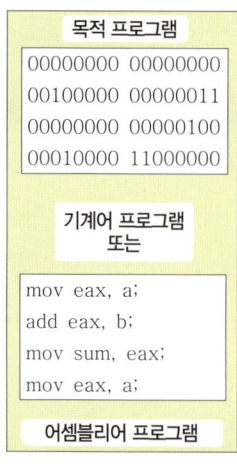

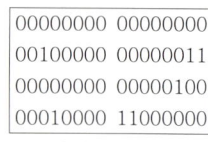

- **컴파일러 방식** : 기계어로 된 목적 프로그램을 먼저 만든 후에 소스 프로그램을 실행합니다. 그러므로 목적 프로그램의 소요 시간은 오래 걸릴 수 있지만, 프로그램의 실행 처리 속도는 빠른 편입니다.
- **인터프리터 방식** : 목적 프로그램을 구성하지 않고 프로그램을 즉각적으로 실행할 수 있습니다. 그러나 소스 프로그램에서 한 문장씩 해석하고, 실행해야 하므로 컴파일러 방식보다 프로그램 실행 처리 속도가 느립니다. 그렇지만 인터프리터 방식은 프로그램 일부를 편집하여 실행 결과를 즉각적으로 볼 수 있다는 장점이 있습니다. 이런 방식은 스크래치를 비롯한 많은 교육용 코딩 프로그래밍 언어에 사용되고 있습니다.

④ 프로그래밍 언어와 스크래치의 특징 및 개발 동기

스크래치는 2005년 'MIT 미디어랩' 연구소의 '라이프롱 킨더가르텐' 그룹에서 개발한 교육용 코딩 프로그래밍 언어입니다. 스크래치는 기존의 텍스트 형식의 프로그래밍 언어와 구분되며, 블록을 조립하는 형식으로 스크립트를 연결하는 구조입니다. 이것은 전 연령이 쉽게 접근할 수 있는 프로그램으로 설계되어 있으며 종류는 다양한 게임, 애니메이션 등이 주요 내용이고, 그 외에 인터렉티브 스토리, 디지털 아트, 음악 등을 제작할 수 있습니다. 그렇게 만들어진 작품들은 스크래치를 공부하는 세계 각국의 사람들과 공유 또는 제작할 수 있습니다.

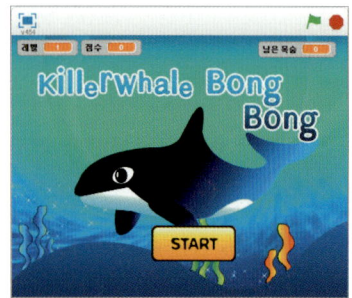
▲ 게임

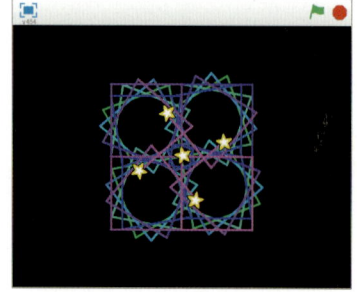
▲ 디지털 아트

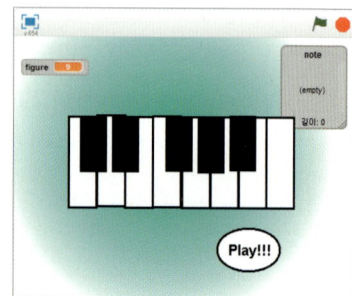
▲ 음악

▲ 댄스

▲ 스토리텔링

스크래치 프로그램의 개발 동기는 21세기에 들어서서 소프트웨어 산업의 중요성으로 주목받고 있습니다. 그렇지만 처음부터 고급화된 전문 교육을 수료하기 어려우므로 기초 소프트웨어 교육에 대한 필요성이 부각되고 있습니다. 그리하여 전 국민을 대상으로 하여 쉽게 소프트웨어를 학습할 수 있는 소프트웨어 교육이 필요한 실정입니다. 여기에 스크래치 프로그램은 '창의적인 생각하기', '논리적인 생각을 추론하기', '다른 사람들과 공동체적으로 협동하기'를 핵심 능력으로 구성하는 주요 장점을 가진 프로그램입니다.

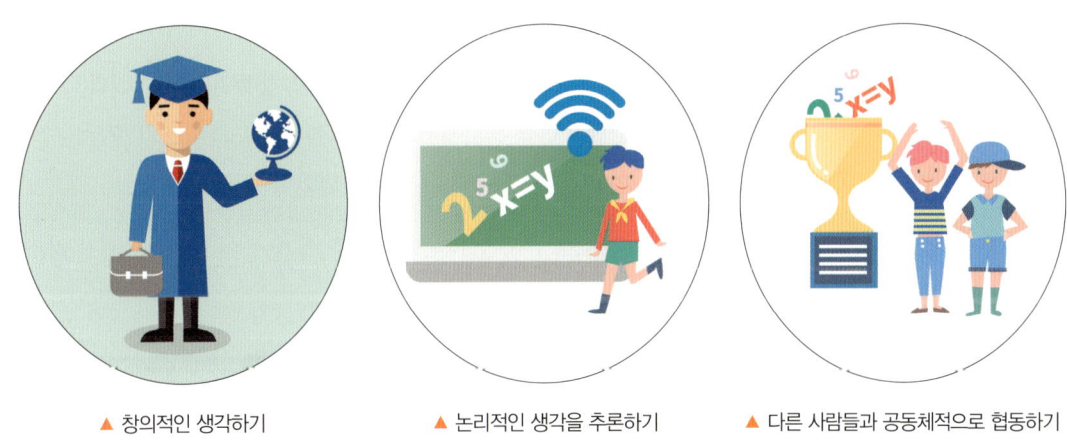
▲ 창의적인 생각하기　　　▲ 논리적인 생각을 추론하기　　　▲ 다른 사람들과 공동체적으로 협동하기

SECTION 03 | 스크래치의 특징과 실행 구조

스크래치는 복잡한 프로그램을 개발하기에 적합한 프로그램은 아닙니다. 스크래치는 프로그래밍의 일반적인 구조 개념을 학습합니다. 그러므로 쉽게 실습해 봄으로써 프로그래밍을 재미있게 학습하는 데 최적화되어 있습니다.

스크래치는 사용자형 스크립트 언어입니다.

스크립트는 컴퓨터 응용 소프트웨어를 제어하는 스크립트 프로그래밍 언어를 의미합니다. 스크립트 언어는 일반적으로 응용 프로그램과 독립적으로 구분되어 적용됩니다. 애니메이션 동작은 사용자의 요구에 적합한 규칙이나 명령을 수행할 수 있습니다.

스크래치에서는 연기자(응용 프로그램)를 구성하고, 스크립트 언어는 연기할 행동만 제시합니다. 스크래치 환경에서는 스프라이트라는 연기자와 무대라는 배경 장소에서 작업합니다. 스프라이트의 행동은 걷고, 뛰고, 말하고, 소리를 내고, 그림을 그리고, 연기자는 행동을 자유자재로 변화할 수 있습니다.

활동 무대는 스프라이트들이 연기할 수 있는 장소로 운동장, 야구장, 우주 공간 등이 있으며, 배경 장소를 변경하거나 음악 등도 함께 출력할 수 있습니다. 그리고 이미지, 소리, 음악 등의 미디어를 서로 융합하고, 이벤트의 적합한 조합으로써 흥미 있는 프로그램으로 작성할 수 있습니다. 앞으로 여러분이 제작하게 될 스크래치 프로그래밍은 연기자와 다양한 배경을 통해 결정합니다. 그리고 다양한 행동들을 스크립트로 작성하는 작업에 따라 구성하게 됩니다.

▲ 스프라이트

desert　　　　　　　　　　　　　bedroom2

▲ 배경 그림

스크래치는 레고 블록을 쌓아 가는 맞춤형 프로그래밍을 할 수 있습니다.

스크래치는 다양한 블록을 활용해 레고 블록을 조립하고 쌓듯이 작성합니다. 그리고 스크립트를 쉽게 시각적으로 확인하면서 작성할 수 있습니다. 예를 들어 고양이가 쥐 방향을 보면서 움직이고 "잡아라"라고 말하는 표현을 합니다. 여기서 연기자로 고양이와 쥐가 스프라이트이고, 다양한 블록들을 사용해 구현할 수 있습니다.

실행 화면	블록 구현	블록 설명
		쥐쪽 보기 고양이 스프라이트가 쥐 스프라이트를 바라봅니다.
	클릭했을 때 쥐▼ 쪽 보기 30 만큼 움직이기 잡아라 말하기	30만큼 움직이기 보는 방향(쥐)으로 입력된 숫자(30)만큼 이동합니다.
		"잡아라" 말하기 고양이 스프라이트가 "잡아라"라고 말합니다.

▲ 쥐 스프라이트를 향해 움직이는 고양이 스프라이트 블록

스크래치는 프로그래밍 작업을 종합적으로 구성합니다.

스크래치 프로그래밍은 보편적으로 '프로그램에 다양한 스프라이트 추가하기' → '적합한 무대 배경과 소리 추가하기' → '스프라이트 모양, 무대 배경, 소리 형태로 변경하기' → '스프라이트 단위로 스크립트 작성하기' → '실행하기' 등의 프로그래밍 순서에 따라 작성합니다. 스크래치는 이런 작업들을 통합적이고, 재미있으면서 편리한 제작 환경을 갖추고 있습니다. 인터넷 창에서 스크래치 홈페이지(http://scratch.mit.edu)를 실행하면 스크래치 프로그램을 한눈에 확인할 수 있습니다.

❶ 스크래치 실행 방법

스크래치는 컴퓨터에 응용 프로그램 설치 없이 웹 브라우저에서 직접 프로그램을 제작하고, 저장할 수 있습니다. 웹 브라우저에서 'http://scratch.mit.edu'로 접속한 후 [바로 시작하기] 메뉴를 선택하면 스크래치의 첫 화면을 만날 수 있습니다.

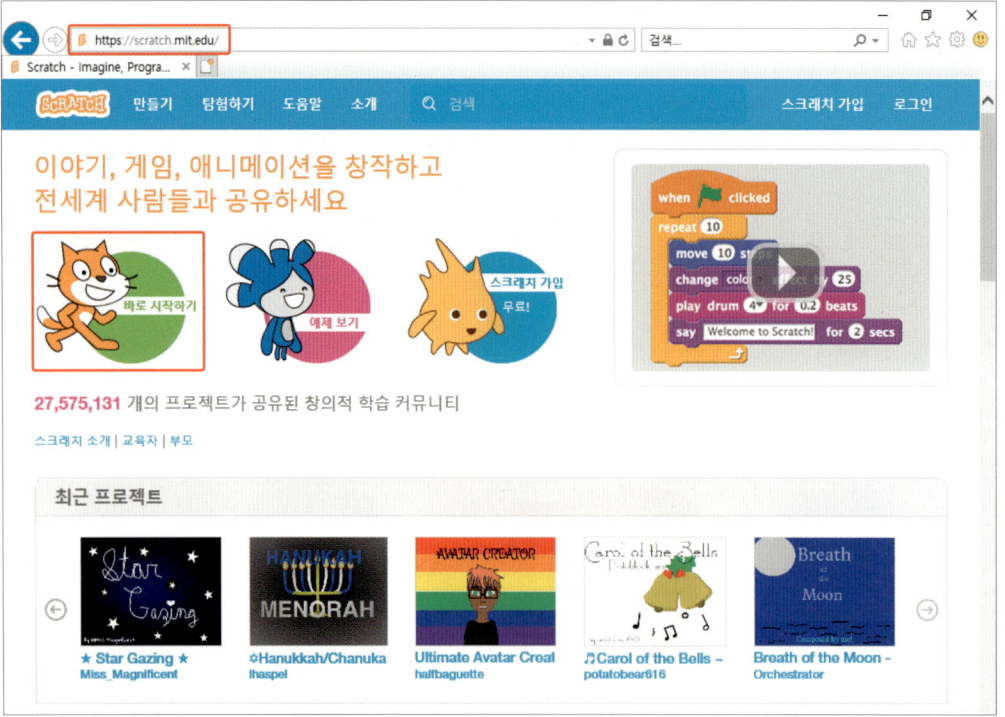

[예제 보기] 메뉴를 클릭하면 다른 사람들의 스크래치 작품을 감상할 수 있고, [스크립트 보기]를 통해 어떤 방법으로 프로그래밍을 했는지 확인할 수 있습니다.

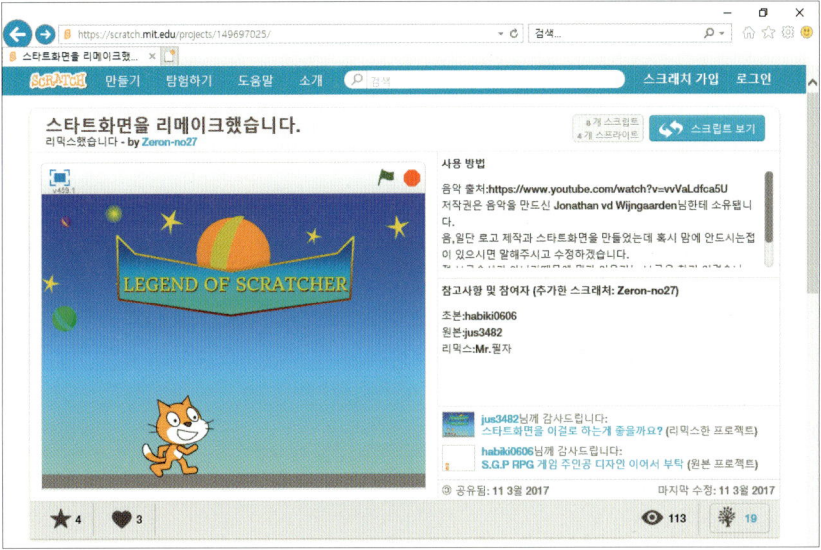

❷ 스크래치의 작업 화면 구성

스크래치 화면의 구성은 '메인 메뉴 바', '프로그래밍 실행 관리 창', '스프라이트/무대 관리 창', '스크립트 작업 창'으로 구분할 수 있고, 다양한 프로그램 기능을 사용할 수 있습니다. 기능들에 대한 설명은 사용하면서 적용할 것이고, 우선 이름과 위치만 익혀 두겠습니다.

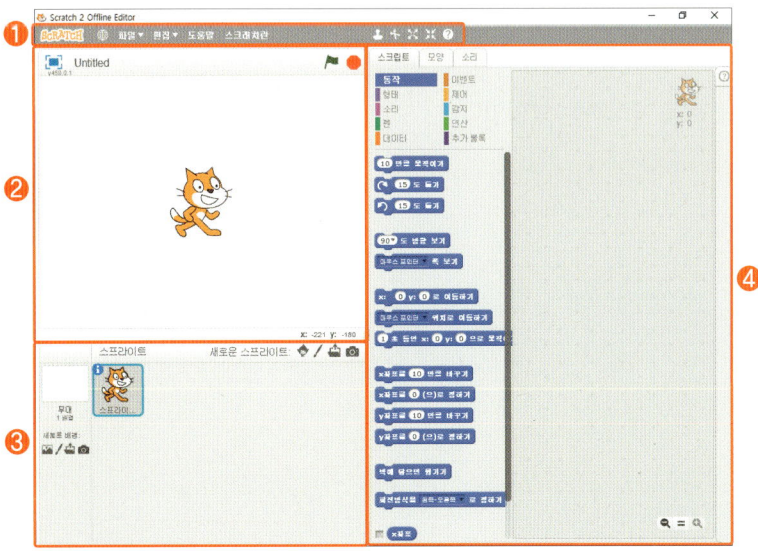

▲ 스크래치 프로그램 작업 환경

❶ 메인 메뉴 바

- 프로그램을 실행하는 데 필수적인 기능의 명령 그룹입니다.
- 메뉴 : 언어 선택, 파일, 편집, 도움말 등의 필수적인 기능을 활용할 수 있습니다.
- 툴바 : 시각적으로 바로 적용할 수 있는 복사, 삭제, 확대, 축소 등으로 블록들의 도움말 기능을 사용할 수 있습니다.

❷ 프로그램 실행 관리 창

- 프로젝트 이름 : 현재 작업하고 있는 프로젝트 명칭이고, 스프라이트와 무대의 동작을 작성한 스크립트 프로그램을 실행하여 표현합니다.
- 마우스 좌표 : 마우스의 현재(x, y) 가로, 세로 좌표를 표시합니다.

❸ 스프라이트/무대 관리 창

- 스프라이트/무대 관리 창에서는 스프라이트와 무대의 변경 선택, 추가, 삭제 등에 필요한 관리 작업을 합니다.
- 무대 정보 : 현재 무대 배경의 정보를 보여주고, 새로운 배경을 변경 선택할 수 있습니다.
- 스프라이트 목록 : 프로젝트에 포함된 모든 스프라이트들을 표현합니다.
- 새로운 스프라이트 단추 : 새롭게 적용할 스프라이트를 추가합니다.

❹ 스크립트 작업 창

- 스크립트 작업 창에서는 블록을 활용하여 프로그램을 작성할 수 있습니다. [스크립트], [모양], [소리] 탭 등을 이용해 다양하게 사용자 설정을 합니다.
- 블록 모음 : 프로그램 작성에 적합한 블록의 그룹을 표현합니다.
- 스크립트 영역 : 블록을 활용해 스크립트를 제작하는 영역입니다.

1 컴퓨터를 구성하는 데 있어서 시스템의 물리적 부품을 포함하는 영역은 무엇입니까?

① 소프트웨어　　　　　　　　② 하드웨어
③ 프로그램　　　　　　　　　④ 애플리케이션

2 보통 '프로그램'을 의미하고, 윈도우즈, 게임, 계산기 등을 실행시키는 대상은 무엇입니까?

① 소프트웨어　　　　　　　　② 하드웨어
③ CPU　　　　　　　　　　　④ 메모리

3 윈도우즈, 리눅스, 도스 등의 운영체제 프로그램 영역에 포함하는 소프트웨어를 무엇이라고 합니까?

① 하드웨어　　　　　　　　　② 시스템 소프트웨어
③ 응용 소프트웨어　　　　　　④ 프로그램

4 시스템 소프트웨어의 환경에서 목적성을 가지며 문서 작성, 자료 관리, 전자 계산표, 그래픽 프로그램 실행에 필요한 소프트웨어는 무엇입니까?

① 하드웨어　　　　　　　　　② 시스템 소프트웨어
③ 응용 소프트웨어　　　　　　④ 프로그램

5 다음 중에서 스크래치 프로젝트의 교육 목표에 있어서 주요 핵심 능력이 아닌 것은 무엇입니까?

① 창의적으로 생각하기　　　　② 논리적인 생각으로 추론하기
③ 다른 사람들과 공동체적으로 협동하기　　④ 수학적 계산 능력 키우기

6 스크래치에 대한 설명으로 잘못된 것은 무엇입니까?

① MIT 미디어랩(Lifelong Kindergarten)에 지원하는 무료형 프로젝트입니다.
② 프로그래밍 작성에 있어서 블록 형식으로 지원하는 이미지형 스크립트 언어입니다.
③ 스크래치를 공부하는 세계 각국의 사람들과 공유 또는 제작할 수 있습니다.
④ 대규모 작업에 적합하며 복잡하고, 공동 작업이 어려운 프로그램입니다.

 1. ②　2. ①　3. ②　4. ③　5. ④　6. ④

1. 스크래치 사이트(https://scratch.mit.edu)의 메인 화면에서 만들기, 탐험하기, 토론하기, 소개, 도움말 등의 내용을 경험합니다. 그리고 스크래치 프로그램의 최근 프로젝트의 다양한 예제를 둘러보거나 스크래치의 다양한 메뉴를 확인합니다.

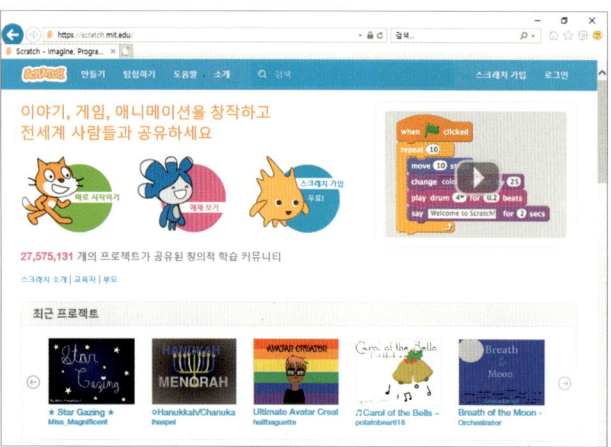

2. 스크래치 메인 화면에서 [최근 프로젝트]를 선택하고, 관심 있는 예제를 직접 실행해 봅니다. 실행 화면 오른쪽 상단에 있는 🚩 [실행] 버튼을 클릭하여 실행하고, 애니메이션의 효과를 살펴봅니다. 🔴 [중지] 버튼을 클릭하여 프로그램 실행을 종료합니다. 또한 실행 화면 오른쪽 상단의 🟦 [전체 창]을 통해 전체 화면을 표현합니다. 그리고 오른쪽 상단에 위치한 [스크립트 보기] [스크립트 보기] 버튼을 클릭하면 프로그램 구현 과정을 체험할 수 있습니다.

Scratch Programming

CHAPTER 2
기본블록 구성 활용하기

이 장에서 무엇을 공부하나요?

- 스크래치 스크립트의 다양한 블록을 이해하고 비교합니다.
- 기초적인 프로그래밍인 스크래치의 특징을 소개합니다.
- 스프라이트를 통한 스크립트를 논리적인 방법으로 작성합니다.

SECTION 01 | 스크래치 스크립트 블록의 이해

SCRATCH PROGRAMMING

① 스크래치 영역별 블록의 종류

일반적인 프로그래밍 언어의 특징은 텍스트화 된 명령어를 입력하여 프로그래밍을 적용합니다. 그렇지만 스크래치 환경에서는 마우스로 선택한 영역별 블록들을 조립하여 프로그래밍을 완성합니다. 따라서 스크래치 블록의 영역별 기능과 특징을 정확히 구분하는 것이 필요합니다.

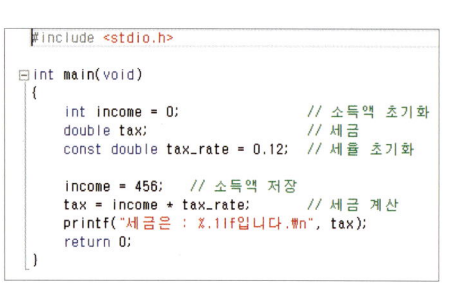
▲ 일반 프로그래밍 언어

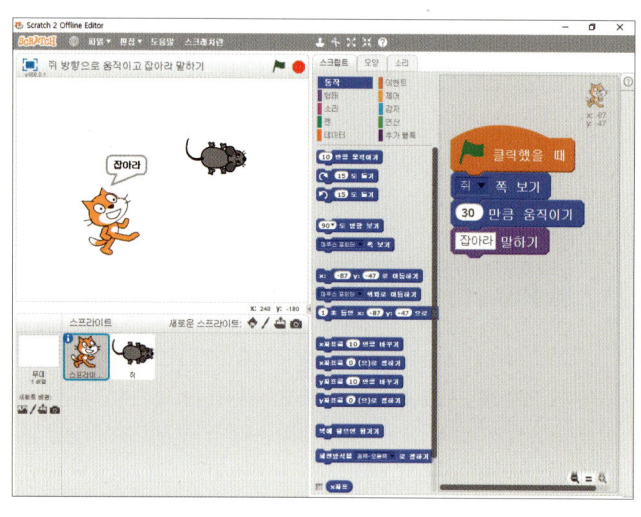
▲ 스크래치 스크립트

스크래치의 [스크립트 작업 창]-[스크립트] 탭에는 10가지 블록들이 기능별로 분류되어 있고, 선택할 수 있습니다. 그리고 스크립트 기능에 따라 다양한 색상으로 구분되어 있어 영역별 블록을 검색할 때 색상을 기준으로 찾으면 쉽게 찾을 수 있습니다.

▲ [스크립트] 탭

프로그램을 작성할 때 일반적인 의사전달에 있어서 주어, 서술어, 목적어 등의 기본적인 문장 구성 요소를 활용하여 작성합니다. 프로그램의 중요한 요소로는 명령문, 자료형과 변수, 제어 조건, 관찰, 이벤트 등이 있습니다. 이 스크립트 요소들은 스크래치뿐만 아니라 일반적인 프로그래밍 언어에서 공통으로 활용됩니다. 스크래치의 스크립트는 특성에 따라 요소별로 블록의 모양을 다르게 부여하고 있습니다.

범주	블록 모양	범주	블록 모양
동작	10 만큼 움직이기	이벤트	클릭했을 때
형태	Hello! 말하기	제어	무한 반복하기
소리	야옹 재생하기	관찰	마우스 포인터 에 닿았는가?
펜	도장찍기	연산	1 부터 10 사이의 난수
데이터	변수 만들기 / 리스트 만들기	추가 블록	정의하기 동작

▲ 범주별 블록 모양

② 스크래치 블록을 조립하여 활용하기

스크래치 스크립트를 활용하여 블록들을 적합한 위치로 조립하거나 복사하고, 용도가 불필요한 블록들은 삭제하는 작업을 통해 프로그래밍을 완성해 갑니다. 따라서 이런 블록들의 상관관계와 조립 과정을 알고 있어야 합니다. 스크립트에 필요한 마우스 동작을 두 가지로 구분해 보겠습니다.

첫 번째 드래그 동작은 개체를 선택한 채 마우스 왼쪽 버튼 클릭한 상태에서 위치가 변화하는 동작이고, 두 번째 드래그 앤 드롭은 마우스 왼쪽 버튼을 클릭한 상태에서 블록의 적합한 위치일 때, 자석처럼 블록을 맞추는 동작으로 구분합니다.

블록 추가하기

스크립트 블록을 작업 창에서 조립할 때, 그룹별로 적합한 블록을 선택한 후 [스크립트 작업 창]으로 각각 드래그하여 추가합니다.

블록 삭제하기

블록이 불필요할 경우 삭제하는 방법으로 첫 번째는 블록을 [스크립트 작업 창]에서 블록 모음이 있는 방향으로 드래그 합니다. 두 번째는 삭제할 블록을 마우스 오른쪽 버튼을 누른 후 [삭제] 메뉴를 선택하여 해당 블록을 삭제합니다.

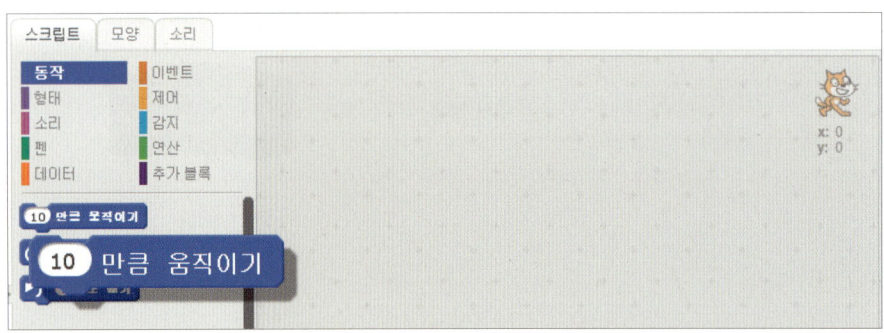

블록 조립하기

블록의 조립은 기존 블록의 가까운 방향으로 드래그하여 해당 블록들을 조립할 수 있습니다. 조립하려는 블록에 가까이 드래그 하면 조립할 위치가 흰색 선으로 표시되며, 흰색 선으로 표시될 때 마우스 버튼을 떼면 자동으로 조립이 완성됩니다.

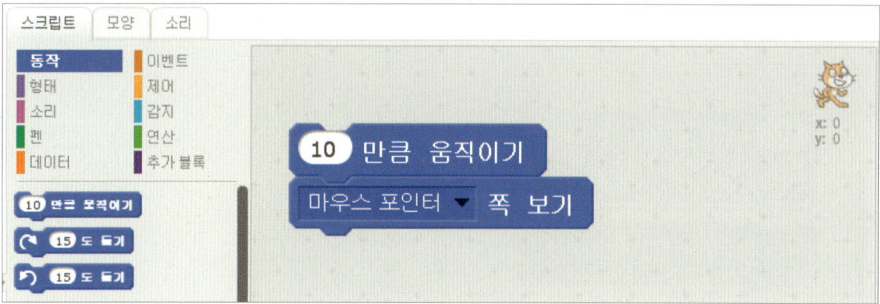

블록 분리하기

분리하고자 하는 블록을 빈 스크립트 작업 영역으로 드래그 앤 드롭하면 분리됩니다.

블록 복사하기

블록의 하나 또는 여러 개의 연결된 블록을 복사할 수 있습니다. 블록을 복사할 때는 마우스 오른쪽 버튼을 클릭한 후 [복사] 메뉴를 선택한 후 복사한 블록을 다른 스프라이트에 바로 드래그 형식을 통해 복사할 수도 있습니다. 이것은 블록을 다른 스프라이트에 중복 작업 없이 복사하는 기능으로 프로그래밍의 제작 소요시간을 최소화시키는 데 매우 유용합니다.

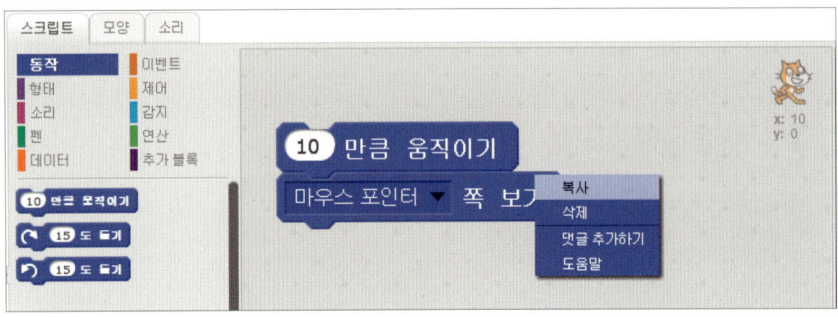

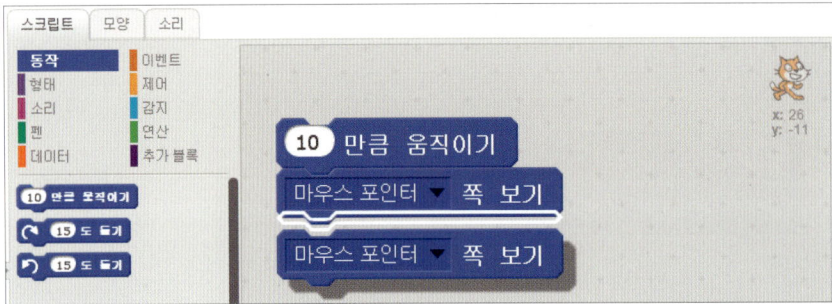

▲ 블록 복사하기

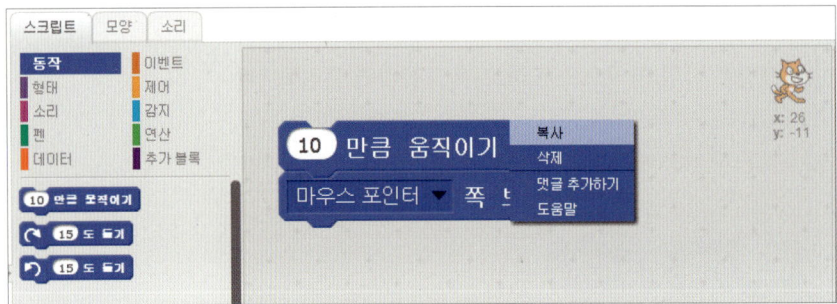

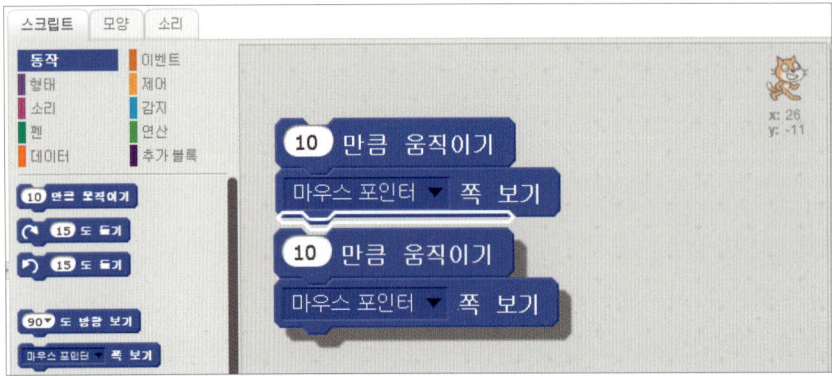

▲ 여러 개 블록 복사하기

Tip 코스 시험에서도 지정한 블록만을 활용하여 특정 스프라이트에 복사하고, 적용하는 문제들이 출제되고 있습니다.

32 • CHAPTER 02 기본블록 구성 활용하기

◎ 파일명 : 보기 블록 복사하기.sb2

설명

고양이의 움직이는 모양을 보여주는 프로그램입니다.

동작 과정

1 🚩 클릭하면
  → 무대에 고양이가 보입니다.
  → 고양이는 '10'만큼 움직입니다.
  → '고양이2'로 모양을 바꾸기 합니다.
  → '반갑습니다.' 라고 2초 동안 말합니다.
  → '야옹' 소리를 재생합니다.
  → 고양이는 '10'만큼 움직입니다.

2 프로그램 종료하기

해설

1 스크립트의 전체 실행 시점을 지정

① [스크립트] 탭을 클릭합니다.
② [이벤트] 블록 모음을 선택합니다.
③ [클릭했을 때] 블록을 [스크립트 작업 창]으로 드래그하여 추가합니다.

2 동작 블록을 추가하고, 입력한 값만큼 고양이의 움직임을 설정

① [동작] 블록 모음을 선택합니다.
② [10만큼 움직이기] 블록을 [스크립트 작업 창]으로 드래그하여 추가합니다.

❸ 고양이 모양의 형태를 바꾸는 스크립트를 통해 움직이는 효과와 변화를 연출

① [형태] 블록 모음을 선택합니다.
② [모양을 고양이2(으)로 바꾸기] 블록을 [스크립트 작업 창]으로 드래그하여 추가합니다.

❹ 말하기 형태 블록을 통해 일정한 시간 동안 말하는 애니메이션을 연출

① [형태] 블록 모음을 선택합니다.
② [Hello!를 2초 동안 말하기] 블록을 [스크립트 작업 창]으로 드래그하여 추가합니다.
③ 문자 입력 상자에 『반갑습니다.』로 수정하여 입력합니다.

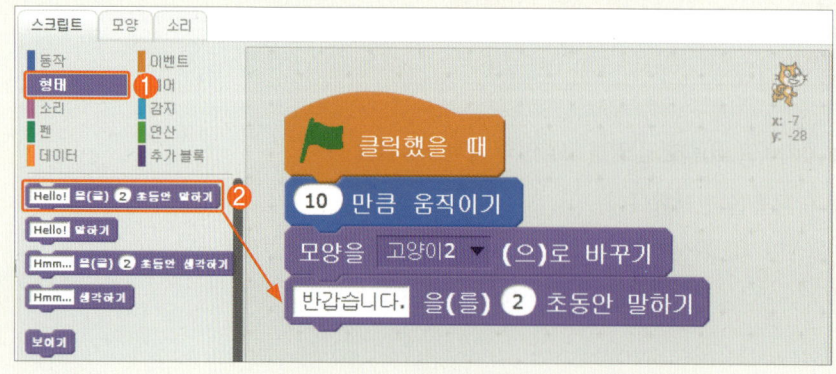

5 소리 블록의 음향을 재생

① [소리] 블록 모음을 선택합니다.

② [야옹 재생하기] 블록을 [스크립트 작업 창]으로 드래그하여 추가합니다.

6 동작 블록 복사

① [10만큼 움직이기] 블록을 선택한 후 마우스 오른쪽 버튼을 클릭합니다.

② 바로 가기 메뉴에서 '복사'를 클릭합니다.

7 복사한 블록 하단으로 이동하고, 동작 블록만 남기고 삭제

① 복사한 블록을 [야옹 재생하기] 블록 하단으로 이동하여 추가합니다.

② [모양을 모양2으로 바꾸기] 블록을 선택한 후 마우스 오른쪽 버튼을 클릭하여 바로 가기 메뉴에서 [삭제]를 클릭합니다.

8 결과 및 스크립트

36 · CHAPTER 02 기본블록 구성 활용하기

스크래치 프로그래밍 과정 소개

① 스크래치 기초 프로그램의 소개

스크래치 프로그래밍의 기초적인 전 과정을 한 번 경험하고, 본격적인 과정을 학습하겠습니다. "마녀와 유령"이라는 간단한 프로그램을 통해 실행하는 전 과정을 단계별로 작성합니다. 프로그램의 방향은 마녀가 멈춘 상태에서 유령을 잡게 되는 과정으로 만들어보겠습니다. 이 프로그램의 과정은 스크래치를 처음 실행하는 단계부터 스프라이트와 무대를 제어하고 관리하는 기능, 스프라이트 스크립트를 구성하는 방법, 실행하고 저장하는 방법에 이르기까지 전 과정을 단계별로 비교하며 경험해 볼 수 있습니다.

▲ 파일명 : 유령과 마녀.sb2

프로그램 실행을 시작하기 전에 유령과 마녀 스프라이트가 서로 거리감을 유지하도록 위치를 지정합니다. 마녀는 정지해 있고, 유령 스프라이트만 마녀 방향으로 1초에 10만큼씩 무한 반복하면서 이동합니다.

프로그램 단계별로 작성하기

스크래치 사이트에 접속하여 프로그래밍 환경을 설정합니다.

웹 브라우저를 띄워 『http://scratch.mit.edu』로 접속한 후 스크래치 프로그래밍 화면으로 이동합니다.

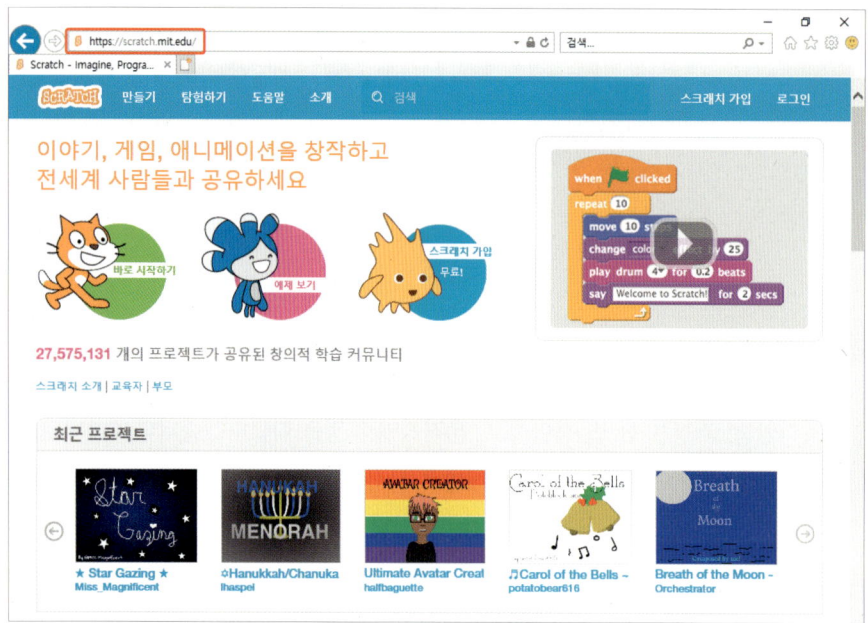

❷ PC에 스크래치 프로그램 설치하여 사용하기

웹 환경이 아닌 내 컴퓨터에 다운로드하여 오프라인 상태에서 사용하는 방법도 있습니다. 방법은 스크래치 사이트(http://scratch.mit.edu) 하단에 [지원]-[오프라인 에디터] 메뉴를 클릭합니다.

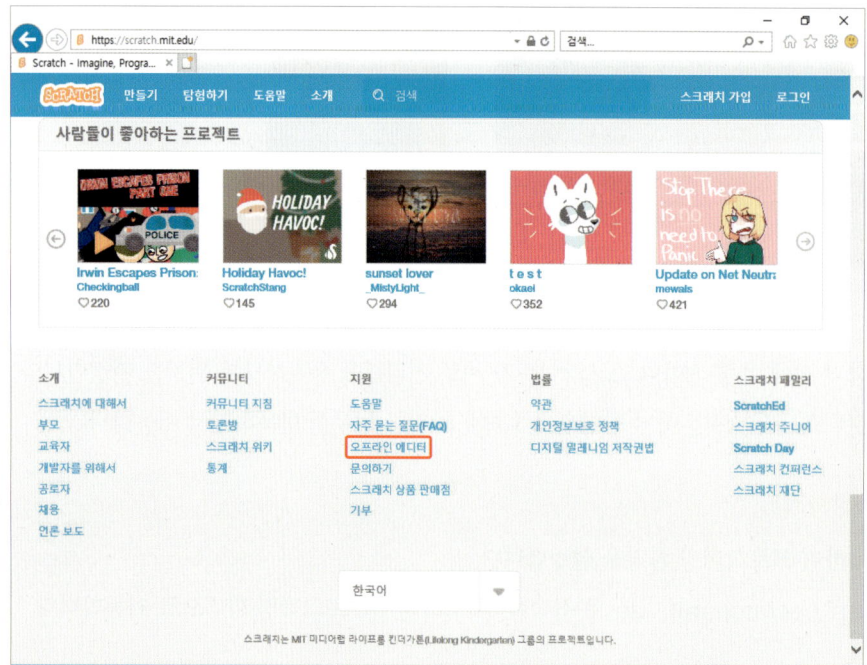

프로그래머 운영체제에 적합한 '스크래치 오프라인 에디터' 파일을 선택한 후 다운로드 합니다.

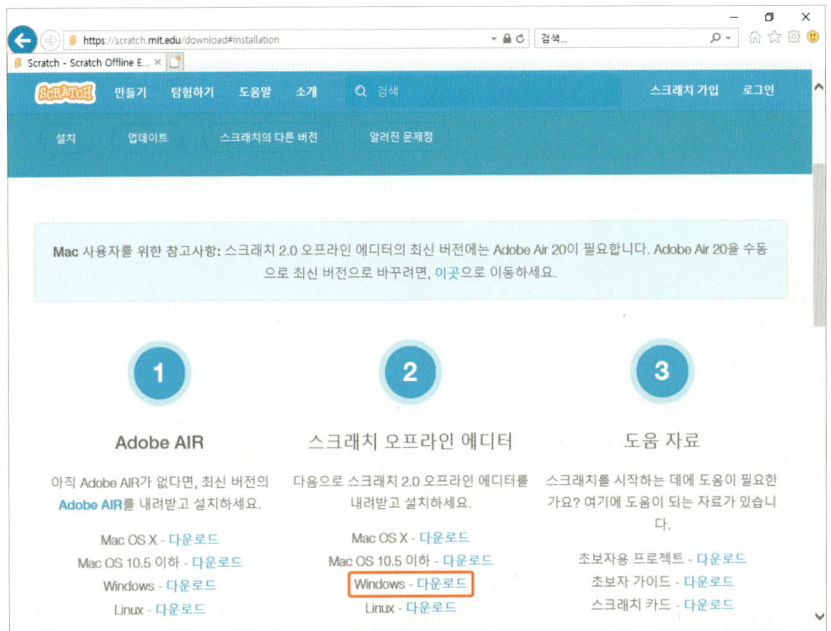

다운로드 한 설치 파일을 [계속] 단추를 클릭하여 오프라인 환경에 설치합니다. 바탕화면에 아이콘(	)이 표시됩니다. 이 아이콘을 더블클릭하면 스크래치를 오프라인 환경에서 실행할 수 있습니다.

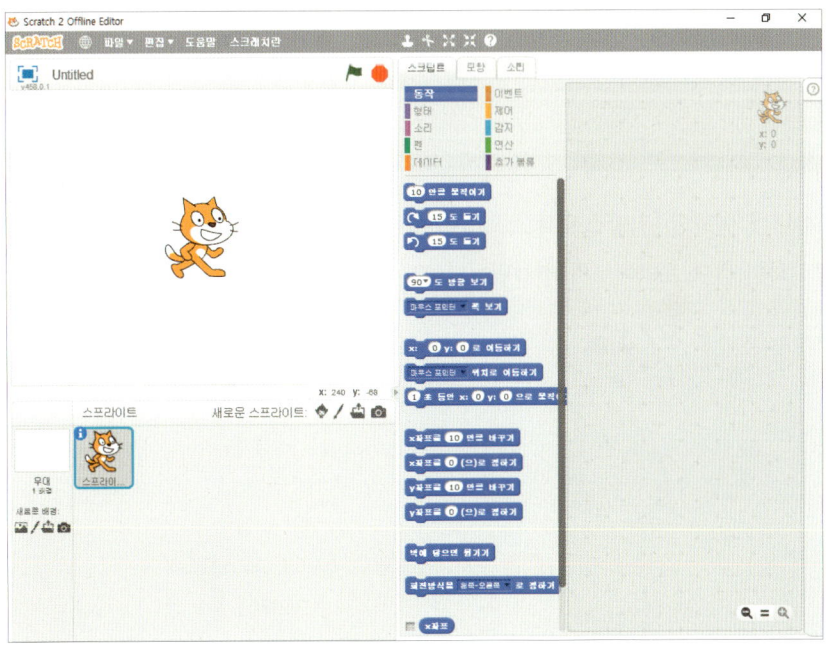

Tip 영문 또는 외국어로 메뉴가 설정되어 있다면, 화면 위쪽에 아이콘(	)을 클릭하고, [한국어]를 선택하면 변경할 수 있습니다.

③ 다이내믹한 무대로 배경 변경하기

무대 배경 변경하기

새로운 배경에서 [저장소에서 배경 선택]을 클릭한 후 [배경 저장소]의 종류 중에서 'palying-field'를 더블클릭 하면 무대 배경이 바뀝니다.

Tip 적합한 배경을 선택하고, [확인] 버튼을 눌러도 됩니다.

무대에 스프라이트 추가하기

[스프라이트 관리 영역] 중에서 첫 번째인 [저장소에서 스프라이트 선택]을 클릭한 후 [스프라이트 저장소] 중에서 'Mouse1'을 더블클릭하면 쥐 스프라이트가 추가됩니다.

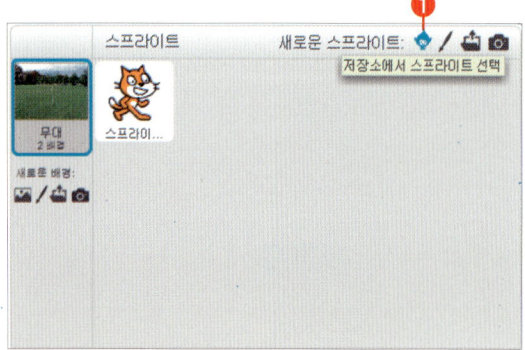

Tip [프로그램 실행 창]에서 각각의 스프라이트의 위치와 방향을 드래그하여 옮길 수 있습니다.

스프라이트 이름 변경하기

스크립트를 작성할 때, 스프라이트 이름을 통해 적용하므로 스프라이트의 이름은 짧게, 기억하기 쉬운 이름으로 설정하는 것이 좋습니다. 고양이와 쥐 스프라이트의 이름은 기본값이 '스프라이트1'과 'Mouse1'이므로 "고양이"와 "쥐"로 이름을 변경해 보겠습니다.

이름을 변경하는 방법은 고양이 스프라이트에서 마우스 오른쪽 버튼을 클릭한 후 [info] 메뉴를 선택하고 이름을 "고양이", "쥐"로 각각 변경합니다.

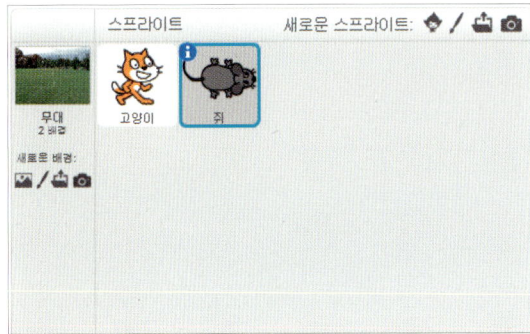

무대 배경 및 스프라이트

▲ '무대 배경'

▲ '돼지' 스프라이트

▲ '보기블록' 스프라이트

전문가 조언

COS 시험에서는 지시한 스프라이트의 행동 방향이 '보기블록'이라면 제시한 블록을 활용해야만 고득점을 얻을 수 있습니다.

◎ 파일명 : 무대와 스프라이트 설정하기.sb2

설명

상자와 선물을 보여주고, 배경을 바꾸는 프로그램입니다.

동작 과정

1 🚩 클릭하면
- → 무대의 배경을 'bedroom1'로 추가합니다.
- → 추가한 배경의 이름을 '침실'로 변경합니다.
- → '상자' 스프라이트의 이름을 '빨간상자'로 변경합니다.
- → '선물' 스프라이트는 '다음 모양으로 바꾸기' 합니다.
- → 배경은 '침실'로 바꾸기 합니다.

2 프로그램 종료하기

해설

1 스크립트 실행 화면의 배경을 선택

① [스크립트 관리 영역] 중에서 새로운 배경을 선택합니다.
② '저장소에서 배경 선택' 도구를 클릭합니다.

2 배경 저장소 중에서 배경 이미지를 선택

[배경 저장소] 중에서 'bedroom1'을 더블클릭 합니다.

3 배경 이미지의 이름 변경

① [배경] 탭을 선택합니다.
② '새로운 배경' 그룹의 2번째 배경을 선택합니다.
③ 오른쪽 입력란에 '침실'로 입력합니다.

> **Tip** '새로운 배경' 영역에서 배경을 추가할 수 있고, 파일을 불러와서 배경으로 설정할 수 있습니다.

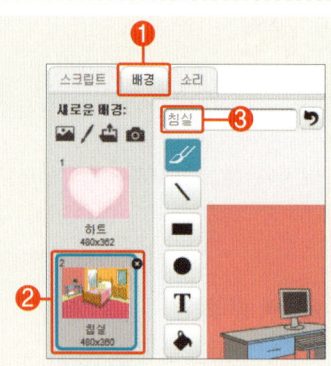

4 스프라이트의 설정 변경

① '상자' 스프라이트를 선택한 후 마우스 오른쪽 버튼을 클릭하고 [info] 메뉴를 선택합니다.
② 이름을 『빨간상자』로 입력하여 변경한 후 ◀을 클릭하여 다시 스크립트 작성 창으로 돌아갑니다.

5 선물 스프라이트의 모양과 무대 배경 변경

① [형태] 블록 그룹 중에서 [다음 모양으로 바꾸기]를 선택한 후 스크립트 창에 드래그하여 추가합니다.
② [배경을 침실로 바꾸기]를 선택한 후 스크립트 창에 드래그하여 추가합니다.

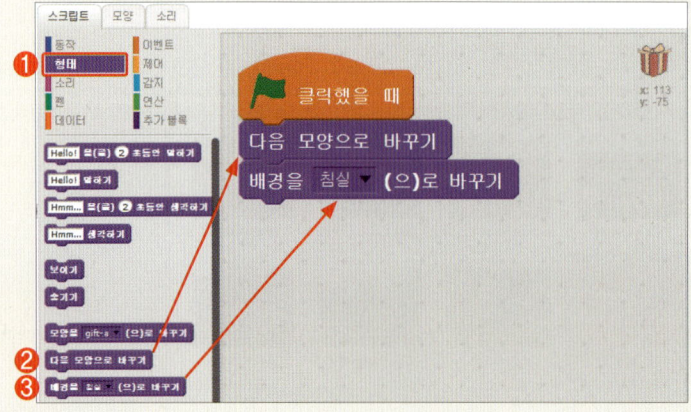

SECTION 03 | 스프라이트의 스크립트 작성하기

① 스크립트 작성하기

동작 스크립트를 작성하려면 먼저 스프라이트 대상을 선택해야 합니다. 이번에는 '돼지' 스프라이트의 스크립트를 작성해보겠습니다. [스크립트 작업 창]에서 관련 [스크립트] 탭을 선택한 후 블록 조작법을 활용해 '돼지' 스프라이트의 스크립트를 작성합니다.

▶ 파일명 : 돼지와 늑대

[스프라이트/무대 관리 창]에서 '돼지' 스프라이트를 선택합니다.

① [이벤트] 그룹 중에서 [클릭했을 때]를 선택한 후 스크립트 창에 드래그하여 추가합니다.

② [제어] 그룹 중에서 [무한 반복하기]를 선택한 후 스크립트 창에 드래그하여 추가합니다.

③ [동작] 그룹 중에서 [마우스 포인터 쪽 보기]를 선택한 후 스크립트 창에 드래그하여 추가하고 풀다운 메뉴 중에서 '늑대'를 선택합니다.

④ [동작] 그룹 중에서 [10만큼 움직이기]를 선택한 후 스크립트 창에 드래그하여 추가합니다.

⑤ [제어] 그룹 중에서 [1초 기다리기]를 선택한 후 스크립트 창에 드래그하여 추가합니다.

프로그램 실행하기

[프로그램 실행 창]에서 실행하면 '돼지'가 '늑대'를 바라보면서 1초에 10만큼씩 속도로 이동합니다. 프로그램을 시작하기 전에 '돼지'와 '늑대' 스프라이트를 적당한 간격을 유지한 상태에서 위치를 옮길 수 있도록 간격을 지정합니다. 그리하여 '돼지' 스프라이트의 위치를 1초에 10만큼 옮기면서 다가갑니다.

Tip 1초에 10만큼 움직이는 것보다 30만큼 움직이기를 설정하면 빠른 속도의 애니메이션을 연출할 수 있습니다.

'돼지와 늑대' 프로그램 전체 화면 실행

[프로그램 실행 창]은 좀 더 크게 확대해서 볼 수도 있습니다. 그러나 확장된 실행 창에서는 스프라이트들의 위치를 마우스로 드래그하면서 옮길 수 없습니다. 마우스로 드래그하여 옮기려면 마우스 오른쪽 버튼을 눌러 [info] 메뉴 중에서 [프로젝트 페이지에서 드래그 가능]을 체크하면 제어가 가능하게 됩니다.

② 프로젝트 저장하고 불러오기

스크래치 프로그램은 프로젝트 결과를 저장하고, 편집 또는 실행이 가능합니다. 저장 파일 형식은 '.sb2'라는 확장자이고, 작성한 '돼지와 늑대' 프로그램은 '돼지와 늑대.sb2' 이름으로 저장됩니다. 실행 메뉴는 [파일]-[내 컴퓨터에 프로젝트 다운로드하기]를 선택한 후 적합한 파일 이름을 지정합니다.

> Tip 오프라인 스크래치의 저장 형식 과정은 [파일]-[다른 이름으로 저장하기]를 선택하여 프로젝트 저장을 실행합니다.

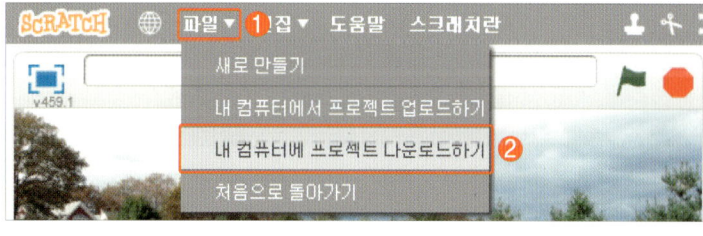

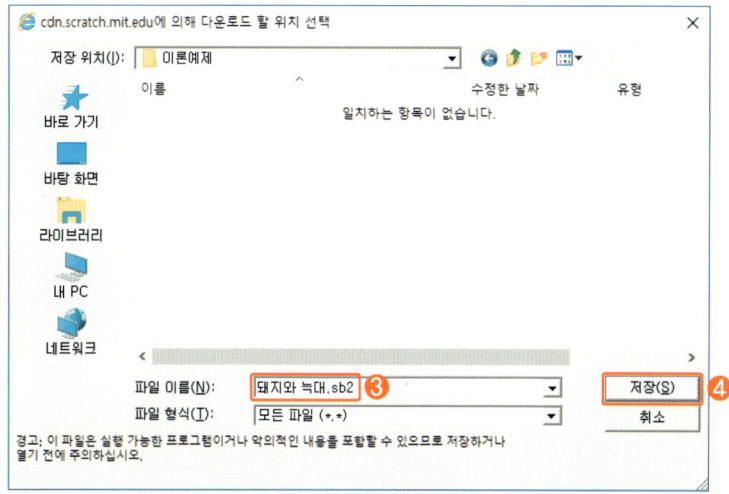

전문가 조언

프로그램 이름을 지정하는 부분에 '돼지와 늑대'라고 입력하면 프로그램을 저장할 때 자동적으로 파일 이름에 지정됩니다.

저장된 스크래치 프로그램을 불러오기 할 때는 [파일]-[내 컴퓨터에서 프로젝트 업로드하기] 메뉴를 이용합니다.

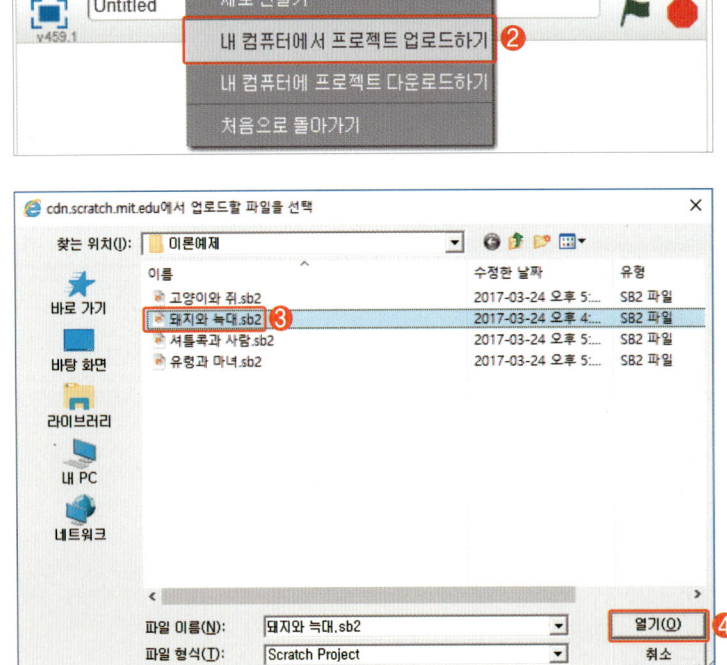

48 • CHAPTER 02 기본블록 구성 활용하기

◎ 파일명 : 스크립트 적용하기.sb2

설명

왕자의 스크립트를 통해 공주에게 표현하는 프로그램입니다.

동작 과정

1 🏁 클릭하면
→ 무대에 왕자와 공주가 보입니다.
→ 왕자 스프라이트를 무한 반복하기 합니다.
→ 왕자 스프라이트는 '아름답다!'라고 말하기 합니다.
→ '공주' 쪽을 보기 합니다.
→ '10'만큼 움직이기 합니다.
→ 1초 기다리기 합니다.
→ 배경을 '성2'로 바꾸기 합니다.

2 프로그램 종료하기

해설

1 스크립트의 무한 반복 제어 지정

① [스크립트] 탭을 클릭합니다.
② [제어] 블록 중 [무한 반복하기] 블록을 스크립트 작업 창으로 드래그하여 추가합니다.

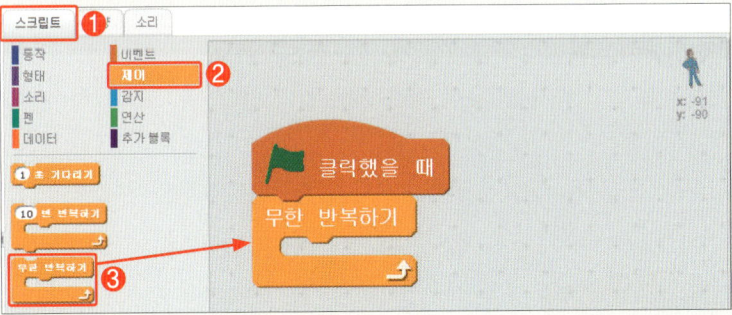

2 말하기 형태 블록 지정

① [형태] 블록 중 [Hello! 말하기] 블록을 선택한 후 [무한 반복하기] 영역 안쪽으로 드래그하여 추가합니다.
② 입력란에 『아름답다!』로 수정하여 입력합니다.

3 쪽 보기 동작 블록 지정

① [동작] 블록 중 [마우스 포인터 쪽 보기] 블록을 선택한 후 [무한 반복하기] 영역 안쪽으로 드래그하여 추가합니다.

② 목록 단추를 클릭한 후 '공주'로 변경합니다.

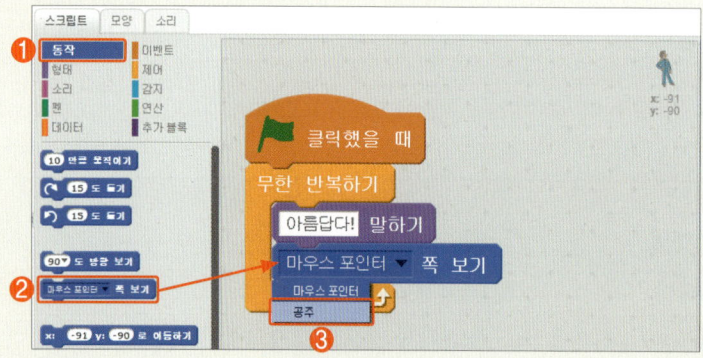

4 움직이는 동작 블록 지정 및 범위 설정

[동작] 블록 중 [10만큼 움직이기] 블록을 [무한 반복하기] 영역 안쪽으로 드래그하여 추가합니다.

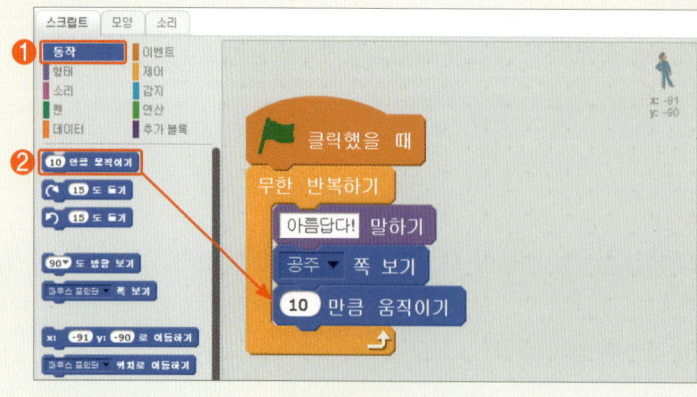

5 기다리기 제어 블록 지정

[제어] 블록 중 [1초 기다리기] 블록을 [무한 반복하기] 영역 안쪽으로 드래그하여 추가합니다.

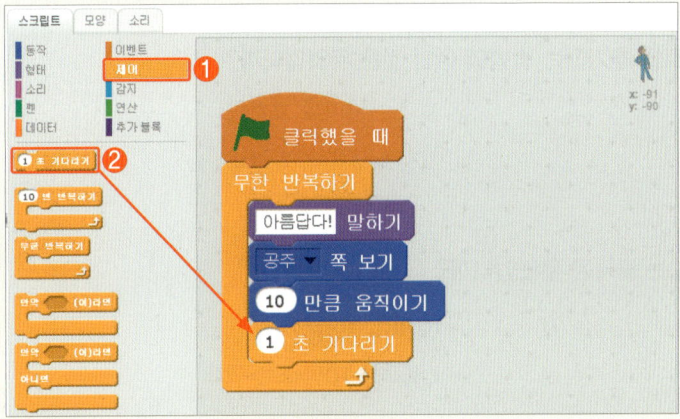

6 무대 배경 바꾸기

[형태] 블록 중 [배경을 성2로 바꾸기] 블록을 [무한 반복하기] 영역 안쪽으로 드래그하여 추가합니다.

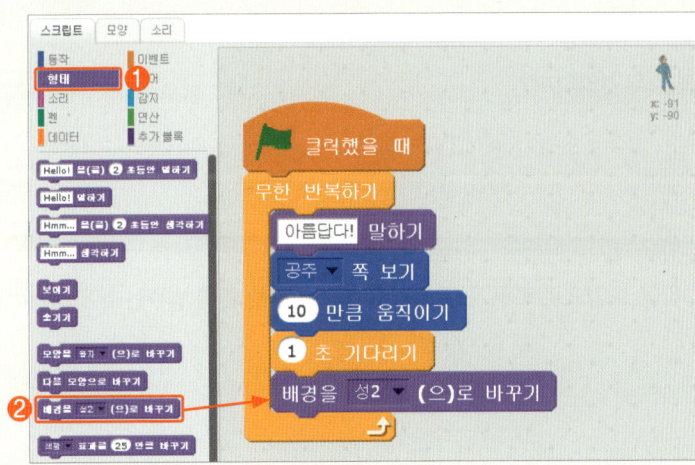

1 스크래치에서 새 스프라이트를 추가하는 방법이 아닌 것은 무엇입니까?

① 저장소에서 스프라이트 선택
② 새 스프라이트 그리기
③ 스프라이트 파일 업로드
④ 저장소에서 배경 선택

2 동작 블록 범주에 속하지 않는 블록은 무엇입니까?

① 10만큼 움직이기
② Hello! 말하기
③ 마우스 포인터 쪽 보기
④ x좌표를 10만큼 바꾸기

3 [스프라이트/무대 관리 창]의 스프라이트 정보 영역의 기본 속성에 속하지 않는 것은 무엇입니까?

① 회전 방식
② 프로젝트 페이지에서 드래그 가능
③ 저장소에서 스프라이트 선택
④ 방향

4 스크래치 저장 파일의 확장명은 무엇입니까?

① .xls
② .ppt
③ .c
④ .sb2

5 스크래치의 블록으로 보이기, 다음 모양으로 바꾸기, 말하기 등을 포함하는 블록 범주는 무엇입니까?

① 동작
② 형태
③ 소리
④ 데이터

정답 1. ④ 2. ② 3. ③ 4. ④ 5. ②

02 실습문제

SECTION

1 '문제1.sb2' 파일을 활용하여 지시된 내용으로 프로그램을 작성합니다.

설명

농구대에서 운동하는 고양이의 동작 프로그램입니다.

동작 과정

1 🏁 클릭하면
  → 무대에 고양이가 보입니다.
  → 고양이를 10만큼 움직이기 합니다.
  → 1초 기다리기 합니다.
  → 다음 모양으로 바꾸기 합니다.
  → 30만큼 움직이기 합니다.
  → 1초 기다리기 합니다.
  → 다음 모양으로 바꾸기 합니다.
  → 50만큼 움직이기 합니다.
  → 1초 기다리기 합니다.

2 프로그램 종료하기

2 '문제2.sb2' 파일을 활용하여 지시된 내용으로 프로그램을 작성합니다.

> 설명

선생님과 학생이 대화하는 프로그램입니다.

> 동작 과정

1 🚩 클릭하면

선생님 스프라이트

→ 동작을 무한 반복합니다.

→ '학생' 쪽 보기를 합니다.

→ '학생이름은 무엇입니까?'를 2초 동안 말하기 합니다.

→ 10초 기다리기 합니다.

→ '잘 지내봅시다.'를 2초 동안 말하기 합니다.

→ 5초 기다리기 합니다.

학생 스프라이트

→ 동작을 무한 반복합니다.

→ 5초 기다리기 합니다.

→ '이한빛 입니다.'를 2초 동안 말하기 합니다.

→ 10초 기다리기 합니다.

→ 다음 모양으로 바꾸기 합니다.

→ '감사합니다.'를 2초 동안 말하기 합니다.

2 프로그램 종료하기

3 '문제3.sb2' 파일을 활용하여 지시된 내용으로 프로그램을 작성합니다.

> **설명**

늑대와 삼형제가 대화하는 프로그램입니다.

> **동작 과정**

1 ▶ 클릭하면

늑대 스프라이트

→ 동작을 무한 반복합니다.

→ 모양을 '늑대2'로 바꾸기 합니다.

→ 0.1초 기다리기 합니다.

→ 모양을 '늑대3'으로 바꾸기 합니다.

→ 0.1초 기다리기 합니다.

삼형제 스프라이트

→ 배경을 '배경1'로 바꾸기 합니다.

→ 2초 기다리기 합니다.

→ 보이기 합니다.

→ '하하하하하!!!' 말하기 합니다.

→ 배경을 '배경2'로 바꾸기 합니다.

→ 1초 기다리기 합니다.

2 프로그램 종료하기

memo

CHAPTER
3

Scratch Programming

스프라이트 동작 구현하기

이 장에서 무엇을 공부하나요?

- 스프라이트 역할과 스프라이트 그래픽 구현 방식의 차이에 따른 장단점을 비교합니다.
- 스크래치가 특성에서 스프라이트 행동의 다양한 종류를 학습합니다.
- 스프라이트와 무대에서 행동으로 표현할 수 있는 범위를 학습합니다.
- 스크래치의 좌표계 중심과 방향계에 대해서 학습합니다.
- 스프라이트 모양의 중심과 위치의 변화를 학습합니다.
- 스프라이트의 동작, 형태, 소리, 펜 등의 블록 기능에 대해서 학습합니다.

SECTION 01 | 스프라이트의 구현 방식

SCRATCH PROGRAMMING

① 스프라이트의 개념과 특성

스프라이트의 역할은 스크래치 프로그램에서 무대의 핵심은 연기자가 됩니다. 또 다른 특성은 비디오 게임에서 독립적이고, 구분화 된 그래픽 객체를 의미합니다. 스프라이트의 비디오 게임에서 역할을 구분하면 주인공 캐릭터, 악당, 크고 작은 아이템 등이 대표적입니다.

스프라이트의 그래픽 표현 방식

스프라이트의 그래픽 표현 방식은 '픽셀 래스터' 방식과 '도형 벡터' 방식 두 가지로 구분합니다.

첫 번째, 래스터 그래픽 방식은 픽셀을 최소화하는 단위들의 집합 유형으로 비트맵이 대표적인 유형입니다. 특징으로 스프라이트를 확대할수록 경계면에 계단 현상으로 이미지의 손상을 크게 확대할 수 있습니다.

두 번째, 벡터 그래픽 표현 방식은 점, 선, 곡선, 원 등으로 도형 유형에 적합한 그래픽 유형입니다. 특징은 래스터 방식에 비해 스프라이트 개체를 확대 실행하여도 계단 현상과 같은 화질의 변화가 거의 없습니다. 여기서 스크래치의 개체 표현 방식은 래스터 그래픽과 벡터 그래픽 방식 모두 표현이 가능합니다. 그래픽 유형의 선택 방식은 스프라이트를 선택한 후 [모양] 탭에서 벡터 모드 또는 비트맵 이미지의 변환 중에서 선택할 수 있습니다.

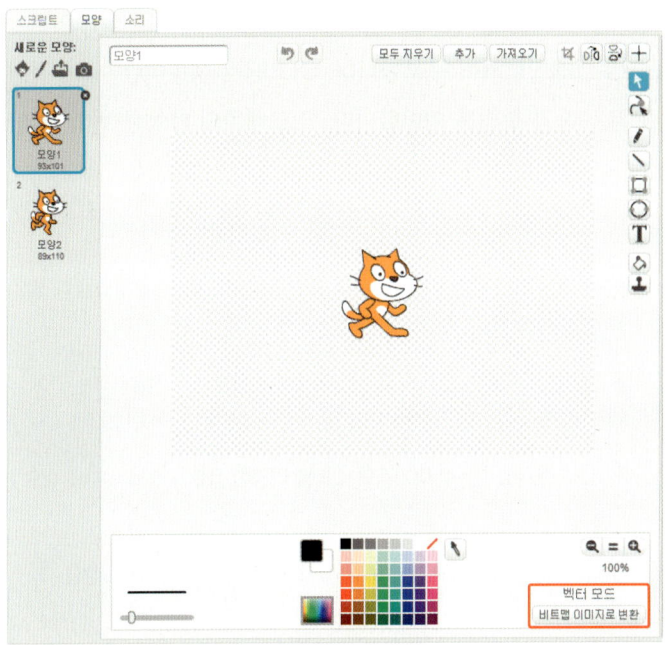

🔍 전문가 조언

래스터 방식은 그래픽을 표현할 때 최소 단위가 픽셀들의 집합인 비트맵 형식을 이용합니다. 장점으로는 화질이 우수하다는 점이 있지만 확대하면 픽셀 단위의 계단 현상이 발생한다는 단점이 있습니다. 그리고 벡터 그래픽 표현 방식은 도형으로 점, 선, 곡선, 원 등을 이용하고, 스크래치 그림을 확대해도 계단 현상을 최소화할 수 있다는 장점이 있습니다. 또한, 래스터 그래픽 방식보다 일반적으로 파일 용량이 비교적 적습니다.

스크래치의 그래픽 스프라이트 구현 방식

고양이 스프라이트를 300%까지 확대하고, 움직이는 스크립트를 작성합니다. 실행 과정으로 [모양] 탭을 선택한 후 그래픽 구현방식 중에서 비트맵 또는 벡터 모드를 선택합니다. 스크립트 실행 결과를 비교하여 차이를 확인합니다. 비트맵 형식은 고양이 스프라이트가 확대될수록 계단 현상이 발생하는 것을 확인할 수 있습니다.

▲ 벡터 모드   ▲ 비트맵 모드

스크래치 스프라이트의 행동 분석

스크래치는 스프라이트와 무대의 행동들을 프로그래밍화하여 구분합니다. 스크래치 행동이란? 외부적인 표현 방법이며 시각적으로 확인할 수 있는 모든 동작과 형태를 의미합니다. 스크래치의 다양한 변화, 적합한 소리 등을 실행할 수 있습니다.

행동	설명
동작	스프라이트의 위치를 지시하거나, 바라보는 대상 또는 방향을 변경합니다. 또한 동작을 통해 벽에 닿았을 때 방향 바꾸기 등을 결정합니다.
형태	스프라이트의 다양한 색깔, 크기, 모양을 결정하고, 다양한 그래픽 효과로 형태를 변경합니다. 전달하려는 언어를 말풍선, 생각 풍선 등으로 출력합니다.
소리	스프라이트의 표현 가능한 음원 파일이나 스크래치로 가능한 악기들의 소리를 다양한 음의 고저와 박자의 속도로 출력합니다.
펜	스프라이트가 이동하는 경로를 따라 선을 그리며 선의 굵기와 색깔 등을 결정합니다. 스프라이트의 모양을 그대로 찍는 기능도 작성합니다.

▲ 스프라이트의 행동 분석

스프라이트 무대의 특징

무대에서의 행동은 스프라이트의 행동과 거의 유사합니다. 무대는 정지된 형태라는 특성으로 인해 행동으로 표현하기에는 한계가 있습니다. 그래서 무대는 1차적으로 동작을 갖지 못합니다. 무대는 [스크립트] 탭 중에서 [동작] 그룹 안에 블록들을 포함하지 않습니다. 무대는 동작 등과 관련성 있는 감지 기능들이 없습니다. 또한 스프라이트와 스프라이트들과의 거리, 스프라이트들 사이의 상호간 충돌, 특정 색을 감지하는 블록의 기능이 없다는 특징이 있습니다.

단, 무대 스크립트는 동작 블록의 적용이 불가능합니다.

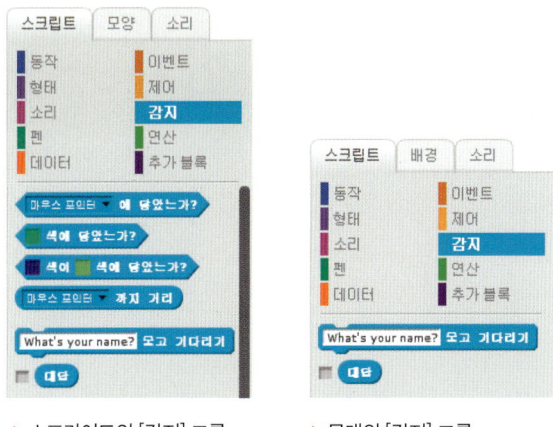

▲ 스프라이트의 [감지] 그룹   ▲ 무대의 [감지] 그룹

그리고 무대 스프라이트에는 동작과 관련된 감지 기능의 표현이 불가능합니다.

SECTION 02 스프라이트의 동작 구현하기

1 스프라이트 동작 블록

스프라이트의 동작은 위치와 방향 등의 변경으로 다양하게 표현할 수 있습니다. 관련된 블록은 [스크립트]-[동작] 메뉴에서 설정할 수 있습니다.

블록	설명
10 만큼 움직이기	변경된 값만큼 움직입니다. 양수일 때 전진, 음수이면 후진합니다.
↻ 15 도 돌기	변경된 각도만큼 시계 축 방향으로 회전합니다.
↺ 15 도 돌기	변경된 각도만큼 시계 축 반대방향으로 회전합니다.
90▼ 도 방향 보기	변경된 방향을 향해 회전합니다. 0 : 위쪽, 90 : 오른쪽, 180 : 아래쪽, -90 : 왼쪽을 선택합니다.
마우스 포인터▼ 쪽 보기	선택한 쪽을 향해 보기합니다.
x: 0 y: 0 로 이동하기	(x, y) 좌표 값의 위치로 이동합니다.
마우스 포인터▼ 위치로 이동하기	마우스 포인터 또는 다른 스프라이트의 위치로 이동합니다.
1 초 동안 x: 0 y: 0 으로 움직이기	변경된 시간 동안 설정한 좌표 값의 위치로 움직이기 합니다.
x좌표를 10 만큼 바꾸기	x좌표를 변경한 값만큼 바꾸기 합니다.
x좌표를 0 (으)로 정하기	x좌표를 변경한 값으로 정하기 합니다.
y좌표를 10 만큼 바꾸기	y좌표를 변경한 값만큼 바꾸기 합니다.
y좌표를 0 (으)로 정하기	y좌표를 변경한 값으로 정하기 합니다.
벽에 닿으면 튕기기	벽에 닿을 때마다 반대 방향으로 바꾸기 합니다.

회전방식을 왼쪽-오른쪽 로 정하기	스프라이트의 회전 방식을 정하기 합니다. 왼쪽-오른쪽 : 좌우 대칭 회전, 회전하지 않기 : 회전 불가, 회전하기 : 180도 회전하기
x좌표	스프라이트의 x좌표 값을 의미합니다.
y좌표	스프라이트의 y좌표 값을 의미합니다.
방향	스프라이트의 이동 방향의 각도를 의미합니다.

❷ 스프라이트의 위치 이동하기

스프라이트가 이동할 수 있는 위치 유형입니다. 스프라이트가 바라보는 방향을 향해 앞을 향한 전진과 뒤를 향한 후진을 결정합니다.

스프라이트 모양의 중심에 따라 이동하는 좌표값을 숫자로 변경할 수 있습니다. 그리고 움직이는 마우스 포인터 위치로 따라다니면서 이동할 수 있습니다. 또한 다른 스프라이트가 있는 위치로 이동하는 동작을 구현합니다.

▲ 모양의 중심 좌표(x좌표, y좌표) 값 변경   ▲ 바라보는 방향에 따라 전진, 후진

▲ 마우스 포인터를 따라다니는 이동   ▲ 다른 스프라이트 위치로 이동

중심 모양의 변경에 따라 관계를 비교해야 합니다. 다른 이동 유형은 관련 블록들을 활용해 값만 설정하면 됩니다. 따라서 모양 중심을 살펴 보겠습니다.

③ 스프라이트 모양의 중심 설정하기

스프라이트 모양의 중심은 스프라이트의 지정 위치, 방향 변경, 펜 위치 등의 기준이 되는 지점을 의미합니다. 보통 스프라이트의 기본 위치는 모양의 중심에 존재하지만 그 위치의 변경이 가능합니다.

그러면 스프라이트의 위치 이동은 어떤 좌표로 이동시킨다는 의미일까요? 그것은 스프라이트 모양의 중심을 설정한 좌표값으로 이동시킨다는 개념입니다.

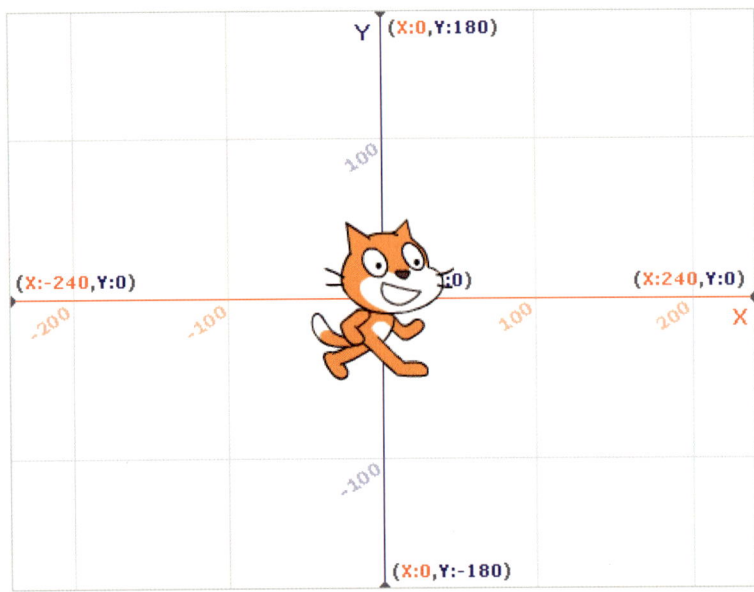

④ 스프라이트의 동작 구현 실습

스프라이트의 이동 가능한 범위에서 너비 영역은 480이고, 높이 영역은 360입니다. 구현 범위는 x축과 y축의 좌표로 구성하고 있으며, x축의 이동 범위는 −240 ~ +240이고, y축의 이동 범위는 −180 ~ +180까지입니다. 여기서 스프라이트의 이동 위치는 좌표값으로 이동시킨다는 의미입니다. 이것은 스프라이트 모양의 중심이 되는 위치를 지정한 좌표값에 맞춰 이동시킨다는 것입니다.

스프라이트 모양의 중심 위치 변경 예

고양이 스프라이트가 좌표 (0, 0)에서 (140, 120)으로 이동하도록 프로그래밍 예입니다.

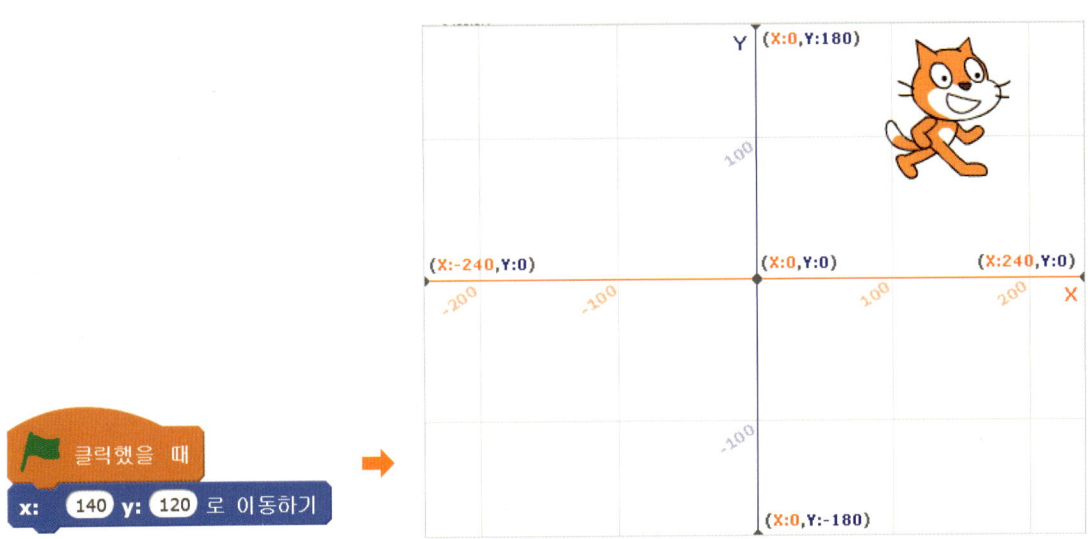

5 스프라이트의 방향 변경하기

스프라이트가 향하는 방향을 변경하는 방식에는 회전할 각도를 설정하여 스프라이트를 회전하거나 마우스 포인터를 설정한 방향으로 바라보도록 설정합니다. 또는, 다른 스프라이트의 위치를 바라볼 수 있습니다.

▲ 45도 방향 보기

▲ 마우스 포인터 쪽 보기

▲ 사과(다른 스프라이트) 쪽 보기

스크래치의 방향계는 바라보는 방향에 따라 설정한 각도를 지정합니다. 스크래치의 방향계는 스크래치의 y축을 기준으로 회전 각도를 설정할 수 있습니다. 시계방향은 각도 값의 증가이고, 반시계방향은 각도 값의 감소로 설정합니다.

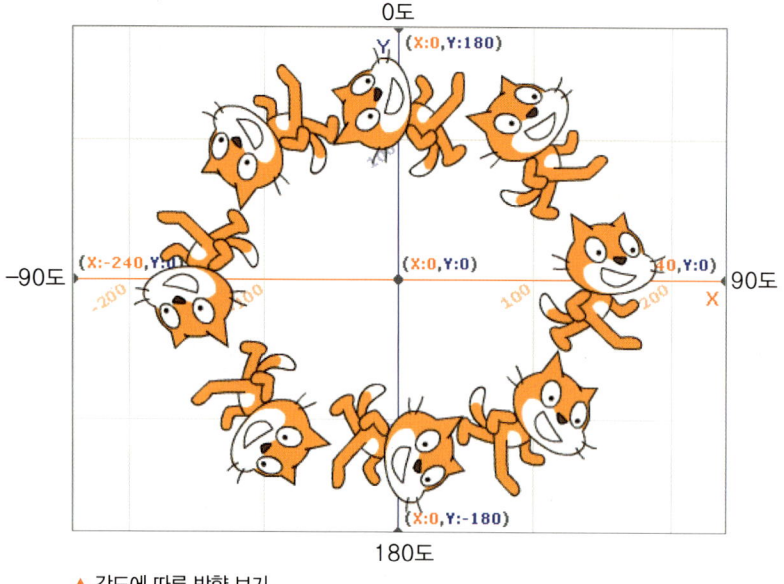

▲ 각도에 따른 방향 보기

스프라이트 모양의 중심에 따른 방향 변경의 관계입니다. 스프라이트의 방향 변경의 기준으로 스프라이트 모양의 기본 위치는 중심으로 지정(0, 0)합니다. 스프라이트의 방향을 변경하고, 모양에 있어서 중심과의 관계 설정을 구현합니다. 고양이 스프라이트의 모양1, 모양2의 중심 설정을 중심과 발끝에 따라 조정하고, 회전 결과의 차이를 비교합니다.

▶ 파일명 : 모양의 중심에 따른 회전 결과 차이.sb2

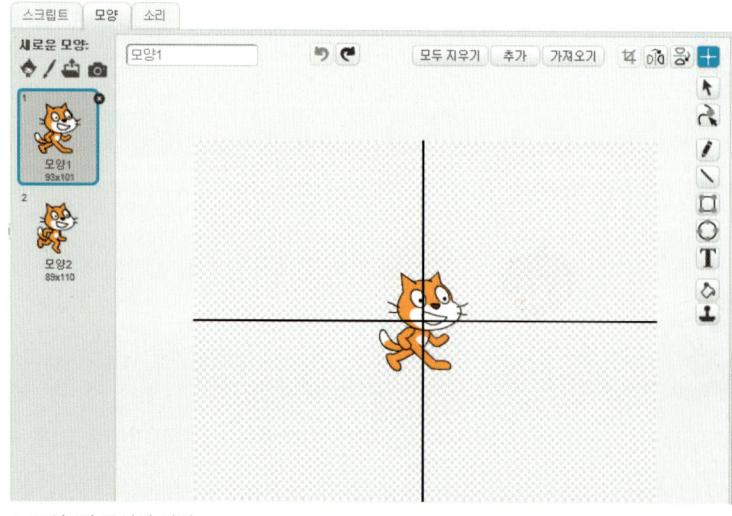

▲ 모양1의 중심에 설정

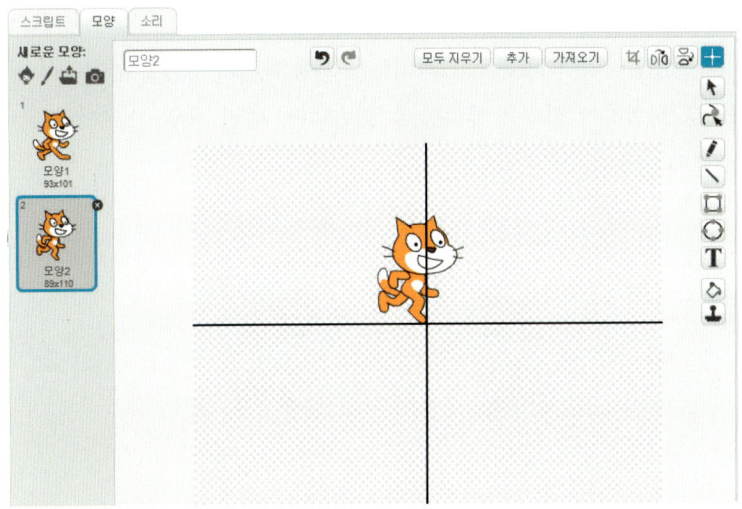

▲ 모양2의 발끝에 설정

'모양1'을 반복할 때 고양이 스프라이트의 정중앙을 기준으로 제자리에서 15도씩 돌기를 실행합니다.

'모양2'를 반복할 때 고양이 스프라이트의 발끝을 중심으로 15도씩 돌기를 실행합니다.

⑥ 스프라이트의 회전하기와 튕기기

스프라이트의 회전방식 유형은 3가지 모드가 있습니다. 첫 번째, '왼쪽-오른쪽'의 방향 모드는 모든 바라보기를 좌우로만 지정하고, 왼쪽과 오른쪽의 방향만 바라보기 합니다. 두 번째, '회전하지 않기' 바라보는 방향은 변경되어도 모양은 회전하지 않습니다. 세 번째, '회전하기'는 바라보는 방향 각도를 정면으로만 바라보기 합니다.

다양한 회전 방식을 설정했을 때, 스프라이트가 벽에 닿으면 바로 반대방향으로 튕기는 모습입니다. 스크립트는 [동작]-[벽에 닿으면 튕기기]를 실행합니다. 이것은 스프라이트가 실행 화면의 경계를 넘어가서 실행이 중단되지 않고, 다시 반대방향으로 회전하여 실행을 계속할 수 있습니다. 이런 경우, 스프라이트는 정면 방향과 반대 회전 방향을 자연스럽게 실행할 수 있습니다.

▲ 왼쪽-오른쪽

▲ 회전하지 않기

▲ 회전하기

◎ 파일명 : 스프라이트의 동작 표현하기.sb2

> 설명

공룡이 꽃게를 향해 움직이는 모양을 보여주는 프로그램입니다.

> 동작 과정

1 🏁 클릭하면
  → 무대에 공룡과 꽃게가 보입니다.

공룡 스프라이트

  → x좌표를 30만큼 바꾸기 합니다.
  → 1초 기다리기 합니다.
  → y좌표를 10만큼 바꾸기 합니다.
  → 45도 시계 반대방향으로 돌기 합니다.
  → 1초 기다리기 합니다.
  → 다음 모양으로 바꾸기 합니다.
  → 10만큼 움직이기 합니다.
  → 1초 기다리기 합니다.
  → '꽃게' 쪽 보기 합니다.
  → 10만큼 움직이기 합니다.
  → 1초 기다리기 합니다.
  → '꽃게' 위치로 이동하기 합니다.
  → 다음 모양으로 바꾸기 합니다.

2 프로그램 종료하기

> 해설

1 공룡의 동작과 형태 스크립트 활용
  ① 스프라이트 작업 창에서 공룡과 꽃게를 확인합니다.
  ② 공룡 스프라이트를 선택합니다.

2 x축과 y축의 좌표 바꾸기

① [동작] 블록 중 [x좌표를 30만큼 바꾸기] 블록을 드래그하여 추가합니다.

② [제어] 블록 중 [1초 기다리기] 블록을 드래그하여 추가합니다.

③ [동작] 블록 중 [y좌표를 10만큼 바꾸기] 블록을 드래그하여 추가합니다.

3 각도 회전과 다음 모양으로 바꾸기

① [동작] 블록 중 [시계 반대방향 15도 돌기] 블록을 드래그하여 추가한 후 『45』로 수정합니다.

② [제어] 블록 중 [1초 기다리기] 블록을 드래그하여 추가합니다.

③ [형태] 블록 중 [다음 모양으로 바꾸기] 블록을 드래그하여 추가합니다.

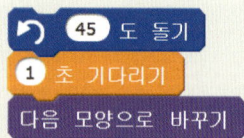

4 움직이기 동작과 기다리기 제어 실행

① [동작] 블록 중 [10만큼 움직이기] 블록을 드래그하여 추가합니다.

② [제어] 블록 중 [1초 기다리기] 블록을 드래그하여 추가합니다.

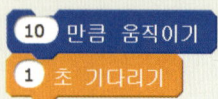

5 특정한 방향으로 쪽 보기 동작 실행

① [동작] 블록 중 [쪽 보기] 블록을 드래그하여 추가한 후 목록 단추를 클릭하여 '꽃게'를 선택합니다.
② [동작] 블록 중 [10만큼 움직이기] 블록을 드래그하여 추가합니다.
③ [제어] 블록 중 [1초 기다리기] 블록을 드래그하여 추가합니다.

```
꽃게▼ 쪽 보기
10 만큼 움직이기
1 초 기다리기
```

6 꽃게 위치로 이동하고, 공룡 모양의 다음 모양으로 바꾸기

① [동작] 블록 중 [마우스 포인터 위치로 이동하기] 블록을 드래그하여 추가한 후 목록 단추를 클릭하여 '꽃게'를 선택합니다.
② [형태] 블록 중 [다음 모양으로 바꾸기] 블록을 드래그하여 추가합니다.

```
꽃게▼ 위치로 이동하기
다음 모양으로 바꾸기
```

7 화면 및 스크립트

스프라이트의 형태 표현

1 스프라이트의 형태와 종류

스프라이트의 형태는 모양과 크기를 주요 대상으로 설정합니다. 스프라이트의 특성에 따라 색깔, 표현 범위, 비틀림 정도를 적용합니다. 또 다른 형태로 스프라이트에 말풍선, 생각 풍선 블록을 통해 문장방식으로 표현합니다. 이와 관련된 블록들은 [스크립트] 탭 – [형태] 메뉴에서 선택할 수 있습니다.

> **전문가 조언**
>
> 애니메이션을 표현하는 기본 원리는 영상과 같이 움직이는 동작이며, 이것은 이미지의 잔상으로 계속 남아 있는 효과를 의미합니다. 즉 스프라이트 애니메이션 효과는 짧은 시간에 여러 이미지를 이어지듯 보여주는 움직임을 연출하는 것입니다. 다시 말해서 스프라이트 애니메이션의 원리는 다양한 모양을 통해 프로그래밍화하여 짧은 시간에 표현하는 방식으로 애니메이션을 구현할 수 있습니다.

2 스프라이트의 모양 리스트

스프라이트의 모양을 선택하면 다양한 리스트 보기와 다음 모양으로 변경할 블록을 선택할 수 있습니다. 실행 방법은 [프로그래밍 작업 창]에서 [모양] 탭을 선택한 후 스프라이트가 표현할 수 있는 대상의 모양들을 리스트 형식으로 볼 수 있습니다. 그리고 [다음 모양으로 바꾸기] 블록을 활용하면 모양 리스트에 있는 순서에 따라 모양을 변경할 수 있습니다.

Tip [모양] 탭에서 표시된 스프라이트 모양의 순서는 마우스를 드래그하여 이동하고, 다음 스프라이트에서 표현할 수 있는 순서로 변경할 수 있습니다.

③ 스프라이트에 모양 추가

스프라이트에 모양을 추가하여 애니메이션을 적용하는 과정입니다. 스프라이트에 모양을 추가하기 위해 [모양] 탭 - [저장소에서 모양 선택]을 클릭한 후 [모양 저장소]에서 새로운 모양을 추가하면 스프라이트 리스트에서 확인할 수 있습니다. 또는 내 컴퓨터에 저장된 이미지 유형 또는 카메라로 촬영한 이미지를 활용할 수도 있습니다.

SECTION 03 스프라이트의 형태 표현 • 73

다른 모양과 결합된 새로운 모양의 스프라이트를 생성할 수 있습니다. 실행 방법은 결합하고자 하는 모양을 선택한 후 [작업] 창에서 [추가] 버튼을 클릭합니다. [모양 저장소] 중에서 다른 모양을 더블 클릭하면 결합한 모양으로 표현할 수 있습니다. 모양이 중첩되어 있으므로 적절한 위치로 이동합니다. 새로운 스프라이트 모양의 추가는 [모양 저장소] 중에 있는 다른 적합한 모양을 결합한 모양으로 표현할 수 있습니다.

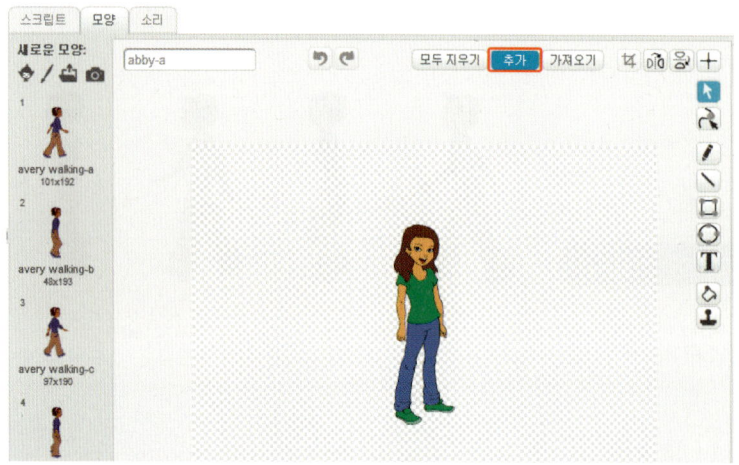

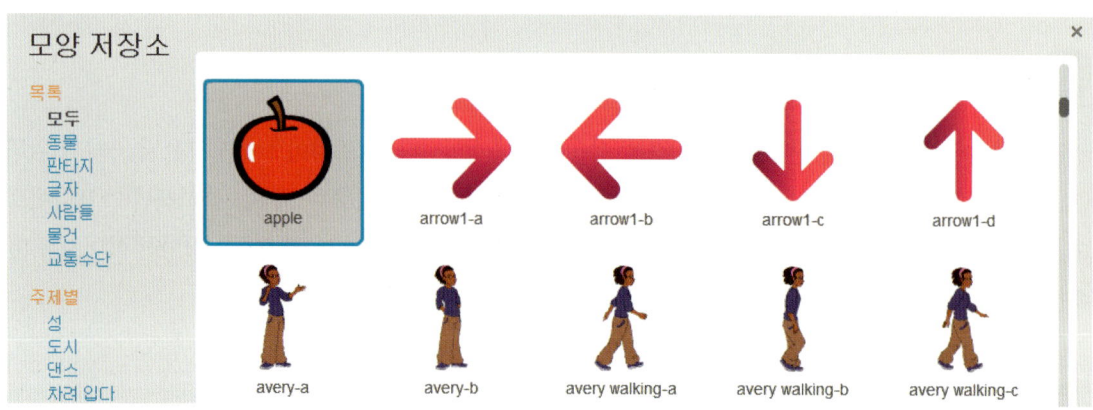

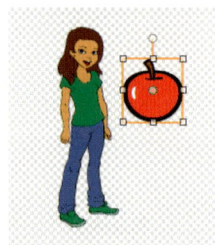

> **Tip** 그림판 편집 모드에서 스프라이트의 위치, 크기, 색상을 변경할 수 있습니다. 또한 선택한 스프라이트를 기준으로 조절점을 활용하여 크기의 변경이 가능합니다. 스프라이트의 특정 영역에 색칠하기를 통해 지정한 색상으로 편집할 수 있습니다.

④ 스프라이트에 애니메이션 행동 적용하기

스프라이트의 애니메이션에서 학생 스프라이트와 걷는 학생 스프라이트가 연기자가 됩니다. 학생 스프라이트가 상대방 학생에게 다가가면서 걸어가는 효과의 애니메이션으로 표현합니다. 걷는 학생 스프라이트는 걸어가는 애니메이션을 표현합니다.

▶ 파일명 : 스프라이트에 애니메이션 행동 적용하기.sb2

실행 화면	스프라이트	스크립트

	학생	클릭했을 때
		무한 반복하기
		  다음 모양으로 바꾸기
		  0.5 초 기다리기

	걷는 학생	클릭했을 때
		무한 반복하기
		  학생▼ 쪽 보기
		  다음 모양으로 바꾸기
		  10 만큼 움직이기
		  0.5 초 기다리기

◎ 파일명 : 스프라이트의 애니메이션 단위로 실행하기.sb2

> **설명**

마술사가 움직이는 모양을 보여주는 프로그램입니다.

> **동작 과정**

1 🚩 클릭하면
  → 모든 동작을 무한 반복하기 합니다.
  → 무대에 마술사와 Cake가 보입니다.
  → 마술사는 Cake쪽 보기하고 움직이기 합니다.
  → 마술사는 다음 모양으로 바꾸고 기다리기 합니다.
  → Cake는 다음 모양으로 바꾸고 기다리기 합니다.

2 프로그램 종료하기

> **지시 사항**

코딩 스프라이트 : 마술사

  → 모든 동작을 무한반복 합니다.
  → Cake 쪽 보기 합니다.
  → 3만큼 움직이기 합니다.
  → 다음 모양으로 바꾸기 합니다.
  → 0.5초 기다리기 합니다.
  → 회전방식을 왼쪽-오른쪽으로 정하기 합니다.

코딩 스프라이트 : Cake

  → 모든 동작을 무한반복 합니다.
  → 다음 모양으로 바꾸기 합니다.
  → 0.5초 기다리기 합니다.

> 해설

1 쪽 보기와 움직이기 동작의 무한 반복

① '마술사' 스프라이트를 선택합니다.
② [제어] 블록 중 [무한 반복하기] 블록을 드래그하여 추가합니다.
③ [동작] 블록 중 [쪽 보기] 블록을 [무한 반복하기] 블록 안으로 드래그하여 추가한 후 목록 단추를 클릭하여 'Cake'를 선택합니다.
④ [제어] 블록 중 [10 만큼 움직이기] 블록을 [무한 반복하기] 블록 안으로 드래그하여 추가한 후 입력란에 『3』으로 값을 변경합니다.

2 다음 모양으로 바꾸고, 기다리는 제어의 설정

① [모양] 블록 중 [다음 모양으로 바꾸기] 블록을 [무한 반복하기] 블록 안으로 드래그하여 추가합니다.
② [제어] 블록 중 [1초 기다리기] 블록을 [무한 반복하기] 블록 안으로 드래그하여 추가한 후 『0.5』로 값을 변경합니다.

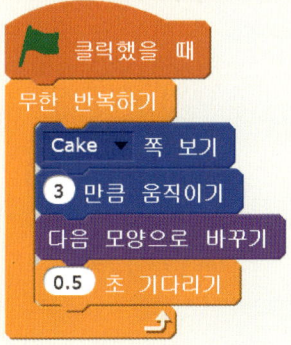

3 스프라이트 회전방식 설정

① [동작] 블록 중 [회전방식을 왼쪽-오른쪽으로 정하기] 블록을 [무한 반복하기] 블록 안으로 드래그하여 추가합니다.

```
클릭했을 때
무한 반복하기
    Cake ▼ 쪽 보기
    3 만큼 움직이기
    다음 모양으로 바꾸기
    0.5 초 기다리기
    회전방식을 왼쪽-오른쪽 ▼ 로 정하기
```

4 다음 모양으로 바꾸고, 기다리는 제어를 설정

① 'Cake' 스프라이트를 선택합니다.
② [제어] 블록 중 [무한 반복하기] 블록을 드래그하여 추가합니다.
③ [형태] 블록 중 [다음 모양으로 바꾸기] 블록을 [무한 반복하기] 블록 안으로 드래그하여 추가합니다.
④ [제어] 블록 중 [1초 기다리기] 블록을 [무한 반복하기] 블록 안으로 드래그하여 추가한 후 『0.5』로 값을 변경합니다.

```
클릭했을 때
무한 반복하기
    다음 모양으로 바꾸기
    0.5 초 기다리기
```

⑤ 스프라이트의 형태 변화 프로그래밍의 예

스프라이트의 다양한 형태 변화를 실습하는 과정입니다. 말풍선, 생각 풍선, 확대와 축소, 효과, 모양 바꾸기 등을 설정합니다.

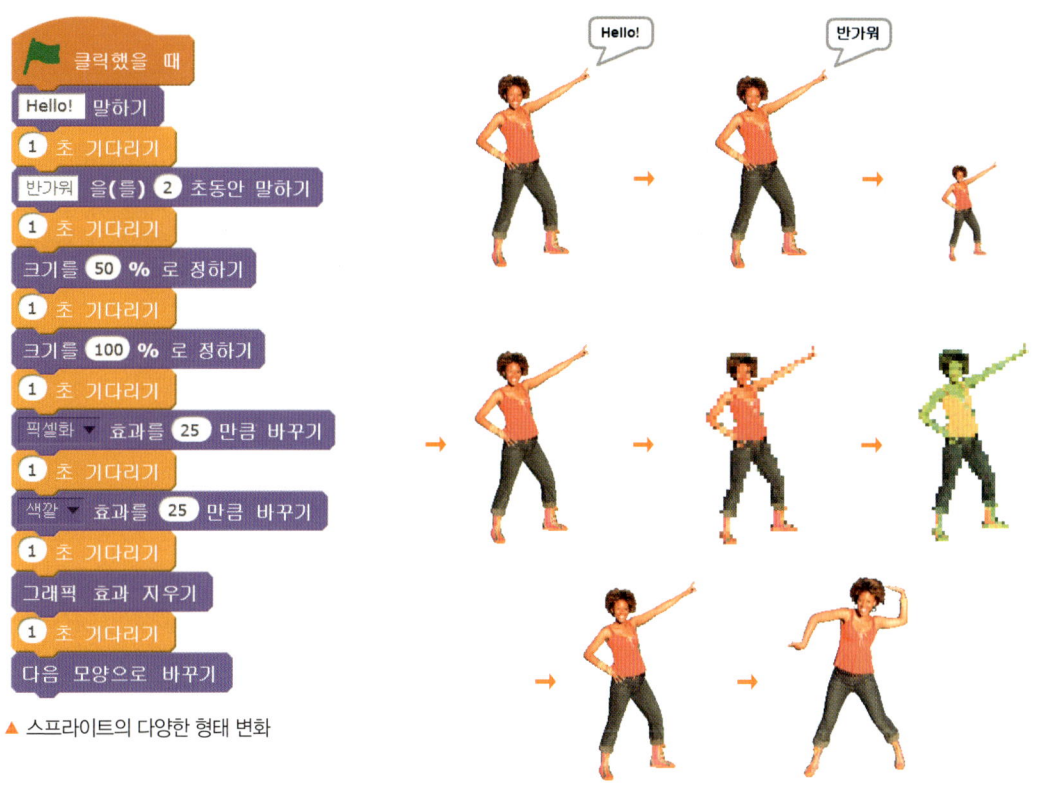

▲ 스프라이트의 다양한 형태 변화

🔍 전문가 조언

스프라이트에 적용된 효과는 프로그램 실행을 중지하더라도 그대로 실행 결과가 유지됩니다. 예를 들어 스프라이트의 크기 비율을 50% 축소하고 프로그램 실행을 중지하면 스프라이트는 여전히 50% 축소된 상태가 됩니다. 다시 프로그램을 시작한다 하더라도 현재 상태에서 시작하게 됩니다. 원래 크기로 초기화 하려면 '크기를 100%로 정하기'를 실행하면 원래 크기로 돌아가서 축소된 효과를 제거할 수 있습니다.

◎ 파일명 : 스프라이트를 다양한 형태로 변경하기.sb2

설명

고양이와 곤충이 움직이며 변화하는 모양을 보여주는 프로그램입니다.

동작 과정

1 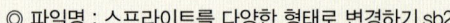 클릭하면
  → 무대에 고양이와 곤충 스프라이트가 등장합니다.

코딩 스프라이트 : 고양이

  → 모든 동작을 무한 반복합니다.
  → '곤충' 쪽 보기를 지정합니다.
  → 10만큼 움직이기를 설정합니다.
  → 다음 모양으로 바꾸기를 실행합니다.
  → 0.5초 기다리기를 설정합니다.

코딩 스프라이트 : 곤충

  → 모양을 '곤충1'로 바꾸기 합니다.
  → 1초 기다리기 합니다.
  → '안녕' 말하기 합니다.
  → 1초 기다리기 합니다.
  → '반가워'를 1초 동안 생각하기 합니다.
  → 1초 기다리기 합니다.
  → 크기를 200%로 정하기 합니다.
  → 1초 기다리기 합니다.
  → '픽셀화' 효과를 30만큼 바꾸기를 설정합니다.
  → 1초 기다리기 합니다.
  → '색깔' 효과를 30만큼 바꾸기 합니다.
  → 1초 기다리기 합니다.
  → 그래픽 효과를 지우기 합니다.
  → 1초 기다리기 합니다.
  → 다음 모양으로 바꾸기 합니다.

2 프로그램 종료하기

> 해설

1 쪽 보기와 움직이기 동작을 무한 반복

① '고양이' 스프라이트를 선택합니다.
② [제어] 블록 중 [무한 반복하기] 블록을 드래그하여 추가합니다.
③ [동작] 블록 중 [쪽 보기] 블록을 [무한 반복하기] 블록 안으로 드래그하여 추가한 후 목록 단추를 클릭하여 '곤충'을 선택합니다.
④ [동작] 블록 중 [10만큼 움직이기] 블록을 [무한 반복하기] 블록 안으로 드래그하여 추가합니다.

2 모양 바꾸기와 기다리기

① [형태] 블록 중 [다음 모양으로 바꾸기] 블록을 [무한 반복하기] 블록 안으로 드래그하여 추가합니다.
② [제어] 블록 중 [1초 기다리기] 블록을 [무한 반복하기] 블록 안으로 드래그하여 추가한 후 입력란에 『0.5』로 값을 변경합니다.

3 모양 바꾸기와 말하기 및 생각하기 등 형태 블록을 설정

① '곤충' 스프라이트를 선택합니다.
② [형태] 블록 중 [모양을 바꾸기] 블록을 드래그하여 추가한 후 목록 단추를 클릭하여 '곤충1'을 선택합니다.
③ [제어] 블록 중 [1초 기다리기] 블록을 드래그하여 추가합니다.
④ [형태] 블록 중 [말하기] 블록을 드래그하여 추가한 후 입력란에 『안녕』을 입력합니다.
⑤ [제어] 블록 중 [1초 기다리기] 블록을 드래그하여 추가합니다.
⑥ [제어] 블록 중 [1초 동안 생각하기] 블록을 드래그하여 추가한 후 입력란에 『반가워』를 입력합니다.

4 크기 정하기 형태를 설정

① [제어] 블록 중 [1초 기다리기] 블록을 드래그하여 추가합니다.
② [형태] 블록 중 [크기를 100%로 정하기] 블록을 드래그하여 추가한 후 입력란에 『200』으로 값을 변경합니다.

5 픽셀화 효과 바꾸기 형태를 설정

① [제어] 블록 중 [1초 기다리기] 블록을 드래그하여 추가합니다.
② [형태] 블록 중 [효과를 바꾸기] 블록을 드래그하여 추가한 후 목록 단추를 클릭하여 '픽셀화'를 선택하고, 입력란에 『30』으로 값을 변경합니다.

```
클릭했을 때
모양을 곤충1 ▼ (으)로 바꾸기
1 초 기다리기
안녕 말하기
1 초 기다리기
반가워 을(를) 1 초동안 생각하기
1 초 기다리기
크기를 200 % 로 정하기
1 초 기다리기
픽셀화 ▼ 효과를 30 만큼 바꾸기
```

6 색깔 효과 바꾸기 형태를 설정

① [제어] 블록 중 [1초 기다리기] 블록을 드래그하여 추가합니다.
② [형태] 블록 중 [효과를 바꾸기] 블록을 드래그하여 추가한 후 목록 단추를 클릭하여 '색깔'을 선택하고, 입력란에 『30』으로 값을 변경합니다.

```
클릭했을 때
모양을 곤충1 ▼ (으)로 바꾸기
1 초 기다리기
안녕 말하기
1 초 기다리기
반가워 을(를) 1 초동안 생각하기
1 초 기다리기
크기를 200 % 로 정하기
1 초 기다리기
픽셀화 ▼ 효과를 30 만큼 바꾸기
1 초 기다리기
색깔 ▼ 효과를 30 만큼 바꾸기
```

7 그래픽 효과를 삭제, 다음 모양으로 바꾸기를 설정

① [제어] 블록 중 [1초 기다리기] 블록을 드래그하여 추가합니다.
② [형태] 블록 중 [그래픽 효과 지우기] 블록을 드래그하여 추가합니다.
③ [제어] 블록 중 [1초 기다리기] 블록을 드래그하여 추가합니다.
④ [형태] 블록 중 [다음 모양으로 바꾸기] 블록을 드래그하여 추가합니다.

```
클릭했을 때
모양을 곤충1▼ (으)로 바꾸기
1 초 기다리기
안녕 말하기
1 초 기다리기
반가워 을(를) 1 초동안 생각하기
1 초 기다리기
크기를 200 % 로 정하기
1 초 기다리기
픽셀화▼ 효과를 30 만큼 바꾸기
1 초 기다리기
색깔▼ 효과를 30 만큼 바꾸기
1 초 기다리기
그래픽 효과 지우기
1 초 기다리기
다음 모양으로 바꾸기
```

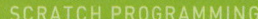

스프라이트의 소리 구현

스프라이트는 특정의 음원 종류의 파일 또는 다양한 종류의 악기 소리를 출력할 수 있습니다. 그리고 스프라이트에 따른 소리로 등록된 음원을 선택할 수 있고, 음원 재생과 편집 가능한 메뉴를 사용할 수 있습니다. 또한 스크래치는 적합한 음원들을 선택하여 스프라이트의 소리로 등록하고, 표현할 수 있습니다.

① 스프라이트 소리의 종류와 기능

사용자가 등록하고, 선택한 음원들과 다양한 소리로 스프라이트를 구성합니다. 소리의 음량 고저에 따른 조정과 악기소리의 경우 지정한 박자에 따라 조정할 수 있습니다. 스프라이트에 등록된 음원의 관리 실행은 [스크립트 작업 창]에서 [소리] 탭에서 할 수 있습니다.

고양이 스프라이트를 선택한 후 [스크립트 작업 창]에서 [소리] 탭을 클릭하면 등록된 음원 리스트를 확인할 수 있습니다. 음원 재생, 편집 가능한 메뉴를 확인합니다.

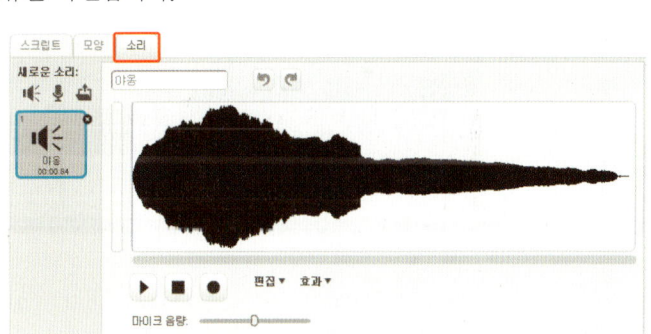

② 스프라이트 소리에 사용자 음원 등록하기

스프라이트에 음원 등록은 [스크립트 작업 창]에서 [소리] 탭을 클릭한 후 [소리 저장소] 중에서 스프라이트의 음원을 등록할 수 있습니다.

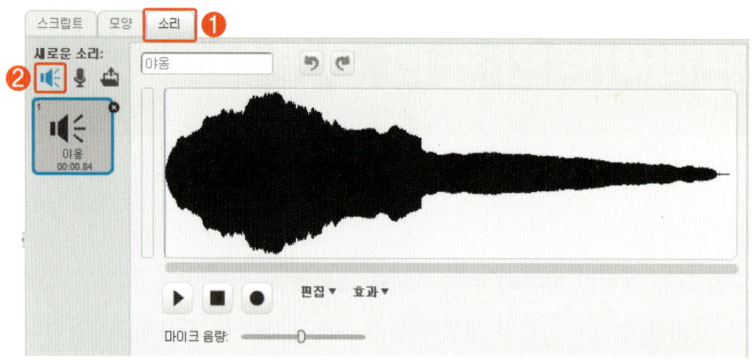

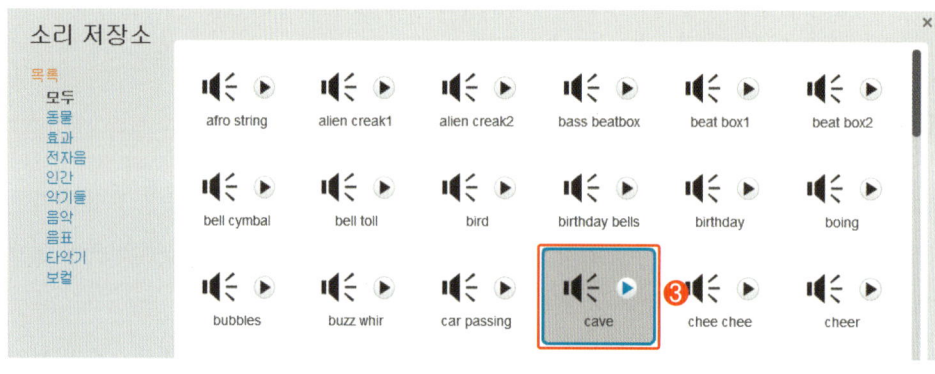

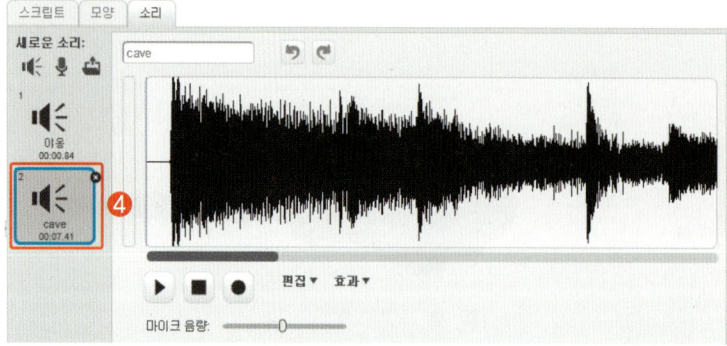

▲ "cave"라는 음원을 고양이 스프라이트에 등록하는 과정

전문가 조언

음원 재생 기능으로 [재생하기] 블록과 [끝까지 재생하기] 블록 두 가지 종류가 있습니다. [재생하기] 블록의 음원 재생은 다음 블록이 실행되면 즉각적으로 재생을 중단합니다. 그렇지만 블록 [끝까지 재생하기]는 음원을 끝까지 재생한 후 다음 블록을 실행하는 차이가 있습니다.

◎ 파일명 : 다양한 소리 출력하기.sb2

> 설명

고양이의 음향 효과를 설정하는 프로그램입니다.

> 동작 과정

1 🚩 클릭하면
- → 무대에 강아지가 등장합니다.
- → 강아지 소리를 끝까지 재생합니다.
- → 2, 7, 1번 타악기를 1박자로 연주하기 합니다.
- → 60, 62, 64번 음을 0.5박자 연주하기 합니다.
- → 10번 악기로 지정합니다.
- → 60, 62, 67번 음을 0.5박자로 연주하기 합니다.

2 프로그램 종료하기

> 지시 사항

▶ 🚩 클릭했을 때
- → 강아지 끝까지 재생하기를 설정합니다.
- → 2번 타악기를 1박자로 연주하기를 설정합니다.
- → 7번 타악기를 1박자로 연주하기를 설정합니다.
- → 1번 악기로 정하기 합니다.
- → 60번 음을 0.5박사로 연주하기를 설정합니다.
- → 62번 음을 0.5박자로 연주하기를 설정합니다.
- → 64번 음을 0.5박자로 연주하기를 설정합니다.
- → 10번 악기로 정하기 합니다.
- → 60번 음을 0.5박자로 연주하기를 설정합니다.
- → 62번 음을 0.5박자로 연주하기를 설정합니다.
- → 64번 음을 0.5박자로 연주하기를 설정합니다.

해설

1 소리 끝까지 재생

① '강아지' 스프라이트를 선택합니다.

② [소리] 블록 중 [끝까지 재생하기] 블록을 드래그하여 추가합니다.

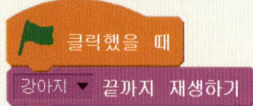

2 베이스 드럼과 탬버린을 박자에 따라 연주

① [소리] 블록 중 [타악기를 박자로 연주하기] 블록을 추가한 후 목록 단추를 클릭하여 '2'를 선택하고 입력란에 『1』로 값을 변경합니다.

② [소리] 블록 중 [타악기를 박자로 연주하기] 블록을 추가한 후 목록 단추를 클릭하여 '7'을 선택하고 입력란에 『1』로 값을 변경합니다.

3 피아노 악기로 정하고 '도', '레', '미' 음을 설정한 박자로 연주

① [소리] 블록 중 [악기로 정하기] 블록을 드래그하여 추가한 후 목록 단추를 클릭하여 '1'을 선택합니다.

② [소리] 블록 중 [음을 박자로 연주하기] 블록을 세 번 드래그하여 추가합니다.

③ 세 개의 블록 각각에 목록 단추를 클릭하고 '60', '62', '64'를 선택한 후 각각 입력란에 『0.5』 박자로 값을 변경합니다.

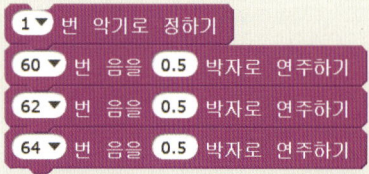

4 클라리넷 악기로 정하고 '도', '레', '미' 음을 설정한 박자로 연주하기를 실행합니다.

① ['1'번 악기로 정하기] 블록에서 마우스 오른쪽 버튼을 클릭하여 [복사] 메뉴를 클릭한 후 마지막 블록 하단에서 마우스를 클릭하여 붙여넣기 합니다.

② 붙여넣기 한 블록 중에서 ['1'번 악기로 정하기] 블록의 목록 단추를 클릭하고 '10'을 선택합니다.

③ 나머지 세 개의 블록은 동일한 사항이므로 수정하지 않습니다.

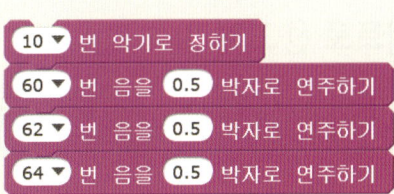

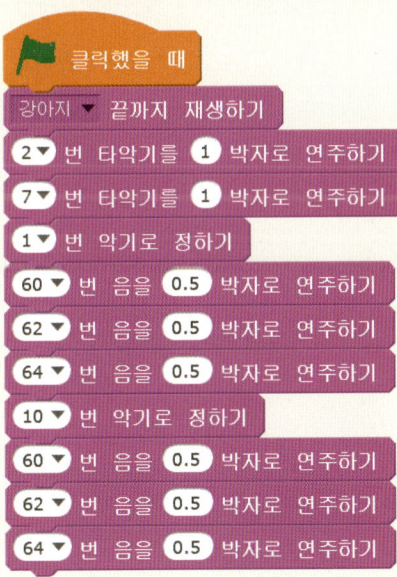

SECTION 05 | 스프라이트의 펜 그리기 활용

SCRATCH PROGRAMMING

펜 스크립트는 이동하는 경로를 따라 선을 자유롭게 그리거나 펜 스프라이트 모양을 복제하여 찍어주는 펜 기능을 활용할 수 있습니다. 펜 기능을 활용하여 윈도우즈의 그림판에서 그림을 그리거나, 색상으로 표현하는 프로그램을 편리하게 구현합니다. 펜 기능과 관련된 블록은 [스크립트] 탭 – [펜] 메뉴에서 사용할 수 있습니다.

1 스프라이트로 선 그리기

펜의 주요 기능은 [펜 내리기]와 [펜 올리기] 블록 등이 있습니다. 종이에 선을 그리기 할 때, 연필이 종이에 닿는 시점에 선을 그릴 수 있는 개념으로 구현할 수 있습니다. 이것은 [펜 내리기]와 [펜 올리기] 블록을 통해 가능합니다. [펜 내리기] 블록은 펜을 내릴 경우에만 스프라이트의 이동 경로에 따라 선이 그려집니다.

▲ 고양이 스프라이트의 이동경로   ▲ 펜을 내리고 이동하는 경우   ▲ 펜을 내리지 않고 움직이는 경우

[펜 내리기]를 실행하고, 연필 스프라이트의 움직임에 따라 경로를 선으로 그려서 표현합니다.

❷ 연필 선 그리기 기능

연필 스프라이트를 활용한 선 그리기의 실행 과정은 연필 스프라이트를 마우스 방향에 따라 드래그하여 새로운 선을 그릴 수 있습니다. 그렇지만 이 프로그램은 연필 스프라이트의 심상에서 그려지는 것이 아닌 연필 중앙을 기준으로 그려진다는 것입니다. 이 문제의 해결책은 연필 스프라이트의 중심 위치를 연필심으로 수정해야 합니다.

연필심에서 선 그리기

연필 스프라이트 모양의 중심에 있는 기준을 연필심 끝으로 조정 후 다시 실행합니다.

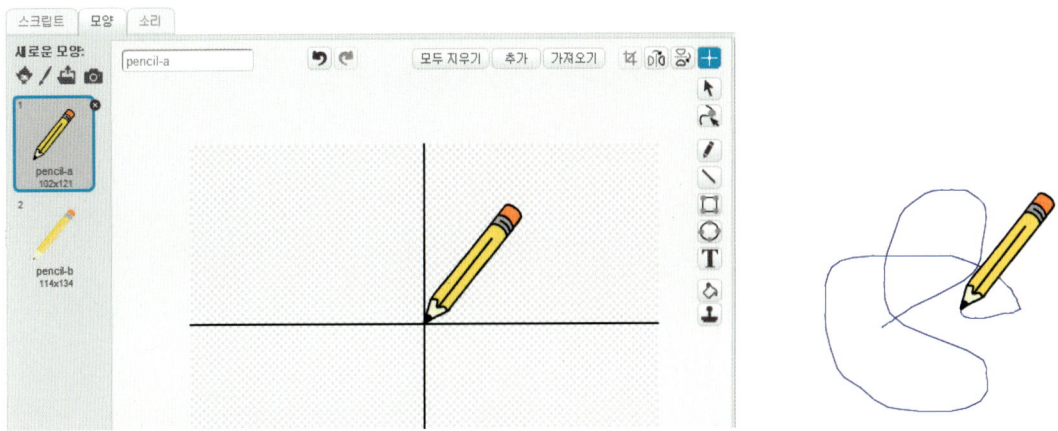

▲ 연필심 끝을 기준으로 선 그리기

❸ 도장 찍기 기능

연필 스프라이트가 자유롭게 이동하는 경로에 따라 선이 그려지는 과정 대신에 스프라이트의 모양을 복제하여 도장 찍듯이 이동 경로를 이어줄 수 있습니다.

◎ 파일명 : 스프라이트 복제하기.sb2

> 설명

막대가 반복적으로 무대에 복사되는 프로그램입니다.

> 동작 과정

1 🏁 클릭하면
→ 무대에 초록 막대가 보입니다.
→ 막대 하나만 보이도록 지우기 합니다.
→ 동작을 무한 반복하기 합니다.
→ 막대의 복제를 위해 도장찍고, 랜덤 위치로 이동하기 합니다.

2 프로그램 종료하기

> 지시 사항

▶ 이 스프라이트가 클릭될 때
→ 지우기를 설정합니다.
→ 무한 반복을 설정합니다.
→ 도장찍기를 설정합니다.
→ 랜덤 위치로 이동하기를 지정합니다.

> 해설

1 막대 자국 초기화 및 무한 반복 실행

① '막대' 스프라이트를 선택합니다.
② [펜] 블록 중 [지우기] 블록을 드래그하여 추가합니다.
③ [제어] 블록 중 [무한 반복하기] 블록을 드래그하여 추가합니다.

```
이 스프라이트가 클릭될 때
지우기
무한 반복하기
```

❷ 도장찍기 및 랜덤 위치 설정

① [펜] 블록 중 [도장찍기] 블록을 [무한 반복하기] 블록 안으로 드래그하여 추가합니다.

② [동작] 블록 중 [위치로 이동하기] 블록을 [무한 반복하기] 블록 안으로 드래그하여 추가한 후 목록 단추를 클릭하여 '랜덤 위치'를 선택합니다.

03 연습문제

SECTION

1. 비디오 게임상에서 독립적이고, 구분화된 그래픽 객체를 대표하는 주인공 역할의 그래픽 객체는 무엇입니까?

   ① 스크래치   ② 스크립트
   ③ 스프라이트   ④ 영상

2. 스프라이트의 그래픽 표현 방식으로 픽셀을 최소화하는 단위의 집합 유형을 무엇이라고 합니까?

   ① 도형   ② 래스터
   ③ 벡터   ④ 점, 선, 면

3. 스프라이트의 비율을 설정하여 확대할 수 있는 스크립트를 포함하는 블록의 집합을 무엇이라고 합니까?

   ① 동작   ② 형태
   ③ 소리   ④ 펜

4. 스프라이트의 위치를 지시, 대상 또는 방향을 변경합니다. 또한 벽에 부딪혔을 때, 방향을 바꾸는 등을 결정하는 스크립트 블록의 집합은 무엇입니까?

   ① 동작   ② 형태
   ③ 소리   ④ 펜

5. `90도 방향 보기`의 각도 설명으로 틀린 것은 무엇입니까?

   ① 0도 : 위쪽   ② 90도 : 오른쪽
   ③ 180도 : 오른쪽   ④ -90도 : 왼쪽

6. 스프라이트 동작을 구현할 때, 이동 가능한 너비 영역과 높이 영역을 옳게 설명한 것은 무엇입니까?

   ① 너비 : 480, 높이 : 300   ② 너비 : 480, 높이 : 380
   ③ 너비 : 480, 높이 : 360   ④ 너비 : 450, 높이 : 360

정답 1. ③ 2. ② 3. ② 4. ① 5. ③ 6. ③

7 스크래치 행동의 설명으로 옳지 않은 것은 무엇입니까?

① 외부적인 표현 방법입니다.

② 내면적인 표현 방법까지 포함합니다.

③ 시각적으로 확인할 수 있는 모든 동작과 형태를 의미합니다.

④ 스크래치의 다양한 변화, 적합한 소리 등을 실행할 수 있습니다.

정답 7. ②

03 PART 실습문제

1 '문제1.sb2' 파일을 활용하여 지시된 내용으로 프로그램을 작성합니다.

> **설명**

고양이의 움직이는 모양을 보여주는 프로그램입니다.

> **동작 과정**

1 🏁 클릭하면

→ 무대에 고양이와 쥐가 보입니다.
→ x좌표를 30만큼 바꾸기 합니다.
→ 1초 기다리기 합니다.
→ x좌표를 10만큼 바꾸기 합니다.
→ 다음 모양으로 바꾸기 합니다.
→ 1초 기다리기 합니다.
→ 45도 시계반대방향으로 회전합니다.
→ 1초 기다리기 합니다.
→ 50만큼 움직이기 합니다.
→ 1초 기다리기 합니다.
→ -50만큼 움직이기 합니다.
→ 1초 기다리기 합니다.
→ 쥐쪽 보기 합니다.
→ 1초 기다리기 합니다.
→ 50만큼 움직이기 합니다.
→ 쥐 위치로 이동하기 합니다.

2 프로그램 종료하기

2 '문제2.sb2' 파일을 활용하여 지시된 내용으로 프로그램을 작성합니다.

설명

농구선수와 깃발의 동작을 보여주는 프로그램입니다.

동작 과정

1 ▶ 클릭하면

→ 무대에 농구선수와 깃발이 보입니다.

코딩 스프라이트 : 농구선수

→ 20번 반복하기를 설정합니다.
→ 깃발쪽 보기를 설정합니다.
→ 10만큼 움직이기를 설정합니다.
→ 다음 모양으로 바꾸기를 설정합니다.
→ 0.2초 기다리기를 설정합니다.

코딩 스프라이트 : 깃발

→ 무한 반복하기를 설정합니다.
→ 크기를 200%로 정하기를 설정합니다.
→ 다음 모양으로 바꾸기를 설정합니다.
→ 0.2초 기다리기를 설정합니다.

2 프로그램 종료하기

3 '문제3.sb2' 파일을 활용하여 지시된 내용으로 프로그램을 작성합니다.

> 설명

종 스프라이트의 음향 효과를 표현하는 프로그램입니다.

> 동작 과정

1 🏁 클릭하면
  → 무대에 종이 보입니다. 지시한 블록으로 설정합니다.
  → 무한 반복하기를 설정합니다.
  → 다음 모양으로 바꾸기를 설정합니다.
  → 종소리 끝까지 재생하기를 설정합니다.
  → 1번 타악기를 1박자로 연주하기를 설정합니다.
  → 7번 타악기 1박자로 연주하기를 설정합니다.
  → 15번 악기로 정하기를 설정합니다.
  → 다음 모양으로 바꾸기를 설정합니다.
  → 60번 음을 1박자로 연주하기를 설정합니다.
  → 62번 음을 1박자로 연주하기를 설정합니다.
  → 64번 음을 1박자로 연주하기를 설정합니다.
  → 17번 악기로 정하기를 설정합니다.
  → 밝기 효과를 50만큼 바꾸기를 설정합니다.
  → 크기를 300%로 정하기를 설정합니다.
  → 크기를 100% 정하기를 설정합니다.

2 프로그램 종료하기

Scratch Programming

CHAPTER 4
자료형과 연산, 변수

이 장에서 무엇을 공부하나요?

- 자료와 자료형, 변수형의 개념을 비교하고 공부합니다.
- 변수의 적용 범위를 구분하고, 지역변수와 전역변수의 차이를 공부합니다.
- 스크래치에서 프로그램의 작성 과정에 대한 주석달기 방법을 공부합니다.
- 스크래치에서 활용하는 변수의 종류와 변수 만들기를 공부합니다.
- 구조적 자료형의 개념, 배열과 리스트 의미를 공부합니다.
- 스크래치의 구조적 자료형인 리스트를 활용한 프로그램을 공부합니다.

SECTION 01 자료형과 연산

SCRATCH PROGRAMMING

1 자료의 의미

자료의 의미는 컴퓨터를 통해 실행 가능한 프로그램으로 해석, 변경하고, 결과를 출력하는 모든 과정을 포함합니다. 자료의 종류는 메모장, 계산기, 그림판 등의 프로그램 결과 데이터와 웹사이트에서 로그인에 필요한 아이디와 비밀번호 입력데이터가 자료입니다. 다시 말해서, 자료는 키보드를 통해 입력한 데이터이거나 마우스가 선택한 영역의 좌표 데이터를 의미합니다. 자료의 실행은 컴퓨터에서 프로그램을 통한 작업으로 문자 또는 숫자 등의 다양한 자료를 입력, 계산, 저장, 출력 등의 과정입니다. 자료의 종류는 특성에 따라 '자료형'으로 구분하고, 주로 프로그래밍 언어에서 보편적으로 활용합니다.

자료형	자료 데이터
문자	'A', 'a', '1', '2', '+', '-', '*', '%' 등
문자열	"I love you", "나는 행복합니다." 등
논리	True, False
정수	-33, -17, 0, 3, 5, 33 등
실수	-12.7, -0.31, 0.21, 45.5 등

▲ 자료 데이터 분류

> **전문가 조언**
>
> 한 숫자, 한 문자인 문자열을 구분할 때, 1은 정수(숫자), '1'은 문자(숫자의 앞과 뒤에 작은따옴표('')가 있으면 문자), "1"은 문자열(데이터 앞과 뒤에 큰따옴표("")가 있으면 문자열) 입니다. 'A'는 문자, "A"은 문자열이라고 표시하고, 기호에 따라 문자 또는 문자열로 구분하여 적용합니다.

1 자료의 종류

자료형은 자료의 종류와 함께 그 자료에서 실행하는 과정의 '계산 또는 연산' 기능을 포함하는 개념입니다. 예를 들어 정수형은 -1, 0, 1 등과 같은 정수는 숫자 표현이면서 사칙연산과 수식연산 등을 함께 적용할 수 있습니다.

▲ 정수 자료의 이해

정수의 의미는 그 자료가 -1, 0, 1과 같은 정수의 값을 가진다는 것입니다. 그 자료에 정수의 계산 및 연산인 사칙연산과 수식연산 등을 적용할 수 있습니다.

자료형	자료의 예	수식연산 예
정수	-3, -2, -1, 0, 1, 2, 3	• 더하기, 빼기, 곱하기, 나누기의 사칙연산 • 절댓값 등의 수식연산 • 비교 기능(크다(>), 작다(<), 같다(=), 같지 않음(<>)) 등의 관계 연산
실수	-11.5, 0.12, 53.9	• 더하기, 빼기, 곱하기, 나누기의 사칙연산 • 절댓값 등의 수식연산 • 비교 기능(크다(>), 작다(<), 같다(=), 같지 않음(<>)) 등의 관계 연산
문자	'3', 'A', 'a', '*', '%'	• 대소문자를 서로 바꾸는 연산 • 다른 문자를 찾는 더하기, 빼기 연산 예 'A'+3 이면 문자 'A' 다음의 세 번째 문자('C')를 계산, 반대로 'C'-3은 문자 'C'의 세 번째 앞 문자('A')를 계산
논리	참(true), 거짓(false), 부정	• AND, OR, NOT등의 논리 관계 연산
문자열	"한빛", "코스", "스크래치"	• 두 문자열을 하나로 합치는 연산 예 "코스"와 "프로그램"을 결합하면 "코스 프로그램" • 문자열 영역에서 특정 위치의 문자만 계산하는 연산 예 "코스 프로그램"에서 1번째 문자 자료는 '코' • 문자열의 총 길이를 계산하는 연산 예 "코스"의 길이는 2

▲ 자료형과 연산의 특성

2 스크래치 자료형

스크래치에서 자료형을 구분하는 방식은 되도록 영역을 나누지 않도록 설계한 것이고, 이것은 스크립트 언어의 주요 특징이라고 볼 수 있습니다. 프로그래밍 할 때, 자료는 대분류 면에서 정수와 실수 등과 같은 숫자이거나 문자열로만 구분합니다.

스크립트 자료는 블록의 사용 규칙 면에서 타원형 모양의 블록은 숫자만 입력할 수 있고 사각형 모양의 블록은 문자열만 입력할 수 있습니다.

▲ 숫자를 입력하는 블록　　▲ 문자열을 입력하는 블록

> 🔍 **전문가 조언**
>
> 숫자 입력(타원형 모양)란에는 숫자만 입력할 수 있고, 문자는 입력할 수 없습니다. 문자열 데이터의 자료 블록을 숫자 입력 데이터와 합치는 것은 불가능합니다.
> 원형 입력 상자에 숫자만 입력할 수 있습니다. 따라서 입력 상자에 '가' 또는 'A' 등의 문자(열)는 입력이 되지 않습니다.
>
> 스크래치는 숫자만 허용하는 '방향 보기' 블록에서 그림과 같이 문자열을 조립하여 적용할 수 있습니다. 하지만 프로그램이 정상적으로 동작하지 않습니다.

② 연산식의 종류

스크래치에서 사용할 수 있는 연산 종류에는 사칙, 논리, 관계 등이 있으며 그 밖에 프로그래밍할 때 꼭 필요한 수학 연산들이 있습니다. 예를 들어 난수 범위 생성하기, 나머지 숫자 구하기, 반올림하기, 제곱근 수식 구하기 등이 있습니다. 그리고 문자열에 적용되는 연산들로 문자열의 총 길이 구하기, 문자열에서 특정한 위치 값의 문자 구하기, 문자열과 문자열 결합하기 등을 적용할 수 있습니다. 이와 같은 연산은 [스크립트] 탭 – [연산] 블록 집합에서 선택하여 적용할 수 있습니다.

3 + 3	3과 3을 더한 값(6)	5 - 3		5에서 3을 뺀 값(2)
3 * 6	3에 6을 곱한 값(18)	9 / 3		9를 3으로 나눈 값(3)
9 < 3	9는 3보다 작다(거짓)	8 = 9		8과 9는 같다(거짓)

`10 > 5`	10은 5보다 크다(참)	`10 나누기 5 의 나머지`	10을 5로 나눈 나머지(0)
`5.9 반올림`	5.9의 반올림 값(6)	`제곱근 ▼ ( 9 )`	9의 제곱근 값(3)

▲ 스크래치 숫자 연산 블록

Tip `제곱근 ▼ ( 9 )` 목록 단추를 클릭하면 절대값, 천장 함수, 바닥 함수, 제곱근 등을 선택할 수 있습니다.

🔍 전문가 조언

바닥(내림) 함수는 숫자보다 작거나 같으면서 가장 큰 정수로 정의됩니다. 버림 함수, 가우스 함수라고도 합니다.
예) 3.9=3, -3.3=-4가 됩니다.
천장(올림) 함수는 숫자보다 크거나 같으면서 가장 작은 정수로 정의됩니다.
예) 2.3=3, -2.3=-2가 됩니다.
코스 시험에서 천장 함수, 바닥 함수를 적용한 연산이 출제되고 있습니다.

`cat < Bear`	거짓	`cat = Bear`	거짓
`cat > Bear`	참	`world 의 길이`	"world"의 문자 개수(5)
`1 번째 글자 ( world )`	"world"의 첫 번째 글자(w)	`123 의 길이`	"123"의 문자 개수(3)
`123 와 45 결합하기`	"123"과 "45" 결합(12345)	`1 번째 글자 ( 35 )`	"35"의 1번째 문자(3)

▲ 스크래치 문자열 연산 블록

Tip 문자열에서 대소 관계 비교는 소문자와 대문자 상관없이 내림차순이 될수록 문자열의 값이 더 큰 것을 값으로 적용합니다. 숫자는 문자열로 해석되어 연산을 적용합니다.

◎ 파일명 : '안녕코스'라고 말하는 고양이.sb2

설명

고양이가 '안녕코스'라고 말하는 문자 자료형 활용 프로그램입니다.

동작 과정

1 ▶ 클릭하면
  → 무대에 고양이가 보입니다.
  → 고양이가 '안녕코스'라고 말합니다.

2 프로그램 종료하기

코딩 스프라이트 : 고양이

지시 사항

▶ ▶ 클릭했을 때

1) 10만큼 움직이기 합니다.
2) '안녕'과 '코스'를 결합하여 2초 동안 말하기 합니다.

해설

① '고양이' 스프라이트를 선택합니다.

② [동작] 블록 중 [10만큼 움직이기] 블록을 드래그하여 추가합니다.
③ [형태] 블록 중 [hello!을(를) 2초 동안 말하기] 블록을 드래그하여 추가합니다.
④ [연산] 블록 중 [hello와 world 결합하기] 블록을 [hello!을(를) 2초 동안 말하기] 블록의 입력 상자에 드래그하여 추가합니다.
⑤ 'hello' 입력상자에『안녕』을 입력하고, 'world' 입력상자에『코스』를 입력합니다.

⑥ 🚩을 클릭하여 실행합니다.

SECTION 02 | 변수

① 변수의 이해

변수는 자료를 포함하는 문자로 표현하는 기호 형태를 의미하고, 편리하게 표현하면 자료가 있는 공간으로 이해합니다. 변수를 구분하기 위해서는 이름이 필요하며 변수명은 문자로 이루어진 기호 형태이고, 공간을 대표하는 이름이면 가능합니다.

변수형은 자료의 종류에 따른 자료형을 의미합니다. 예를 들어, 정수형 변수에는 정수 자료를 배정하고, 문자형 변수에는 문자 자료를 배정합니다. 변수 값은 변수에 배정된 자료를 의미합니다. 그렇지만 변수 값은 프로그램 실행 중에도 필요하면 변경될 수 있습니다. 주의할 점은 변수에 자료를 배정할 때, 변수의 변수형과 자료의 자료형이 일치되어야 오류를 줄일 수 있습니다.

② 변수의 기능

변수는 자료에 의미를 부여합니다. 예를 들어, 333이란 자료에 변수키를 생성하고, 이 변수에 "코스"를 배정하면 333이 바로 "코스"키라는 의미가 성립됩니다. 프로그램에서 변수는 프로그램의 핵심이고, 자료의 의미와 함께 논리적 관계를 통해 수학적인 계산과정을 수행합니다. 예를 들어, 코스점수와 수학점수를 더하는 연산 기능, 나이가 만 19세 미만이면 입장불가를 알려주는 기능 등은 자료의 의미에서 논리적 관계 또는 수학적 계산 기능을 적용합니다.

변수를 생성할 때 두 가지 사항을 고려해야 합니다.

첫 번째, 변수를 생성할 때 자료의 의미를 잘 반영하고, 대표하는 변수 이름을 지정합니다. 모든 사람들이 자료의 의미를 쉽게 인식할 수 있는 변수명을 사용합니다.

변수1, 변수2, a, b, c

Apple, Orange, 입장객의 나이, 코스점수

내용을 알기 어려운 변수 이름　　내용을 알기 쉬운 변수 이름

두 번째, 변수에 배정할 자료의 자료형과 일치하는 변수형을 적용합니다. 변수가 실제 배정될 자료형과 다른 변수형이 배정된다면 자료 값의 결과는 변형될 수 있습니다. 예를 들어, 정수형의 변수에 1.8을 실수형이 아닌 정수형으로 배정되면 1로 변형될 수 있습니다.

③ 스크래치가 제공하는 변수

스크래치는 [스크립트] 탭의 블록 집합 메뉴에서 다양한 기능의 관련 변수를 사용할 수 있습니다.

블록	설명	블록	설명
x좌표	스프라이트의 x좌표 위치	y좌표	스프라이트의 y좌표 위치
방향	스프라이트의 동작 방향	모양 #	스프라이트 모양의 번호
배경 이름	배경의 이름	크기	스프라이트 형태의 크기
음량	스프라이트 음량 소리	박자	스프라이트 소리음향의 박자
대답	[묻고 기다리기] 문장 블록 실행하고, 사용자가 입력한 답변 문자열	마우스의 x좌표	마우스 포인터의 x좌표 위치
마우스의 y좌표	마우스 포인터의 y좌표 위치	음량	마이크로 표현하는 소리의 음량 정도
비디오 동작▼ 에 대한 이 스프라이트▼ 에서의 관찰값	카메라에 포착되는 동작의 방향과 크기, 목록 단추 선택에 따라 선택합니다. 그리고 이 스프라이트 영역의 동작만 감지하거나 전체 무대의 동작을 감지		
타이머	단위 1/10초의 타이머	사용자이름	로그인 사용자 아이디
x좌표▼ of 스프라이트 1▼	좌우의 목록 단추의 선택에 따라 스프라이트의 다양한 좌표, 모양, 크기, 음량 등의 정보와 무대 배경 스프라이트 등의 관련된 정보들을 활용		
2000년 이후 현재까지 날짜수	2000년 1월 1일부터 현재 시점까지의 날짜 수		

▲ 스크래치의 기본적인 변수들

④ 변수 만들기

스크래치의 변수 만들기 방법은 스프라이트나 무대를 먼저 선택한 후 [스크립트] 탭 – [데이터]–[변수 만들기]에서 변수를 정의합니다.

스프라이트에 [변수 만들기] 할 때는 변수를 자신이 속한 '이 스프라이트에서만 사용'할 것인지 그렇지 않으면 '모든 스프라이트에서 사용'할 것인지 여부를 결정합니다. 또한, 무대에서 [변수 만들기] 할 때는 '항상 모든 스프라이트에서 사용'을 할 수 있습니다.

[변수 만들기]를 하면 그 변수의 블록을 추가할 때 필요한 블록들이 자동적으로 만들어집니다.

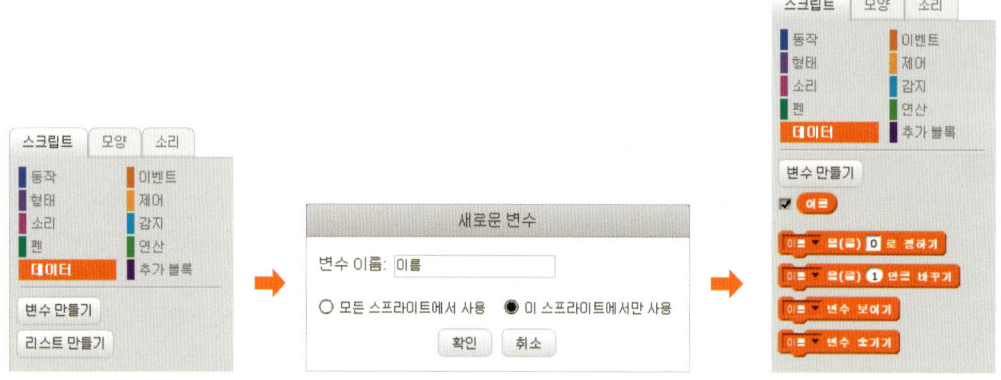

▲ 스프라이트 변수 만들기

위 그림과 같이 '이름'이라는 변수명의 자료 블록과 함께 이 자료 블록들의 값을 변경할 수 있는 문장 블록이 만들어집니다. 변수를 조작할 수 있는 블록들을 통해 다양한 기능을 적용할 수 있습니다. 또한 변수명 옆에 있는 체크상자를 체크 또는 체크 해제를 통해 프로그램 실행 창에서 '보이기/숨기기'가 가능합니다.

◎ 파일명 : '성명'과 '점수'를 말하는 펭귄.sb2

설명

펭귄이 성명, 점수를 말하는 프로그램입니다.

동작 과정

1 ▶ 클릭하면
  → 무대에 펭귄이 보입니다.
  → 펭귄에게 성명, 점수를 묻고 답을 말합니다.

2 프로그램 종료하기

변수 설명

▶ 성명 : 학생이름이 저장되는 변수입니다.
▶ 점수 : 코스점수가 저장되는 변수입니다.

지시 사항

코딩 스프라이트 : 펭귄

▶ ▶ 클릭했을 때
  1) '학생이름은 무엇입니까'를 묻고 기다리시오.
  2) '성명' 변수에 대답을 정하시오.
  3) '코스 점수는 몇 점입니까?'를 묻고 기다리시오.
  4) '점수' 변수에 대답을 정하시오.
  5) '1초' 기다리시오.
  6) '제 이름은'과 '성명' 변수를 결합하여 2초 동안 말하시오.
  7) '코스 점수는'과 '점수' 변수를 결합하여 2초 동안 말하시오.

해설

1 펭귄 스프라이트 선택
  ① '펭귄' 스프라이트를 선택합니다.

2 펭귄 스프라이트는 묻고 대답을 기다리기

① [감지] 블록 중 ['What's your name?' 묻고 기다리기] 블록을 [클릭했을 때] 블록 아래에 드래그하여 추가합니다.

② 'What's your name?' 입력상자에 『학생이름은 무엇입니까?』를 입력합니다.

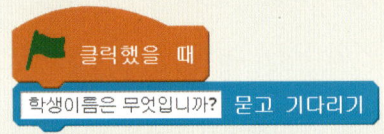

3 성명 변수와 점수 변수 만들기

① [데이터] 블록 중 [변수 만들기]를 클릭하여 『성명』과 『점수』라는 2개의 새로운 변수를 만듭니다.

4 성명 변수를 대답으로 정하기

① [데이터] 블록 중 [점수을(를) 0으로 정하기] 블록을 드래그하여 추가합니다.

② '점수' 목록 단추를 클릭한 후 '성명'을 선택합니다.

③ [감지] 블록 중 [대답] 블록을 '0' 입력상자에 드래그하여 추가합니다.

5 블록 복사한 후 수정하기

① [학생이름은 무엇입니까? 묻고 기다리기] 블록에서 마우스 오른쪽 버튼을 클릭하여 [복사] 메뉴를 클릭한 후 [성명을(를) 대답로 정하기] 블록 아래로 드래그하여 추가합니다.
② 추가한 블록에서 입력상자에 『코스 점수는 몇 점입니까?』를 입력합니다.
③ 추가한 블록에서 '성명' 목록 단추를 클릭한 후 '점수'를 선택합니다.

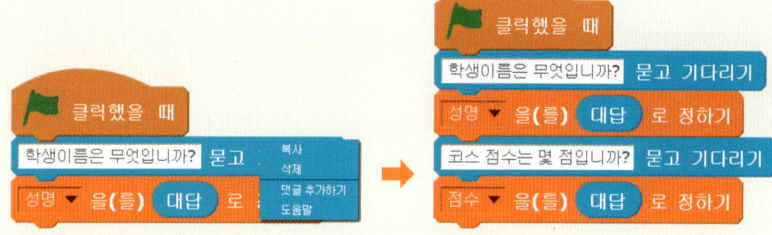

Tip 문제의 전체적인 흐름을 이해하고 접근하면 블록을 하나하나 추가하는 것보다 여러 개 블록을 복사해서 사용함으로써 문제 해결하는 시간을 절약할 수 있다.

6 기다리기와 결합하기

① [제어] 블록 중 [1초 기다리기] 블록을 드래그하여 추가합니다.
② [형태] 블록 중 [hello!을(를) 2초 동안 말하기] 블록을 드래그하여 추가합니다.
③ [연산] 블록 중 [hello와 world 결합하기] 블록을 'hello' 입력상자에 드래그하여 추가합니다.
④ 마지막 블록을 [복사] 메뉴를 클릭한 후 블록 아래에 추가합니다.

7 문자와 성명변수, 점수변수 결합하여 말하기

① 'hello' 입력상자에 『제 이름은』으로 수정하여 입력합니다.
② [데이터] 블록 중 [성명] 변수 블록을 'world' 입력상자에 드래그하여 추가합니다.
③ 'hello' 입력상자에 『코스 점수는』으로 수정하여 입력합니다.
④ [데이터] 블록 중 [점수] 변수 블록을 'world' 입력상자에 드래그하여 추가합니다.

8 실행 결과

① 🚩를 클릭하여 실행한 후 펭귄의 질문에 답을 입력하면 펭귄은 성명과 점수를 말합니다.

SECTION 03 지역변수와 전역변수

① 변수의 적용범위

변수의 적용범위는 변수가 사용할 수 있는 범위를 의미합니다. 변수는 스프라이트 자신의 적용범위의 영역 내에서만 사용할 수 있습니다. 적용범위가 아니면 그 변수의 값을 읽거나 변경하는 작업이 불가능합니다. 기본적인 변수의 적용범위는 변수가 만들어진 장소에서만 사용 가능합니다. 스크래치에서 예를 들면, [변수 만들기]를 하고 [이 스프라이트에서만 사용]을 선택하면 해당 스프라이트에서만 변수를 적용할 수 있습니다. 또한 다른 스프라이트 또는 무대에서는 그 변수를 적용하거나 변경할 수 없습니다.

위 그림과 같이 고양이 스프라이트의 변수 [성명]과 [학년]은 유효한 범위가 고양이 스프라이트에서만 한정되어 있고, 다른 스프라이트나 무대에서는 적용하거나 변경할 수 없습니다.

② 변수의 종류

1 지역변수

지역변수는 특정된 장소에 적용할 수 있는 범위로 한정되어 그 장소에서만 사용할 수 있는 변수입니다. 지역변수는 다른 장소에서 읽기와 변경할 수 없습니다. 지역변수의 이름은 동일한 적용범위에 포함할 때, 변수 사이의 구별을 위해서 서로 다른 변수명을 사용합니다. 다른 지역변수들은 적용되는 장소가 구분되기 때문에 동일한 이름이라도 구별이 가능합니다. 따라서 동일한 변수명의 사용이 가능합니다.

> **전문가 조언**
>
> 지역변수만 적용하는 스프라이트는 다른 스프라이트와 구분되기 때문에 독립성이 있습니다. 지역변수는 다른 스프라이트의 영향을 받지 않고, 단독으로 이해하거나 변경이 편리하다는 장점이 있습니다. 이런 이유로 프로그래머들은 지역변수의 사용을 권장합니다.

2 전역변수

전역변수는 프로그램 할 수 있는 모든 장소에서 적용 또는 읽거나 편집 가능한 변수 유형입니다. 전역변수가 만들어진 장소는 공용 장소 유형으로 제공됩니다. 예를 들어, 스크래치는 무대가 바로 전역변수가 만들어지는 공용 장소가 됩니다. 전역변수의 변수명은 지역변수와 달리 프로그램 전체라는 동일한 유효범위를 포함하기 때문에 동일한 이름을 사용해서는 안 됩니다.

3 스크래치의 지역변수와 전역변수

지역변수는 [이 스프라이트에서만 사용]을 선택해서 만들기 한 스프라이트로 변수명은 생성된 스프라이트에서만 사용이 가능합니다. 그러나 각기 다른 스프라이트에서는 동일한 이름의 지역변수를 사용할 수 있습니다. 전역변수는 [모든 스프라이트에서 사용]을 선택해서 만들기 한 스프라이트의 변수형입니다. 주로 무대에서 만들어진 전역변수가 대표적이고, 프로그램의 모든 스프라이트와 무대에서 적용할 수 있습니다. 그렇지만 전역변수는 다른 전역변수와 지역변수들과 구분하여 각기 다른 변수명을 만들어서 적용해야 합니다.

4 지역변수와 전역변수 만들기 비교

고양이 스프라이트는 '귀여운 고양이'라는 변수 이름으로 지역변수를 만듭니다.

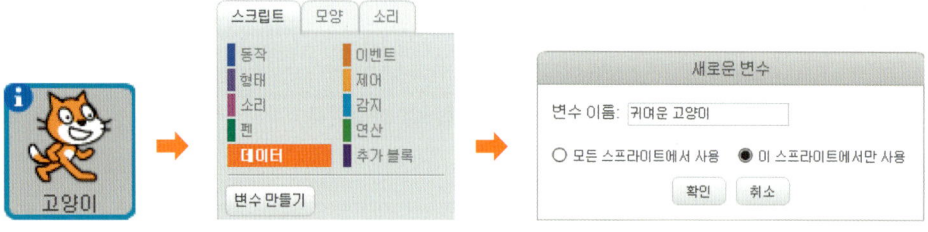

[스프라이트 저장소]에서 "공" 스프라이트를 추가한 후 '노란공'이라는 변수 이름으로 전역변수를 만듭니다.

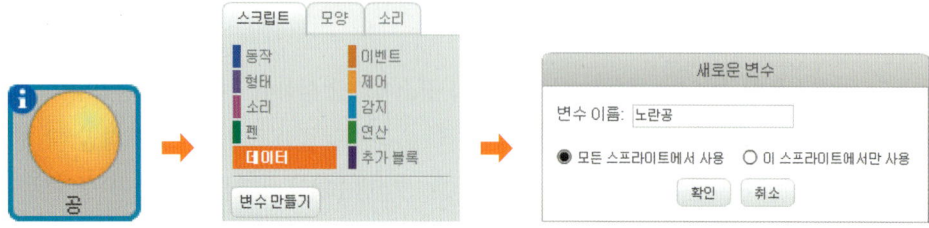

무대는 '배경'이라는 변수 이름으로 전역변수를 만듭니다.

스프라이트/무대	사용 가능한 블록	설명
 고양이		• 고양이 스프라이트의 지역변수인 '귀여운 고양이' 블록 사용 가능 • 공 스프라이트의 전역변수인 '노란공' 블록 사용 가능 • 무대의 전역변수인 '배경' 사용 가능
 공		• 공 스프라이트의 전역변수인 '노란공' 블록 사용 가능 • 무대의 전역변수인 '배경' 사용 가능
무대		• 공 스프라이트의 전역변수인 '노란공' 블록 사용 가능 • 무대의 전역변수인 '배경' 사용 가능

◎ 파일명 : 전역변수와 지역변수 설정.sb2

설명

무대와 스프라이트에 전역변수 및 지역변수를 설정합니다.

지시 사항

1) '고양이' 스프라이트에 '장난감' 지역변수를 지정하시오.
2) '뿅망치' 스프라이트에 '뿅망치 장난감' 지역변수를 지정하시오.
3) '무대' 스프라이트에 '예쁜배경' 전역변수를 지정하시오.

해설

1 '고양이' 스프라이트에 '장난감' 지역변수 설정

① '고양이' 스프라이트를 선택합니다.
② [데이터] 블록 중 [변수 만들기] 블록을 선택합니다.
③ '새로운 변수' 대화상자가 나타나면 변수 이름을 『장난감』으로 입력한 후 [이 스프라이트에서만 사용]을 선택하고 [확인] 단추를 클릭합니다.

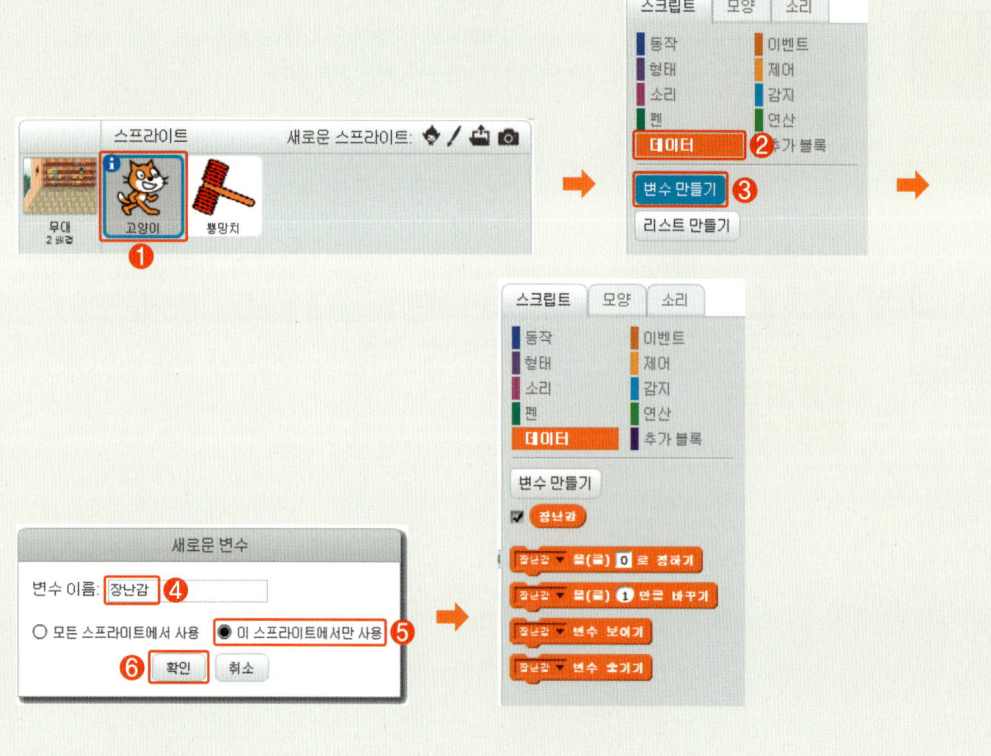

2 '뽕망치' 스프라이트에 '뽕망치 장난감' 지역변수 설정

① '뽕망치' 스프라이트를 선택합니다.

② [데이터] 블록 중 [변수 만들기] 블록을 선택합니다.

③ '새로운 변수' 대화상자가 나타나면 변수 이름을 『뽕망치 장난감』으로 입력한 후 [이 스프라이트에서만 사용]을 선택하고 [확인] 단추를 클릭합니다.

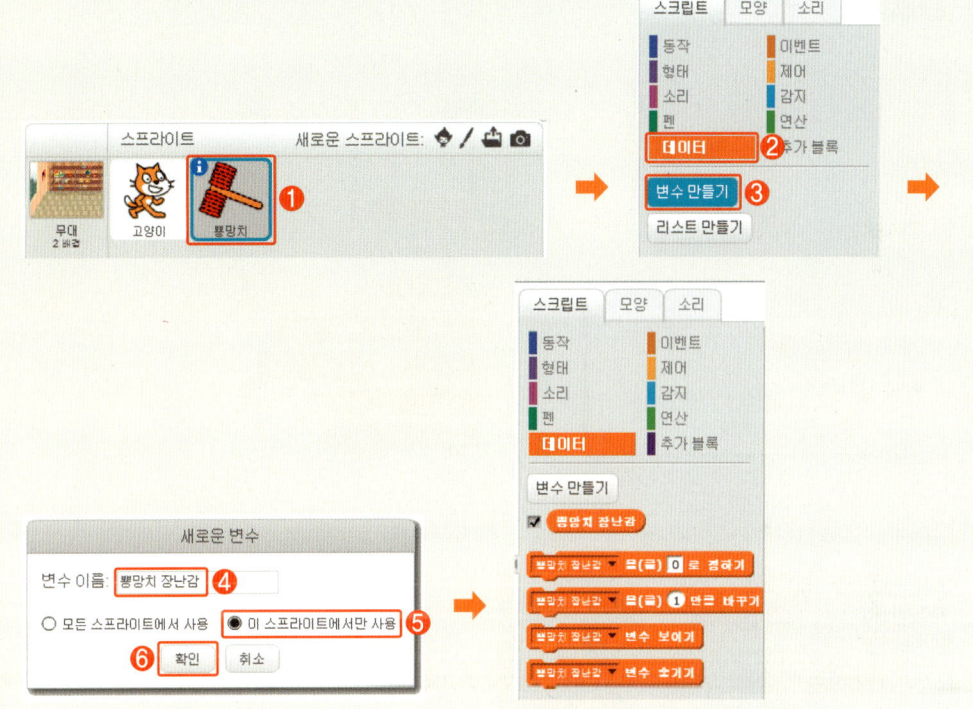

3 '무대' 배경에 '예쁜배경' 전역변수 설정

① '무대' 배경을 선택합니다.

② [데이터] 블록 중 [변수 만들기] 블록을 선택합니다.

③ '새로운 변수' 대화상자가 나타나면 변수 이름을 『예쁜배경』으로 입력한 후 [모든 스프라이트에서 사용]을 선택하고 [확인] 단추를 클릭합니다.

Tip 배경 스프라이트는 지역변수는 선택할 수 없고, 전역변수로 '모든 스프라이트에서 사용'만 선택할 수 있습니다.

Tip 지역변수는 '스프라이트: 변수명'으로 표시되지만 전역변수는 변수명만 표시됩니다.

SECTION 04 | 프로그램 주석

SCRATCH PROGRAMMING

1 프로그램 주석의 이해

프로그램 주석은 소스프로그램에 포함된 메모 형식의 정보입니다. 프로그램을 이해하는 데 자세한 설명 형식의 내용으로 프로그램을 분석하는 데 많은 도움이 됩니다. 주석의 특징은 컴파일러 또는 인터프리터 등의 컴퓨터 실행에는 아무런 영향을 주지는 않으나 프로그램이 삭제되기 전까지 계속적으로 변경되는 과정이 있으므로 프로그래밍에 있어서 필수적인 작업입니다.

주석의 종류

주석의 종류는 블록 단위로 소스프로그램 내에 주석이 추가될 영역을 만들고, 그 안에 주석이 될 내용을 자세하게 작성합니다. 주석은 여러 줄의 주석과 줄 단위의 주석이 있으며 주석의 구획 시작을 지시하는 문자와 끝을 표시하는 문자로 구분합니다.

줄 단위 주석은 단지 한 줄의 주석만 작성하며 주석의 시작을 지시하는 문자만 있습니다.

```
// rank의 값이 얼마인지 확인

// rank가 1이면
/* m = 300을 수행하고
   블록을 벗어나 23행으로 이동
*/ rank가 2면
// m = 200을 수행하고
// 블록을 벗어나 23행으로 이동
// rank가 3이면
// m = 100을 수행하고
// 블록을 벗어나 23행으로 이동
// rank와 일치하는 case의 값이 없으면
// m = 10을 수행하고
// 블록을 벗어나 23행으로 이동
```

C언어는 주석의 시작과 끝을 각각 "/*" 와 "*/"를 적용합니다. 한 줄 이상의 주석을 내용으로 작성할 수 있습니다.

C언어에서 행 단위 주석의 시작은 "//"로 구분합니다. 행 단위 주석은 "//" 시작하여 그 줄에서만 작성할 수 있습니다.

▲ C 프로그래밍 언어의 주석 예

> 🔍 **전문가 조언**
>
> 좋은 주석은 프로그램의 의도와 적용 목적으로 작성된 내용입니다. 프로그램의 실행 과정을 다시 주석으로 설명하는 것은 불필요합니다.

스크래치의 주석 기능

스크래치의 주석 기능은 모든 블록마다 자세한 설명의 주석을 표시할 수 있습니다. 여러 행의 주석이 가능하고, 또한 주석을 접거나 펼치기 기능을 활용할 수 있습니다. 스크래치 주석은 깃발 모양의 메뉴를 클릭하면 이벤트 블록에서 스프라이트의 자세한 설명으로 표현할 수 있습니다.

프로시저에서 전체적인 기능의 설명은 이벤트가 발생했을 때, 수행되는 과정을 의미합니다. 그렇지만 스크래치의 주석 기능을 결합한 블록들에 주석을 표시할 때, 어떤 블록의 주석인지 구분하기 어렵다는 것을 유의해서 적용합니다.

스크래치의 주석 사용법

주석을 표시할 블록에서 마우스 오른쪽 버튼을 클릭한 후 [댓글 추가하기] 메뉴를 선택합니다. 주석 내용을 입력합니다.

주석 접기/펼치기

세모 모양(▼)을 클릭하면 '접기/펼치기'가 가능합니다.

주석 복사/삭제

주석에서 마우스 오른쪽 버튼을 클릭하여 [복사], [삭제] 메뉴를 선택해서 복사 또는 삭제가 가능합니다.

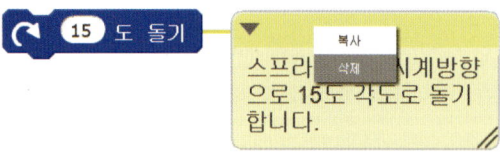

SECTION 05 구조적 자료형

① 기본 자료형과 구조적 자료형

자료형은 기본적으로 정수형, 실수형, 문자형, 문자열형, 논리자료형 등으로 구분합니다. 자료형은 변수형으로 활용될 때, 그 변수가 오로지 하나의 값만 배정받을 수 있습니다. 그렇지만 프로그래밍 작업에서 기본 자료형만 활용한다면, 변수를 번번히 만드는 불편함이 있습니다. 이것은 학생들의 코스점수를 분류할 때, 학생 수만큼의 변수를 만들어야 한다는 문제점이 있습니다. 이런 경우 구조적 자료형인 배열을 활용합니다.

② 구조적 자료형 종류

구조적 자료형은 다수의 자료들을 하나의 단위로 효과적으로 관리하고, 처리할 수 있습니다. 기본 자료형과 다르게 구조적 자료형은 변수형으로 갖는 변수를 다수의 자료들에 배정할 수 있습니다.

③ 배열의 개념과 연산

배열의 개념

기본적인 구조적 자료형은 동일한 자료형의 항목들에 차례대로 나열된 집합 유형을 의미합니다. 정수형 배열 구조는 다수의 정수형 자료를 순서에 따라 배열합니다.

▲ 정수형 배열 자료 구조

배열의 연산

배열을 활용한 변수형에서 특정 위치의 항목을 표현하는 연산 구조입니다. 예를 들어 i번째 있는 항목의 표현 방법은 변수 이름 뒤에 [i]라고 덧붙여서 표현합니다.

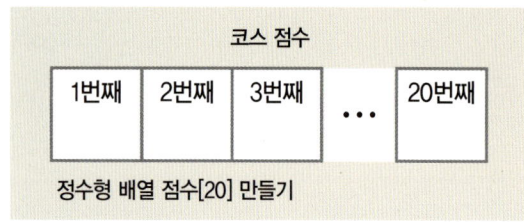
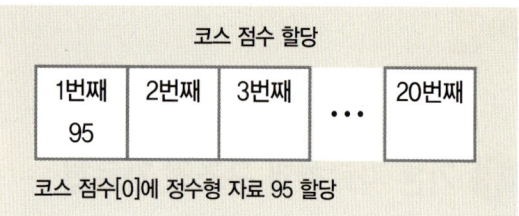

▲ 정수형 배열 점수[20] 만들기

④ 리스트

리스트의 개념은 다수의 자료들을 순서에 따라 나열한 구조입니다. 예를 들어 1년(1월, 2월, 3월, 4월, 5월, 6월, 7월, 8월, 9월, 10월, 11월, 12월) 등이 있습니다. 그리고 리스트에 필요한 연산의 종류는 리스트 마지막 위치에 구성 항목 추가하기, 특정 위치의 구성 항목을 다른 구성 항목으로 바꾸기, 특정 위치에 구성 항목을 삽입하기, 특정 위치의 불필요한 항목 삭제하기, 특정 위치의 구성 항목 구하기, 구성 항목의 개수 알아보기, 리스트에 포함된 구성 항목 알아보기 등이 있습니다.

스크래치의 리스트

리스트 자료형을 활용한 변수를 만들기 합니다. 실행 방법은 [스크립트] 탭 - [데이터] 블록을 활용하여 리스트 자료형의 변수를 만들기 합니다. 고양이 스프라이트의 리스트 변수인 [고양이 친구들]을 만드는 과정입니다.

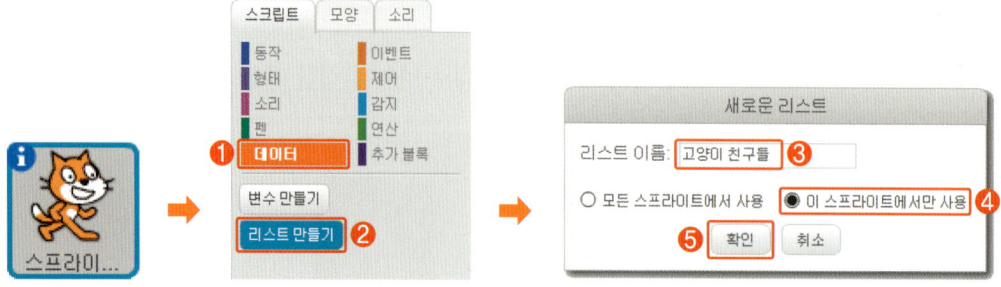

리스트 연산 블록	설명
thing 항목을 고양이 친구들▼ 에 추가하기	'thing' 항목을 [고양이 친구들] 리스트의 마지막 구성원소로 추가합니다.
1▼ 번째 항목을 고양이 친구들▼ 에서 삭제하기	[고양이 친구들] 리스트에서 특정 위치의 원소를 삭제합니다.
thing 을(를) 1▼ 번째 고양이 친구들▼ 에 넣기	[고양이 친구들] 리스트에서 특정 위치에 'thing'을 넣습니다.
1▼ 번째 고양이 친구들▼ 의 항목을 thing (으)로 바꾸기	[고양이 친구들] 리스트에서 특정 위치의 항목을 'thing'으로 바꿉니다.
1▼ 번째 고양이 친구들▼ 항목	[고양이 친구들] 리스트에서 특정 위치의 항목 값을 표시합니다.
고양이 친구들▼ 리스트의 항목 수	[고양이 친구들] 리스트에 포함된 항목들의 개수를 계산합니다.
고양이 친구들▼ 리스트에 thing 포함되었는가?	[고양이 친구들] 리스트에 'thing'이 포함되었으면 참, 없으면 거짓을 표시합니다.
고양이 친구들▼ 리스트 보이기	화면에 [고양이 친구들] 리스트를 보입니다.
고양이 친구들▼ 리스트 숨기기	화면에서 [고양이 친구들] 리스트를 숨깁니다.

▲ 리스트 변수에서 자동으로 만들어지는 블록

고양이 스프라이트의 리스트 변수 [재미있는 놀이]를 만들기 합니다. [이 스프라이트에서만 사용] 메뉴를 선택하여 지역변수로 만들기 합니다. 아래와 같이 고양이 스프라이트의 행동을 프로그래밍 합니다.

◀ 파일명 : 고양이 놀이.sb2

재미있는 놀이 리스트 만들기 과정

▲ 『농구』 입력　　　　　　　　　▲ 『야구』 입력　　　　　　　　　▲ 『배구』 입력

답변이 리스트에 있는지 여부 판단(리스트에 있는 경우)

▲ 『야구』 입력　　　　　　　　　▲ '맞았어요.' 말하기　　　　　　▲ 대답한 놀이(야구) 말하기

답변이 리스트에 있는지 여부 판단(리스트에 없는 경우)

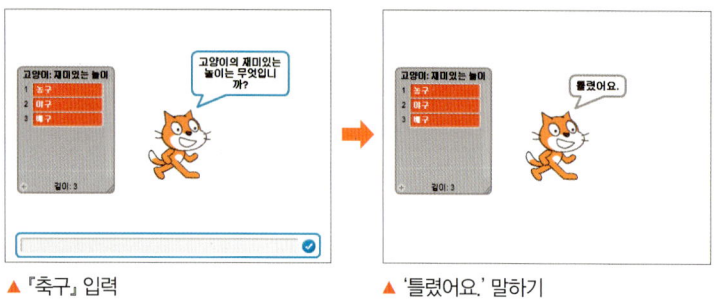

▲ 『축구』 입력　　　　　　　　　▲ '틀렸어요.' 말하기

◎ 파일명 : 리스트 정의와 활용하기.sb2

설명

고양이가 버스에 승차할 대상을 지정하는 프로그램입니다.

동작 과정

1 🏁 클릭하면
- → 무대에 고양이가 보입니다.
- → 고양이가 버스에 승차할 대상인 승객 리스트를 지정합니다.
- → 승객 리스트에 있는 승객을 맞춥니다.

2 프로그램 종료하기

지시 사항

코딩 스프라이트 : 고양이

▶ 🏁 클릭했을 때

1) '모두' 번째 항목을 '승객' 리스트에서 삭제하시오.
2) '버스에 승차할 고객은 누구십니까?' 묻고 기다리시오.
3) 대답 항목을 '승객' 리스트에 추가하시오.
4) '다음 버스 승객은 누구십니까?' 묻고 기다리시오.
5) 대답 항목을 '승객' 리스트에 추가하시오.
6) '또 다른 버스 승객은 누구십니까?' 묻고 기다리시오.
7) 대답 항목을 '승객' 리스트에 추가하시오.
8) '이번 승객은 승차 대상이 아닙니다.' 을(를) 2초 동안 말하시오.
9) '마지막' 번째 항목을 '승객' 리스트에서 삭제하시오.
10) '승객을 맞춰 보세요.' 묻고 기다리시오.
11) 만약 승객 리스트에 대답이 포함되었다면 '맞았습니다.'를 2초 동안 말하시오.
12) 그렇지 않다면 '틀렸습니다.'를 2초 동안 말하시오.

해설

1 승객 리스트 만들기

① '고양이' 스프라이트를 선택합니다.
② [데이터] 블록 중 [리스트 만들기] 블록을 클릭합니다.

③ 리스트 이름을 『승객』으로 입력한 후 '모든 스프라이트에서 사용'을 선택하고 [확인]을 클릭합니다.

2 데이터 초기화를 통해 삭제

① [데이터] 블록 중 [1번째 항목을 승객에서 삭제하기] 블록을 드래그하여 추가합니다.
② '1'의 목록 단추를 클릭한 후 '모두'를 선택합니다.

3 묻고 기다리기 및 대답 대상 추가

① [감지] 블록 중 [What's your name? 묻고 기다리기] 블록을 드래그하여 추가한 후 입력상자에 『버스에 승차할 승객은 누구십니까?』로 수정합니다.
② [데이터] 블록 중 [thing 항목을 승객에 추가하기] 블록을 드래그하여 추가합니다.
③ [감지] 블록 중 [대답] 블록을 'thing' 입력상자 항목으로 드래그하여 추가합니다.

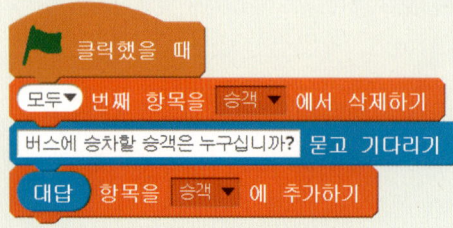

4 유사한 블록 복사하기

① [버스에 승차할 승객은 누구십니까? 묻고 기다리기] 블록에서 마우스 오른쪽 버튼을 클릭하여 [복사] 메뉴를 클릭합니다.
② [대답 항목을 승객에 추가하기] 블록 아래에서 클릭하여 붙여넣기 합니다.
③ 동일한 방법으로 한 번 더 복사한 후 붙여넣기 합니다.
④ 추가한 블록 중 [감지] 블록에 『다음 버스 승객은 누구십니까?』와 『또 다른 버스 승객은 누구십니까?』를 입력하여 수정합니다.

5 마지막 항목 삭제

① [형태] 블록 중 [Hello!을(를) 2초 동안 말하기] 블록을 드래그하여 추가한 후 입력상자에 『이번 승객은 승차 대상이 아닙니다.』로 수정합니다.
② [데이터] 블록 중 [1번째 항목을 승객에서 삭제하기] 블록을 드래그하여 추가한 후 '1'의 목록 단추를 클릭하여 '마지막'을 선택합니다.

6 승객 리스트에 대답이 포함되었는지 확인

① [감지] 블록 중 [What's your name? 묻고 기다리기] 블록을 드래그하여 추가한 후 입력상자에 『승객을 맞춰 보세요.』로 수정합니다.
② [제어] 블록 중 [만약 ~(이)라면 ~ 아니면] 블록을 드래그하여 추가합니다.
③ [데이터] 블록 중 [승객 리스트에 thing 포함되었는가?] 블록을 드래그하여 추가합니다.
④ [감지] 블록 중 [대답] 블록을 'thing' 입력상자에 드래그하여 추가합니다.

7 조건식의 참과 거짓에 따라 말하기

① [형태] 블록 중 [hello!을(를) 2초 동안 말하기] 블록을 [만약 ~(이)라면] 부분 아래에 드래그하여 추가한 후 입력상자에 『맞았습니다.』로 수정합니다.
② [형태] 블록 중 [hello!을(를) 2초 동안 말하기] 블록을 [아니면] 부분 아래에 드래그하여 추가한 후 입력상자에 『틀렸습니다.』로 수정합니다.

연습문제

1 다음 중 자료에 대한 설명으로 옳지 않은 것은 무엇입니까?

① 자료의 의미는 프로그램으로 해석, 변경, 출력하는 과정을 포함합니다.

② 자료는 메모장, 계산기, 그림판 등의 프로그램 결과 데이터입니다.

③ 로그인에 필요한 아이디와 비밀번호 입력 데이터는 자료가 아닙니다.

④ 자료의 실행은 프로그램을 통한 작업으로 문자 또는 숫자로 표현합니다.

2 논리 자료형에 대한 설명으로 옳은 것을 고르시오.

① 'A', 'a', '1', '2', '+', '−', '*', '%'

② True, False

③ "I love you", "나는 행복합니다.", "3", "A"

④ −33, −17, 0, 3, 5, 33

3 스크래치 연산에 포함하지 않는 연산을 고르시오.

① 사칙연산, 제곱근

② 절댓값, 논리연산

③ 삼각함수, 고차방정식

④ 문자열의 길이, 두 문자열 결합하기

4 변수에 대한 설명으로 옳은 것을 고르시오.

① 변수는 자료를 포함하는 문자로 표현하는 기호의 형태를 의미합니다.

② 변수는 시작할 때, 자료를 배정 받으면 그 값을 변경할 수 없습니다.

③ 변수의 변수형과 자료의 자료형은 서로 달라야 합니다.

④ 변수명은 프로그래머 자신만 알아볼 수 있도록 암호로 설정합니다.

정답 1. ③ 2. ② 3. ③ 4. ①

5 주석에 관한 설명으로 잘못된 것을 고르시오.

① 주석은 다른 사람이 소스프로그램을 이해하는 데 전혀 도움이 되지 않습니다.

② 주석은 여러 줄의 블록 주석과 한 줄 단위의 주석으로 구분합니다.

③ 프로그램에서 주석은 계속 수정되기 때문에 주석은 필수적인 작업입니다.

④ 주석은 프로그램 내용의 설명보다는 프로그램의 의도와 목적을 작성합니다.

6 변수에 대한 설명으로 올바른 것을 모두 고르시오.

① 지역변수는 만든 장소와 관계없이 이름이 각각 달라야만 합니다.

② 전역변수명이 서로 같아도 구별할 수 있습니다.

③ 전역변수는 모든 장소에서 활용합니다.

④ 지역변수는 자신이 만들어진 장소에서만 사용합니다.

7 스크래치의 변수에 대한 설명이 아닌 것을 고르시오.

① 무대에서 만들어진 변수는 모두 전역변수입니다.

② 스프라이트에서 만들어진 지역변수는 해당 스프라이트에서만 활용합니다.

③ 스프라이트에서만 변수를 만들기 할 수 있습니다.

④ 스프라이트에서 만들어진 전역변수는 무대에서도 활용할 수 있습니다.

정답 5. ① 6. ③, ④ 7. ③

04 실습문제
SECTION

1 '문제1.sb2' 파일을 활용하여 지시된 내용으로 프로그램을 작성합니다.

> **설명**

고양이의 점수에 대한 '합격', '불합격' 여부를 판정하는 프로그램입니다.

> **동작 과정**

1 ▶ 클릭하면
- → 무대에 고양이가 보입니다.
- → 국어 점수는 몇 점입니까? 묻고 답합니다.
- → 영어 점수는 몇 점입니까? 묻고 답합니다.
- → 수학 점수는 몇 점입니까? 묻고 답합니다.
- → 국어, 영어, 수학 점수의 평균이 60점 이상이면 합격을 말합니다.
- → 국어, 영어, 수학 점수의 평균이 59점 이하이면 불합격을 말합니다.

2 프로그램 종료하기

> **변수 설명**

▶ 국어 : 국어 점수가 저장되는 변수입니다.
▶ 영어 : 영어 점수가 저장되는 변수입니다.
▶ 수학 : 수학 점수가 저장되는 변수입니다.

> **지시 사항**

코딩 스프라이트 : 고양이

▶ ▶ 클릭했을 때
1) '국어 점수는 몇 점입니까?' 묻고 기다리시오.
2) '국어'를 '대답'으로 정하시오.
3) '영어 점수는 몇 점입니까?' 묻고 기다리시오.
4) '영어'를 '대답'으로 정하시오.
5) '수학 점수는 몇 점입니까?' 묻고 기다리시오.

6) '수학'을 '대답'으로 정하시오.
7) 만약 '국어', '영어', '수학' 점수의 합을 3으로 나눈 값이 59보다 크면 '합격입니다.'를 2초 동안 말하시오. 아니면 '불합격입니다.'를 2초 동안 말하시오.

2 '문제2.sb2' 파일을 활용하여 지시된 내용으로 프로그램을 작성합니다.

설명

숫자 리스트 중 짝수와 홀수의 개수를 구하는 프로그램입니다.

동작 과정

1 🏁 클릭하면
  → 무대에 고양이가 보입니다.
  → 무대에 숫자 리스트가 보입니다.
  → 짝수의 개수를 2초 동안 말합니다.
  → 홀수의 개수를 2초 동안 말합니다.

2 프로그램 종료하기

변수 설명

▶ N : 숫자를 개수로 저장되는 변수입니다.
▶ 짝수 : 짝수의 개수가 저장되는 변수입니다.
▶ 홀수 : 홀수의 개수가 저장되는 변수입니다.

지시 사항

코딩 스프라이트 : 고양이

▶ 🏁 클릭했을 때

1) 'N'을 '1'로 정하시오.
2) '짝수'를 '0'으로 정하시오.
3) '홀수'를 '0'으로 정하시오.
4) '숫자' 리스트의 항목 수만큼 반복하시오.
   → 만약 'N'번째 '숫자' 항목을 '2'로 나눈 나머지가 '0'과 같으면 '짝수'를 '1'만큼 바꾸시오.
      아니면 '홀수'를 '1'만큼 바꾸시오.
   → 'N'을 '1'만큼 바꾸시오.
5) '짝수는? ' 문자열과 '짝수'를 결합하여 2초 동안 말하시오.
6) '홀수는? ' 문자열과 '홀수'를 결합하여 2초 동안 말하시오.

[유의사항]
※ 보기블록 스프라이트에 주어진 블록만 이용하시오.

3 '문제3.sb2' 파일을 활용하여 지시된 내용으로 프로그램을 작성합니다.

설명

사각형의 넓이와 삼각형의 넓이를 계산하는 프로그램입니다.

동작 과정

1 🏁 클릭하면

→ 무대에 고양이가 보입니다.
→ 가로(밑변)는 몇 cm입니까? 묻고 답합니다.
→ 세로(높이)는 몇 cm입니까? 묻고 답합니다.
→ 사각형의 넓이를 말합니다.
→ 삼각형의 넓이를 말합니다.

2 프로그램 종료하기

변수 설명

▶ 가로 : 가로(밑변)가 저장되는 변수입니다.
▶ 세로 : 세로(높이)가 저장되는 변수입니다.

지시 사항

코딩 스프라이트 : 고양이

▶ 🚩 클릭했을 때

1) '가로(밑변)는 몇 cm입니까?' 묻고 기다리시오.
2) '가로'를 '대답'으로 정하시오.
3) '세로(높이)는 몇 cm입니까?' 묻고 기다리시오.
4) '세로'를 '대답'으로 정하시오.
5) 문자열 '사각형의 넓이는', 계산식 '가로' 곱하기 '세로', 문자열 '제곱센티미터'를 결합하여 말하시오.
6) 문자열 '삼각형의 넓이는', 계산식 '가로' 곱하기 '세로' 나누기 '2', 문자열 '제곱센티미터'를 결합하여 말하시오.

Scratch Programming

CHAPTER 5
문장의 조건 구조문

이 장에서 무엇을 공부하나요?

- 조건, 관계식, 논리식의 의미를 비교합니다.
- 조건식의 역할을 분석하고, 스크래치에서 활용하는 방법을 알아봅니다.
- 문장의 역할과 조건에 따라 제어하는 과정을 알아봅니다.

SECTION 01 조건의 이해

❶ 조건과 관계식의 개념

조건식은 참 또는 거짓의 진리 값을 명확하게 판단할 수 있는 문장 또는 수식으로 구분합니다.

관계식은 관계 연산자를 활용하여 두 숫자 또는 산술식을 연결한 수식이고, 수식의 결과는 참 또는 거짓으로 구분합니다.

관계 연산자는 두 개 이상의 값이나 식을 비교하여 크고 작음 관계를 나타내기 위해 사용하는 연산자입니다.

예 크다(>), 같다(=), 작다(<), 크거나 같다(≥), 작거나 같다(≤) 등이 있습니다.

구분	의미	예
조건	어떤 수를 포함하고 어떤 수의 값에 따라 참 또는 거짓을 판정할 수 있는 문장 또는 수식	• A는 정수입니다(어떤 수 A가 3과 같은 정수이면 참이고, 3.3과 같은 실수이면 거짓). • A<30(어떤 수 A가 30 미만일 때는 참이고, 30 이상일 때는 거짓)
관계식	관계 연산자를 사용하여 두 수 또는 산술 연산식을 연결한 수식	• 2 < 5 (참) • 15 < 8 (거짓) • 17−4 > 8+2 (참) • 12−4 = 6+2 (참)

▲ 조건, 관계식의 적용 예

❷ 논리 연산자와 논리식의 개념

논리 연산자는 참, 거짓 두 가지 원소만 존재하는 집합의 연산입니다. 조건식을 연결하여 보다 논리적 관계식을 만드는 데 활용합니다. 대표적으로 논리합(OR, ∨), 논리곱(AND, ∧), 부정(NOT, ~) 등이 있습니다. 어떤 명제 또는 조건식에 대한 참 거짓의 진리 값을 계산합니다.

P	Q	P∨Q(OR)	P∧Q(AND)	~P(NOT)
참	참	참	참	거짓
참	거짓	참	거짓	

| 거짓 | 참 | 참 | 거짓 | 참 |
| 거짓 | 거짓 | 거짓 | 거짓 | |

▲ 논리 관계식

논리식은 논리 연산자를 활용하여 명제 또는 조건을 조합한 수식의 형태로 표현하는 것을 의미합니다.

논리식	진리 값
지구는 둥근 모양입니다. ∧ 개는 하늘을 날 수 있습니다.	(참 ∧ 거짓)이므로 거짓
(6 < 7) ∨ (11 < 5)	(참 ∨ 거짓)이므로 참
~(11 − 4 = 6+1)	(참)의 부정이므로 거짓
((5 < 7) ∨ (12 < 5)) ∧ ~(12−4 = 7+1)	(참 ∧ 거짓)이므로 거짓
(x > 6) ∧ (x < 15)	x가 6보다 크고 15보다 작은 수이면 참, 그렇지 않으면 거짓
(x > 7) ∧ (y > 7)	x와 y가 모두 7보다 크면 참, 그렇지 않으면 거짓

▲ 논리식 예

③ 프로그램에서 조건의 역할

프로그램의 기능을 구현할 때, 꼭 필요한 요소는 조건기능을 반복하거나 선택하기 위한 기준에 대한 역할이 필요합니다.

조건식을 예로 들면 "승차객의 나이가 60세 이상이면 요금을 70% 할인한다."입니다. 여기서 승차객의 나이가 60세 이상이면 참, 아니면 거짓인 조건이 필요합니다. 이것을 프로그래밍할 때, 이 조건의 논리값에 따라 할인요금을 실행하거나 아니면 정상 요금을 지불하는 논리식을 지정합니다. 또 다른 예로, 게임을 진행할 때, 등장인물이 짝수인지 홀수인지에 따른 기능을 구현하는 경우를 생각해봅시다. 등장인물이 짝수이면 참, 홀수이면 거짓을 조건으로 지정합니다. 등장인물의 변화로 인해 조건이 거짓이 될 때까지 게임의 실행을 반복하게 됩니다. 이 조건은 프로그램에서 [등장인물]이라는 변수를 정의하고, 관계식 또는 논리식으로 구현할 수 있습니다.

프로그램의 조건에서 어떤 문장들을 반복하여 실행할 것인지 결정하는 기준으로 사용됩니다. 이것은 프로그램에서 문장의 제어를 위해 중요한 역할을 합니다. 그렇지만 프로그램을 시작하는 차원에서 많은 사람들이 조건식에 대한 표현이 미숙할 때, 다양한 조건식을 활용하여 프로그래밍의 표현을 훈련해야 합니다. 여기서 프로그램의 기능에 필수적인 조건식을 파악하고, 조건을 관계식 또는 논리식으로 표현한 단계별 과정을 예를 통해 보여줍니다.

승차객의 나이가 60세 이상이면 요금을 70% 할인합니다.(1가지 조건)

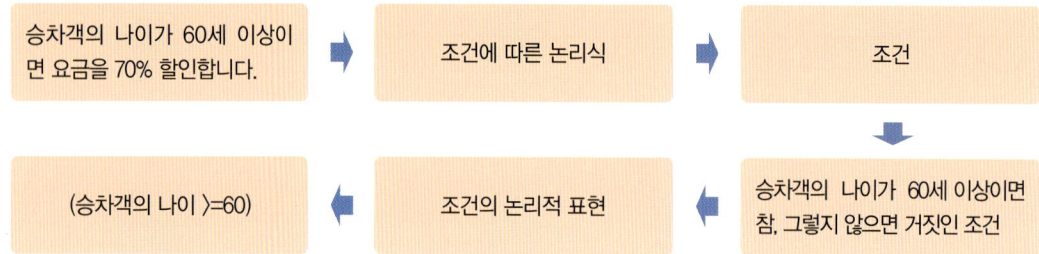

프로그래밍 구조는 조건의 어떤 수에서 "승차객의 나이"를 정수형 변수식으로 표현하고, "승차객의 나이"로 구현합니다.

승차객의 나이가 9세 이하이거나 60세 이상이면 요금을 70% 할인합니다.(2가지 조건)

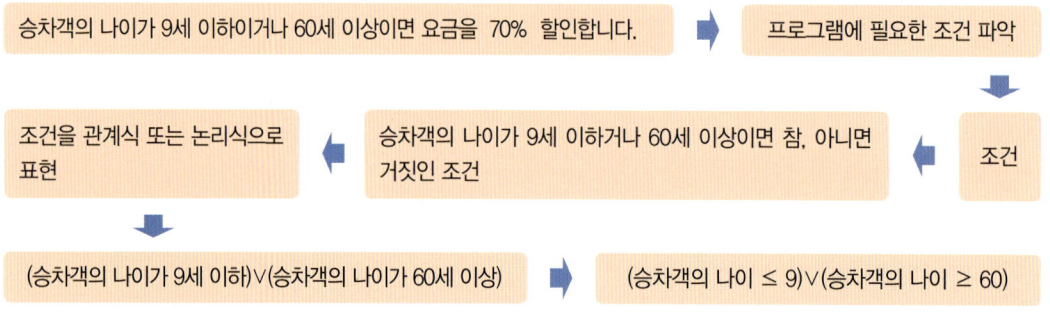

❹ 스크래치의 조건식 설계

스크래치에서 구현 가능한 관계식과 논리식 집합의 조건 블록들입니다.

연산 블록	설명
◁	왼쪽의 자료가 오른쪽의 자료보다 작으면 참, 크거나 같으면 거짓
=	왼쪽의 자료와 오른쪽의 자료가 같으면 참, 같지 않으면 거짓
▷	왼쪽의 자료가 오른쪽의 숫자보다 크면 참, 작거나 같으면 거짓
그리고	연결된 두 가지 조건이 모두 참일 때만 참, 그렇지 않으면 거짓

또는	연결된 두 가지 조건 중에 참이 하나라도 있으면 참, 그렇지 않으면 거짓
가(이) 아니다	조립된 블록의 조건이 참일 경우는 거짓, 거짓일 경우는 참

크고 작음 관계의 진리 값은 수의 크기에 따라 진리 값을 결정합니다. 문자열의 표현 방식은 한글이나 영어 단어가 대표적입니다. 문자열의 크고 작음 비교는 사전 순의 뒤쪽 순서가 큰 값으로 해석됩니다. 예를 들어 'A' 보다 'C'가 큰 값이고, '가'보다 '하'가 큰 값입니다. 그리고 영어 문자열은 대문자와 소문자를 구별하여 해석하지 않습니다.

크고 작음 관계 비교	설명
150 < 300	두 숫자의 크고 작음 비교를 숫자의 크기로 결정(참)
apple = banana	두 영문 문자열의 크고 작음의 비교는 사전적 순서에 따라 결정(참)
고양이 > 호랑이	두 한글 문자열의 크고 작음의 비교는 사전적 순서에 따라 결정(참)
1000000 < cat 1000000 < 고양이	영문 문자열 및 한글 문자열과 숫자를 비교하면 문자가 숫자보다 큼(참)
cat < 호랑이	한글 문자열과 영문 문자열을 비교하면 한글 문자열이 큼(참)

▲ 다양한 자료의 크고 작은 관계를 비교

블록의 조립을 통해 조건 블록 안에 또 다른 조건 블록을 추가할 수 있고, 다중의 조건식을 만들 수 있습니다.

승차객의 나이가 9세 이하거나 60세 이상이면 참, 그렇지 않으면 거짓인 조건식(변수 : [승차객의 나이])

승차객의 나이 < 9 또는 승차객의 나이 = 9 또는 승차객의 나이 > 60 또는 승차객의 나이 = 60

승차객의 나이가 9세 미만이거나 60세이고 국적이 대한민국이면 참, 그렇지 않으면 거짓인 조건식(변수 : [승차객의 나이], [국적])

승차객의 나이 < 9 또는 승차객의 나이 = 60 그리고 국적 = 대한민국

◎ 파일명 : 입장 여부와 할인 여부를 확인.sb2

설명

비교 연산자를 활용하여 숫자를 비교합니다.

동작 과정

1 🚩 클릭하면
  → 무대에 고양이가 보입니다.
  → 신장을 묻고 대답합니다.
  → 나이를 묻고 대답합니다.
  → 키 기준치에 따라 입장 여부를 말합니다.
  → 나이에 따라 할인 대상 여부를 말합니다.

2 프로그램 종료하기

변수 설명

▶ 나이 : 현재 나이가 저장되는 변수입니다.
▶ 신장 : 키가 저장되는 변수입니다.

지시 사항

코딩 스프라이트 : 고양이

▶ 🚩 클릭했을 때
  1) '신장'이 '200' 미만이고, '100' 초과이면 '입장하세요!'를 2초 동안 말하시오. 아니면 '입장할 수 없습니다.'라고 2초 동안 말하시오.
  2) '나이'가 '7'세 이하이거나 '60'세 이상이면 '할인 대상입니다.'를 2초 동안 말하시오. 아니면 '할인 대상이 아닙니다.'를 2초 동안 말하시오.

| 해설 |

1 'AND' 조건 설정

① [연산] 블록 중 [그리고] 블록을 첫 번째 [제어] 블록에 드래그 하여 추가합니다.
② [연산] 블록 중 [<] 블록을 [그리고] 블록 왼쪽에 드래그 하여 추가합니다.
③ [연산] 블록 중 [>] 블록을 [그리고] 블록 오른쪽에 드래그 하여 추가합니다.

```
만약  ■ < ■  그리고  ■ > ■  (이)라면
    입장하세요!  을(를) 2 초 동안 말하기
    만약  ⬡  (이)라면
        할인 대상입니다.  을(를) 2 초 동안 말하기
    아니면
        할인 대상이 아닙니다.  을(를) 2 초 동안 말하기
아니면
    입장할 수 없습니다.  을(를) 2 초 동안 말하기
```

2 조건식 설정

① [데이터] 블록 중 [신장] 블록을 [<] 블록과 [>] 블록 왼쪽에 각각 드래그 하여 추가합니다.
② [<] 블록 오른쪽 입력상자에 『200』을 입력합니다.
③ [>] 블록 오른쪽 입력상자에 『100』을 입력합니다.

```
만약  신장 < 200  그리고  신장 > 100  (이)라면
    입장하세요!  을(를) 2 초 동안 말하기
    만약  ⬡  (이)라면
        할인 대상입니다.  을(를) 2 초 동안 말하기
    아니면
        할인 대상이 아닙니다.  을(를) 2 초 동안 말하기
아니면
    입장할 수 없습니다.  을(를) 2 초 동안 말하기
```

❸ 'OR' 조건 설정

① [연산] 블록 중 [또는] 블록을 안쪽에 있는 [제어] 블록에 드래그 하여 추가합니다.
② [연산] 블록 중 [또는] 블록을 추가한 [또는] 블록 왼쪽과 오른쪽에 각각 드래그 하여 추가합니다.

```
만약 ( 신장 < 200 ) 그리고 ( 신장 > 100 ) (이)라면
    입장하세요! 을(를) 2 초동안 말하기
    만약 (    또는    또는    또는    ) (이)라면
        할인 대상입니다. 을(를) 2 초동안 말하기
    아니면
        할인 대상이 아닙니다. 을(를) 2 초동안 말하기
아니면
    입장할 수 없습니다. 을(를) 2 초동안 말하기
```

❹ 비교 설정

① [연산] 블록 중 [<] 블록을 왼쪽에 있는 [또는] 블록 왼쪽에 드래그 하여 추가합니다.
② [연산] 블록 중 [=] 블록을 왼쪽에 있는 [또는] 블록 오른쪽에 드래그 하여 추가합니다.
③ [연산] 블록 중 [>] 블록을 오른쪽에 있는 [또는] 블록 왼쪽에 드래그 하여 추가합니다.
④ [연산] 블록 중 [=] 블록을 오른쪽에 있는 [또는] 블록 오른쪽에 드래그 하여 추가합니다.

```
만약 ( 신장 < 200 ) 그리고 ( 신장 > 100 ) (이)라면
    입장하세요! 을(를) 2 초동안 말하기
    만약 ( □ < □ 또는 □ = □ 또는 □ > □ 또는 □ = □ ) (이)라면
        할인 대상입니다. 을(를) 2 초동안 말하기
    아니면
        할인 대상이 아닙니다. 을(를) 2 초동안 말하기
아니면
    입장할 수 없습니다. 을(를) 2 초동안 말하기
```

5 조건식 설정

① [데이터] 블록 중 [나이] 블록을 [<] 블록, [=] 블록, [>] 블록, [=] 블록 왼쪽에 각각 드래그 하여 추가합니다.

② 남은 4개의 입력상자에 『7』, 『7』, 『60』, 『60』을 각각 입력합니다.

```
만약 ( 신장 < 200  그리고  신장 > 100 ) (이)라면
    입장하세요! 을(를) 2 초동안 말하기
    만약 ( 나이 < 7  또는  나이 = 7  또는  나이 > 60  또는  나이 = 60 ) (이)라면
        할인 대상입니다. 을(를) 2 초동안 말하기
    아니면
        할인 대상이 아닙니다. 을(를) 2 초동안 말하기
아니면
    입장할 수 없습니다. 을(를) 2 초동안 말하기
```

SECTION 02 | 실행 문장의 개념

① 프로그램 문장의 표현

일반적인 문장의 표현은 어떤 생각 또는 감정의 의미를 포함하는 최소의 단위를 의미합니다. 그것은 주로 문장의 끝을 표현할 때, 마침표, 물음표, 느낌표 등과 같은 기호로 표현합니다. 예를 들면 "스크래치는 정말 재미있는 프로그램이야.", "코딩 공부는 어디까지 했니?", "재미있게 놀자!" 등으로 표현할 수 있습니다.

컴퓨터에서는 문장 단위로 프로그램을 단계별로 실행합니다. 또한 문장의 끝은 특정한 기호(예: 세미콜론 ';')를 활용하여 표현합니다.

프로그래밍 언어로서 가장 많이 활용되는 C언어의 사용 예

```
1   #include <stdio.h>
2
3   int main(void)
4   {
5       int a;
6
7       a = 4294967295;      // 큰 양수 저장
8       printf("%d\n", a);   // %d로 출력
9       a = -1;              // 음수 저장
10      printf("%u\n", a);   // %u로 출력
11
12      return 0;
13  }
```

> 현재 프로그램 개발에 가장 많이 사용되고 있는 C언어는 문장과 문장을 구분하기 위해 문장 끝 영역에 세미콜론(;) 기호를 붙여서 표현합니다.

문장은 순서에 따른 접근, 반복적인 접근, 조건에 맞는 선택적인 접근의 3가지 방법으로 실행합니다. 순서에 따른 접근 실행 방식은 프로그램 문장의 기본적인 실행 과정입니다. 문장이 작성된 차례대로 순차적인 과정으로 실행합니다. 프로그램 실행에 있어서 순서에 따른 실행 방식만 적용한다면 프로그램과 과정이 너무 길게 되거나 전혀 구현할 수 없는 결과가 발생할 수 있습니다.

순서에 따른 접근 방식의 문제점의 방안이 되는 두 가지 접근 방식을 활용합니다.

반복적인 실행

실행 문장들을 무한 반복하거나 특정한 횟수만큼 반복합니다. 그 조건이 참 또는 거짓에 만족할 때까지 횟수를 반복하는 방식입니다.

선택적인 실행

특정한 조건에 따라 그 조건이 참일 때 실행될 문장과 거짓일 때 실행될 문장들을 나눕니다. 조건에 따른 문장들을 선택적으로 실행하는 방식입니다.

② 문장 블록의 활용

스크래치의 문장 블록은 완성된 의미의 작업을 문장 단위로 구분하여 실행합니다. 스크래치에서 문장의 활용은 스프라이트나 무대의 동작을 구현하거나 변수의 값에 따라 작업을 수행합니다.

스크래치는 문장을 실행할 수 있는 블록으로 표현합니다. 문장 블록은 작업에 필요한 자료와 자료를 입력받을 수 있는 창 또는 적합한 자료를 선택할 수 있는 메뉴를 포함합니다. 문장 블록은 이벤트 블록, 제어 블록, 절차 블록 등과 연결된 형태로 조립하여 적용할 수 있습니다.

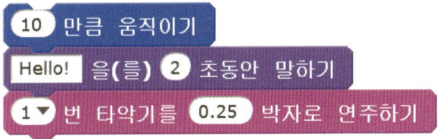

▲ 자료 입력 상자를 포함하는 블록

▲ 자료 선택 메뉴가 있는 문장 블록

문장 블록의 조립은 구멍이 있는 홈 또는 튀어나온 돌기를 갖고 있습니다. 그리하여 다른 블록들과 접착력 있는 조립이 가능합니다.

▲ 문장 블록의 실행

▲ 프로시저 블록의 실행

▲ 조건 제어 블록의 실행

▲ 이벤트 시점의 실행

◎ 파일명 : 실행문 적용.sb2

설명
고양이에게 다양한 실행문을 적용하는 프로그램입니다.

동작 과정

1 🚩 클릭하면
  → 무대에 고양이가 보입니다.
  → 말하기, 크기 바꾸기, 기다리기, 음향 바꾸기를 합니다.
  → 왼쪽 화살표를 누르면 움직이고 말합니다.
  → 고양이 스프라이트를 클릭하면 마우스 포인터를 따라 다닙니다.

2 프로그램 종료하기

지시 사항

코딩 스프라이트 : 고양이

▶ 🚩 클릭했을 때
  1) '10' 만큼 움직이기 하시오.
  2) '안녕!' 말하기 하고 크기를 '30' 만큼 바꾸고, '1'초 기다리시오.
  3) 음량을 '-20' 만큼 바꾸고, 크기를 '-30' 만큼 바꾸시오.

▶ 왼쪽 화살표 키를 눌렀을 때
  1) '50' 만큼 움직이시오.
  2) '1'초 기다린 후 '이동하고 말하기'를 호출하시오.

▶ 정의하기 '이동하고 말하기'
  1) '-30' 만큼 움직이시오.
  2) '반가워'라고 말하시오.

▶ 이 스프라이트가 클릭될 때
  1) 무한 반복하시오.
     → '마우스 포인터' 위치로 이동하시오.

해설

1 ▶ 클릭했을 때

① [동작] 블록 중 [10 만큼 움직이기] 블록을 [클릭했을 때] 블록 아래에 드래그 하여 추가합니다.
② [형태] 블록 중 [Hello!를 말하기] 블록을 드래그 하여 추가한 후 입력상자에 『안녕!』으로 수정합니다.
③ [형태] 블록 중 [크기를 10 만큼 바꾸기] 블록을 드래그 하여 추가한 후 『30』으로 수정합니다.
④ [제어] 블록 중 [1초 기다리기] 블록을 드래그 하여 추가합니다.
⑤ [형태] 블록 중 [크기를 10 만큼 바꾸기] 블록을 드래그 하여 추가한 후 『-30』으로 수정합니다.

2 왼쪽 화살표 키를 눌렀을 때

① [동작] 블록 중 [10 만큼 움직이기] 블록을 [왼쪽 화살표 키를 눌렀을 때] 블록 아래에 드래그 하여 추가한 후 『50』으로 수정합니다.
② [제어] 블록 중 [1초 기다리기] 블록을 드래그 하여 추가합니다.
③ [추가 블록] 블록 중 [이동하고 말하기] 블록을 드래그 하여 추가합니다.

❸ 정의하기 '이동하고 말하기'

① [동작] 블록 중 [10 만큼 움직이기] 블록을 [정의하기 '이동하고 말하기'] 블록 아래에 드래그 하여 추가한 후 『-30』으로 수정합니다.

② [형태] 블록 중 [Hello!를 말하기] 블록을 드래그 하여 추가한 후 입력상자에 『반가워!』로 수정합니다.

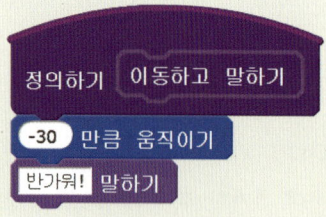

❹ 이 스프라이트가 클릭될 때

① [제어] 블록 중 [무한 반복하기] 블록을 [이 스프라이트가 클릭될 때] 블록 아래에 드래그 하여 추가합니다.

② [동작] 블록 중 [마우스 포인터 위치로 이동하기] 블록을 [무한 반복하기] 블록 안으로 드래그 하여 추가합니다.

SECTION 03 | 문장의 실행 반복

SCRATCH PROGRAMMING

❶ 문장의 반복형 실행 유형

문장은 분류별 제어 방식을 반복적으로 실행할 수 있습니다. 반복적인 실행 방식을 활용하면 변수 A를 정의한 후 1을 100번 더해가는 계산식을 적용할 수 있습니다.

반복적인 실행 유형이 있지만 가장 기본적인 반복형은 무한 반복형, 지정 횟수 반복형, While 반복형, Until 반복형 등으로 분류합니다.

```
100번 반복

    변수 A에 1씩 더하기
```

▲ 변수 A에 1을 더하는 문장을 100번 반복 실행

❷ 반복적 실행의 종류

1 무한 반복형

반복적으로 실행해야 하는 문장들을 무한 반복적으로 실행합니다. 그렇지만 반복적인 대상이 되는 문장들 이후의 문장 과정은 실행될 수 없습니다.

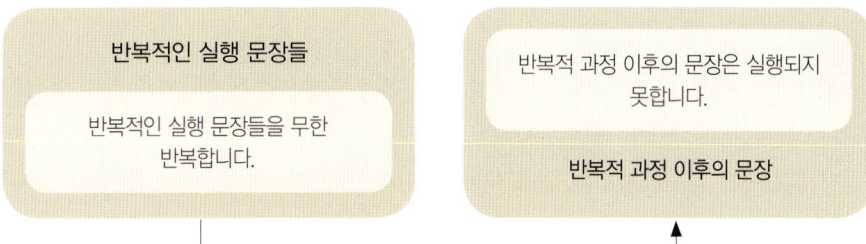

2 횟수 반복형

실행 문장을 지정한 횟수만큼 반복 실행한 후 반복적인 실행을 종료합니다.

반복적인 실행 문장들	지정 횟수를 반복하고, 실행됩니다.
반복적인 실행 문장들을 지정 횟수만큼 반복합니다.	반복적 과정 이후의 문장

3 While 반복형

조건을 반복적으로 실행할 것인지, 중단할 것인지를 결정합니다. 반복되는 문장들이 만족할 때는 계속 실행하고, 조건이 거짓이 될 때는 실행을 중단합니다. 그렇지만 시작부터 반복문의 조건이 거짓일 때는 반복 문장들을 실행하지 못하고 종료합니다.

반복적인 실행 문장들	반복문의 조건이 거짓인 경우 반복문 이후의 실행문을 실행합니다. 만약에 반복문의 조건이 무한적으로 거짓이 없다면 반복적 과정 이후의 실행 문장은 실행되지 않습니다.
반복문의 조건이 참일 때, 반복문을 실행하고, 다시 조건을 재검사합니다.	반복적 과정 이후의 문장

> **전문가 조언**
>
> 반복 제어 조건이 계속해서 거짓이 아니라면 반복문은 무한 반복 실행합니다.

4 Until 반복형

Until 반복문도 While 반복형과 마찬가지로 반복 조건을 실행합니다. 그렇지만 사용방법은 반대 방식을 사용합니다. 그것은 조건을 검사한 후 거짓일 때만 실행하는 차이가 있습니다. Until 반복문은 조건을 재검사하여 거짓일 때, 지정 문장들을 재실행합니다. 그렇지만 조건이 참이 될 때까지 계속 실행문을 반복 실행하지는 않습니다. 그리고 다음 문장을 실행합니다. 그렇지만 조건이 거짓이 계속되면 Until 반복형은 실행문을 무한 반복하는 특징이 있습니다.

반복적인 실행 문장들

반복 조건이 거짓일 때는 반복문장을 실행한 후 이 조건들을 다시 검사합니다.

반복문의 조건이 참이면 반복문 이후의 문장을 실행합니다. 만일 반복문이 계속 거짓이면 반복 이후의 문장은 실행되지 않습니다.

반복적 과정 이후의 문장

③ 반복적 실행 블록

반복적으로 실행하는 방식의 제어 블록의 위치는 [스크립트] 탭의 [제어] 집합에 있습니다. 스크래치의 반복적인 실행 방식은 무한 반복형, 지정 횟수 반복형, Until 반복형(While 반복형 제외)을 활용합니다.

반복적 제어 블록	반복형	설명
무한 반복하기	무한 반복형	조립된 문장들을 무한 반복하여 실행합니다.
10 번 반복하기	지정 횟수 반복형	지정 횟수만큼 조립된 문장들을 반복적으로 실행합니다.
까지 반복하기	Until 반복형	지정한 조건이 참이 될 때까지 조립된 문장들을 반복적으로 실행합니다.

▲ 반복적 제어 블록의 특징

◎ 파일명 : 숫자 무한대 말하기.sb2

설명

고양이가 숫자를 무한대로 말하는 프로그램입니다.

동작 과정

1 🚩 클릭하면
　→ 무대에 고양이가 보입니다.
　→ 숫자 1부터 1씩 더한 값을 무한대로 말합니다.

2 프로그램 종료하기

변수 설명

▶ 숫자 : 숫자가 저장되는 변수입니다.

지시 사항

코딩 스프라이트 : 고양이

▶ 🚩 클릭했을 때
　1) '숫자'를 '0'으로 정하시오.
　2) 무한 반복하시오.
　　→ '숫자'를 '1'만큼 바꾸시오.
　　→ '숫자'를 '0.5'초 동안 말하시오.

해설

1 숫자 초기화

① [데이터] 블록 중 [숫자를 0으로 정하기] 블록을 드래그 하여 추가합니다.

❷ 숫자 무한 반복하여 말하기

① [제어] 블록 중 [무한 반복하기] 블록을 드래그 하여 추가합니다.
② [데이터] 블록 중 [숫자를 1만큼 바꾸기] 블록을 [무한 반복하기] 블록 안으로 드래그 하여 추가합니다.
③ [형태] 블록 중 [Hello!를 2초 동안 말하기] 블록을 [무한 반복하기] 블록 안으로 드래그 하여 추가합니다.
④ [데이터] 블록 중 [숫자] 블록을 [Hello!를 2초 동안 말하기] 블록 입력상자에 드래그 하여 추가한 후 『0.5』로 수정합니다.

◎ 파일명 : 좋아하는 스포츠 리스트 만들기.sb2

설명

운동선수가 좋아하는 스포츠 5가지 리스트를 만드는 프로그램입니다.

동작 과정

1 🏁 클릭하면
- → 무대에 운동선수가 보입니다.
- → 좋아하는 스포츠를 묻고 대답합니다.
- → 대답한 스포츠를 리스트로 만듭니다.

2 프로그램 종료하기

변수 설명

▶ 스포츠 : 좋아하는 스포츠가 저장되는 변수입니다.

지시 사항

코딩 스프라이트 : 운동선수

▶ 🏁 클릭했을 때
1) '모두'번째 항목을 '스포츠 리스트'에서 삭제하시오.
2) 5번 반복하시오.
   - → '좋아하는 스포츠는?' 묻고 기다리시오.
   - → '대답'을 '2'초 동안 말하시오.
   - → '스포츠'를 '대답'으로 정하시오.
   - → '스포츠' 항목을 '스포츠 리스트'에 추가하시오.

해설

1 리스트 초기화

① [데이터] 블록 중 [thing 항목을 스포츠 리스트에 추가하기] 블록을 드래그 하여 추가한 후 '1'의 목록 단추를 클릭하여 '모두'를 선택합니다.

❷ 묻고 대답하기를 5번 반복

① [제어] 블록 중 [10번 반복하기] 블록을 드래그 하여 추가한 후 『5』로 수정합니다.
② [감지] 블록 중 [What's your name? 묻고 기다리기] 블록을 [5번 반복하기] 블록 안으로 드래그 하여 추가합니다.
③ [형태] 블록 중 [Hello!를 2초 동안 말하기] 블록을 [5번 반복하기] 블록 안으로 드래그 하여 추가합니다.
④ [감지] 블록 중 [대답] 블록을 [Hello!를 2초 동안 말하기] 블록 입력상자에 드래그 하여 추가합니다.

❸ 대답을 리스트에 추가

① [데이터] 블록 중 [스포츠를 0으로 정하기] 블록을 드래그 하여 추가합니다.
② [감지] 블록 중 [대답] 블록을 [스포츠를 0으로 정하기] 블록 입력상자에 드래그 하여 추가합니다.
③ [데이터] 블록 중 [thing 항목을 스포츠 리스트에 추가하기] 블록을 드래그 하여 추가합니다.
④ [데이터] 블록 중 [스포츠] 블록을 [thing 항목을 스포츠 리스트에 추가하기] 블록 입력상자에 드래그 하여 추가합니다.

◎ 파일명 : 입력된 숫자까지 누적합계 계산하기.sb2

설명

고양이가 말한 숫자까지 누적합계를 계산하는 프로그램입니다.

동작 과정

1 🚩 클릭하면
- → 무대에 고양이가 보입니다.
- → 숫자를 입력받아 입력한 숫자까지 말합니다.
- → 1부터 입력한 숫자까지 누적합계를 계산하여 말합니다.

2 프로그램 종료하기

변수 설명

- ▶ 숫자 : 숫자가 저장되는 변수입니다.
- ▶ 누적합계 : 1부터 입력한 숫자까지 누적합계가 저장되는 변수입니다.

지시 사항

코딩 스프라이트 : 고양이

▶ 🚩 클릭했을 때

1) '숫자'를 '1'로 정하시오.
2) '누적합계'를 '0'으로 정하시오.
3) '숫자를 입력하세요.' 묻고 기다리시오.
4) '숫자'가 '대답'보다 클 때까지 반복하시오.
   - → '숫자'를 '2'초 동안 말하시오.
   - → '누적합계'를 '누적합계'+'숫자'로 정하시오.
   - → '숫자'를 '1'만큼 바꾸시오.
5) '대답'과 '까지의 누적합계는?'을 결합하고 '누적합계'와 결합한 후 '2'초 동안 말하시오.

해설

1 변수 초기화 및 입력할 숫자 묻고 기다리기

① [데이터] 블록 중 [누적합계를 0으로 정하기] 블록을 드래그 하여 추가한 후 '누적합계'의 목록 단추를 클릭하여 '숫자'를 선택하고 입력상자에 『1』로 수정합니다.

② [데이터] 블록 중 [누적합계를 0으로 정하기] 블록을 드래그 하여 추가합니다.
③ [감지] 블록 중 [What's your name? 묻고 기다리기] 블록을 드래그 하여 추가한 후 입력상자에 『숫자를 입력하세요.』로 수정합니다.

2 설정된 조건까지 반복하기

① [제어] 블록 중 [까지 반복하기] 블록을 드래그 하여 추가합니다.
② [연산] 블록 중 [>] 블록을 [까지 반복하기] 블록 조건에 드래그 하여 추가합니다.
③ [데이터] 블록 중 [숫자] 블록을 [>] 블록 왼쪽 입력상자에 드래그 하여 추가합니다.
④ [감지] 블록 중 [대답] 블록을 [>] 블록 오른쪽 입력상자에 드래그 하여 추가합니다.

3 숫자 말하기

① [형태] 블록 중 [Hello!를 2초 동안 말하기] 블록을 [까지 반복하기] 블록 안으로 드래그 하여 추가합니다.
② [데이터] 블록 중 [숫자] 블록을 [Hello!를 2초 동안 말하기] 블록 입력상자에 드래그 하여 추가합니다.

4 누적합계 계산과 숫자 증가

① [데이터] 블록 중 [누적합계를 0으로 정하기] 블록을 드래그 하여 추가합니다.
② [연산] 블록 중 [+] 블록을 [누적합계를 0으로 정하기] 블록 입력상자에 드래그 하여 추가합니다.

③ [데이터] 블록 중 [누적합계] 블록과 [숫자] 블록을 [+] 블록 입력상자에 각각 드래그 하여 추가합니다.
④ [데이터] 블록 중 [누적합계를 1만큼 바꾸기] 블록을 드래그 하여 추가한 후 '누적합계'의 목록 단추를 클릭하여 '숫자'를 선택합니다.

5 입력한 숫자까지의 누적합계 말하기

① [형태] 블록 중 [Hello!를 2초 동안 말하기] 블록을 드래그 하여 추가합니다.
② [연산] 블록 중 [hello와 world 결합하기] 블록을 [Hello!를 2초 동안 말하기] 블록 입력상자에 드래그 하여 추가합니다.
③ 추가한 [hello와 world 결합하기] 블록의 왼쪽 입력상자에 [hello와 world 결합하기] 블록을 드래그 하여 추가합니다.
④ 왼쪽 입력상자에 [감지] 블록 중 [대답] 블록을 드래그 하여 추가합니다.
⑤ 가운데 입력상자에 『까지의 누적합계는?』으로 수정합니다.
⑥ 오른쪽 입력상자에 [데이터] 블록 중 [누적합계] 블록을 드래그 하여 추가합니다.

05 연습문제
SECTION

1 다음 중에서 논리 연산자의 설명으로 틀린 것은 무엇입니까?

① 논리 연산자는 참 값의 원소만 존재하는 집합의 연산입니다.

② 조건식을 연결하여 보다 논리적 관계식을 만드는 데 활용합니다.

③ 논리 연산자는 참, 거짓 두 가지 원소만 존재하는 집합의 연산입니다.

④ 논리합(OR, ∨), 논리곱(AND, ∧), 부정(NOT, ~) 등이 있습니다.

2 다음 중에서 연산 블록에 속하지 않는 것은 무엇입니까?

① ▭ < ▭   ② 10 만큼 움직이기

③ 또는   ④ 가(이) 아니다

3 다음 중에서 크고 작음에 대한 관계 비교에 대한 설명으로 옳지 않은 것은 무엇입니까?

① 두 숫자의 크고 작음 비교는 숫자의 크기로 결정

② 두 영문 문자열의 크고 작음의 비교는 문자열 수에 따라 결정

③ 두 한글 문자열의 크고 작음의 비교는 사전적 순서에 따라 결정

④ 한글 문자열과 영문 문자열을 비교하면 한글 문자열이 큼

4 다음 중에서 프로그램의 문장 표현으로 옳지 않은 것은 무엇입니까?

① 일반적인 문장의 표현은 어떤 생각 또는 감정의 의미를 포함합니다.

② 컴퓨터에서는 프로그램의 문장 단위로 프로그램을 단계별로 실행합니다.

③ 문장의 끝은 특정한 기호(예: 세미콜론 ';')를 활용하여 표현합니다.

④ 주로 문장의 끝을 표현할 때, 마침표만 기호로 표현합니다.

5 다음 중에서 프로그램 문장의 접근 방법이 아닌 것은 무엇입니까?

① 순서에 따른 접근   ② 반복적인 접근

③ 선택적인 접근   ④ 비선택적인 접근

정답 1. ① 2. ② 3. ② 4. ④ 5. ④

6 다음의 블록 중에서 자료 입력상자를 포함하는 블록이 아닌 것은 어느 것입니까?

① `10 만큼 움직이기`   ② `마우스 포인터▼ 위치로 이동하기`

③ `모양을 모양2▼ (으)로 바꾸기`   ④ `야옹▼ 재생하기`

7 다음 중에서 지정 횟수만큼 조립된 문장들을 반복적으로 수행하는 블록은 무엇입니까?

① `10 번 반복하기`   ② `무한 반복하기`

③ `까지 반복하기`   ④ `10 만큼 움직이기`

정답 6. ①   7. ①

SECTION 05 실습문제

1 '문제1.sb2' 파일을 활용하여 지시된 내용으로 프로그램을 작성합니다.

설명

주문을 받고 수량에 따라 계산하는 프로그램입니다.

동작 과정

1 ▶ 클릭하면
  → 무대에 주인, 손님, 메뉴(리스트)가 보입니다.
  → 주인이 메뉴와 수량을 묻고 계산 금액을 말합니다.
  → 손님은 메뉴와 수량을 주문합니다.

2 프로그램 종료하기

변수 설명

▶ 녹차 : '녹차' 문자열이 저장되는 변수입니다.
▶ 밀크티 : '밀크티' 문자열이 저장되는 변수입니다.
▶ 우유 : '우유' 문자열이 저장되는 변수입니다.
▶ 커피 : '커피' 문자열이 저장되는 변수입니다.
▶ 코코아 : '코코아' 문자열이 저장되는 변수입니다.

지시 사항

코딩 스프라이트 : 주인

▶ ▶ 클릭했을 때
  1) '메뉴를 보고 주문하세요.' 묻고 기다리시오.
  2) '대답'이 '메뉴' 리스트에 포함되었으면 '메뉴'를 호출하고 '1'초 기다린 후 '감사합니다.'를 '2초' 동안 말하시오. 아니면 '메뉴에 없습니다.'를 '2'초 동안 말하시오.
  3) '몇 잔 드릴까요?' 묻고 기다리시오.
  4) "대답'이 '우유'라면 '몇 잔 드릴까요?'를 묻고 기다린 후 '숫자'를 호출하고 계산 금액인 '2000'* '대답'을 '2'초 동안 말하시오.

5) "대답"이 '밀크티'라면 '몇 잔 드릴까요?'를 묻고 기다린 후 '숫자'를 호출하고 계산 금액인 '2500'*'대답'을 '2'초 동안 말하시오.

6) "대답"이 '코코아'라면 '몇 잔 드릴까요?'를 묻고 기다린 후 '숫자'를 호출하고 계산 금액인 '3500'*'대답'을 '2'초 동안 말하시오.

2 '문제2.sb2' 파일을 활용하여 지시된 내용으로 프로그램을 작성합니다.

설명

입력한 숫자에 따라 게이지와 돼지가 움직이는 프로그램입니다.

동작 과정

1 🏁 클릭하면
→ 무대에 돼지와 게이지가 보입니다.
→ 1부터 10까지 중 홀수를 입력합니다.
→ 입력한 숫자만큼 게이지가 바뀌고 돼지는 움직입니다.

2 프로그램 종료하기

지시 사항

코딩 스프라이트 : 게이지

▶ 🏁 클릭했을 때

1) '1부터 10까지 중 홀수만 입력하세요.' 묻고 기다리시오.
2) 입력 값이 '3'이면 게이지 모양을 '게이지3'으로 바꾸시오.
3) 입력 값이 '5'이면 게이지 모양을 '게이지5'로 바꾸시오.

4) 입력 값이 '9'면 게이지 모양을 '게이지9'로 바꾸시오.

3 '문제3.sb2' 파일을 활용하여 지시된 내용으로 프로그램을 작성합니다.

| 설명 |

생쥐가 뽕망치를 피해 다니는 프로그램입니다.

| 동작 과정 |

1 ▶ 클릭하면

→ 무대에 뽕망치와 생쥐가 보입니다.
→ 뽕망치를 클릭하면 마우스 포인터를 따라 이동합니다.
→ 스페이스바를 누르면 뽕망치가 돌아갑니다.
→ 생쥐는 뽕망치를 피해 도망갑니다.

2 프로그램 종료하기

| 지시 사항 |

코딩 스프라이트 : 뽕망치

▶ ▶ 클릭했을 때

 1) x: '100', y: '0'으로 이동하시오.

▶ 이 스프라이트를 클릭했을 때

 1) '90'도 방향으로 보시오.
 2) 무한 반복하시오.

→ '마우스 포인터' 위치로 이동을 무한 반복하시오.

→ '실행'을 호출하시오.

▶ '스페이스' 키를 눌렀을 때

  1) '10'번 반복하시오.

  → 시계 반대 방향으로 '18'도 돌기를 '10'번 반복하시오.

▶ 정의하기 '실행'

  1) '때리기' 방송하시오.

코딩 스프라이트 : 생쥐

▶ '때리기'를 받았을 때

  1) '메롱~'을 말하시오.

  2) '뽕망치'에 닿으면 다음을 반복하시오.

   → 다음 모양으로 바꾸시오.

   → 시계 방향으로 '15'도 돌기 하시오.

   → 벽에 닿으면 튕기기 하시오.

   → '50' 만큼 움직이시오.

Scratch Programming

CHAPTER 6 | 선택적 조건문

이 장에서 무엇을 공부하나요?

- 문장의 반복적 실행을 과정과 스크래치를 통해 학습합니다.
- 문장의 선택적인 실행과 스크래치에서 적용하는 과정을 연습합니다.
- 반복적이고, 선택적 실행의 되풀이와 다양한 제어 유형을 연습합니다.

SECTION 01 문장의 선택적 실행

SCRATCH PROGRAMMING

선택적 실행 방식의 유형

1 만약 선택형

선택한 조건이 참일 때, 실행할 문장들로만 분류합니다. 만약에 선택한 조건이 참이라면 선택한 문장들을 실행하고, 그렇지 않고 거짓이면 그 이후의 문장들을 실행합니다.

2 만약 또는 아니면 선택형

선택문의 조건이 참일 때 실행문과 이 조건이 거짓일 때의 문장들을 나누어 실행합니다. 만약에 선택적 조건이 참이라면 참인 선택 문장들을 실행하고, 거짓이라면 거짓인 선택적 문장들을 실행하고, 그 이후의 실행문을 실행합니다.

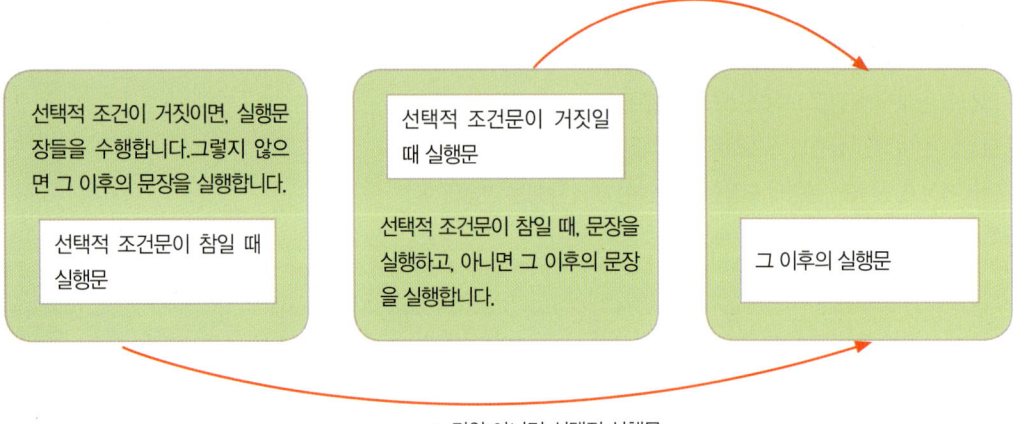

▲ 만약 아니면 선택적 실행문

3 문장의 선택적 실행 방식

선택적 실행 방식을 활용하면 조건에 따라 실행될 수도 있고 실행되지 않을 수도 있는 작업을 프로그래밍 할 수 있다는 장점이 있습니다.

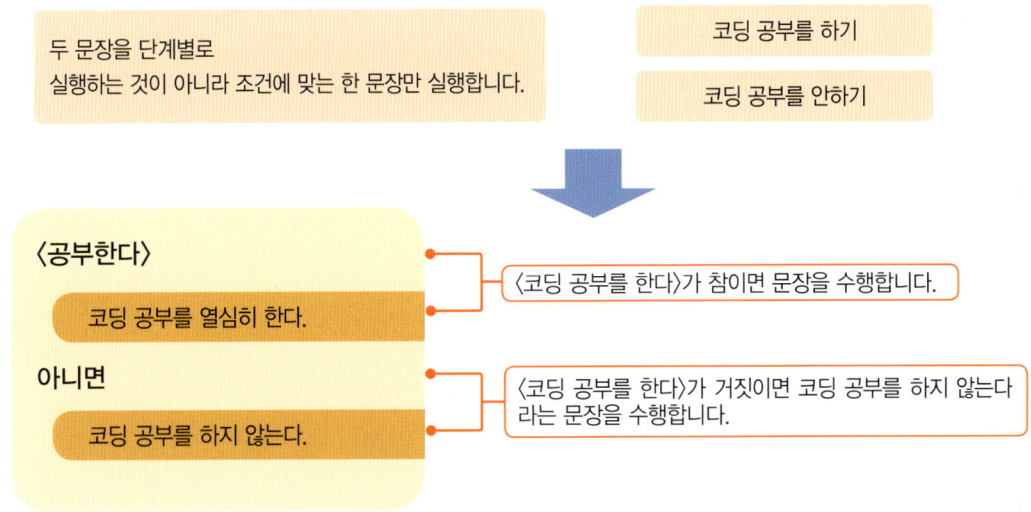

② 문장의 선택적 실행 유형

스크래치에서 선택적인 조건 실행 유형은 제어 블록을 활용합니다. 제어 블록들은 [스크립트] 탭의 [제어] 집합에서 확인할 수 있습니다. 스크래치에서 사용 가능한 선택형 블록은 '만약형', '만약-아니면형' 두 가지를 지원합니다.

선택적 제어 블록	선택형 종류	설명
만약 ◯ (이)라면	만약 ~이라면	조건이 참이면 안쪽에 조립된 문장들을 순서대로 실행합니다.
만약 ◯ (이)라면 아니면	만약 ~이라면 아니면	조건이 참이면 안쪽에 조립된 문장들을 순서대로 실행하고, 조건이 거짓이라면 '아니면' 안쪽에 조립된 문장들을 실행합니다.

◎ 파일명 : 승차료 할인하기.sb2

설명

승차객 나이에 따라 할인하는 조건식 프로그램입니다.

동작 과정

1 🏁 클릭하면
  → 무대에 고양이가 보입니다.
  → 승차객의 나이를 묻고 대답합니다.
  → 승차객의 나이 조건에 따라 할인을 적용하고 나이 조건에 해당되지 않으면 할인 적용이 안 됩니다.

2 프로그램 종료하기

변수 설명

▶ 승차객의 나이 : 승차객의 나이가 저장되는 변수입니다.

지시 사항

코딩 스프라이트 : 고양이

▶ 🏁 클릭했을 때

  1) '승차객의 나이가 어떻게 되세요?' 묻고 기다리시오.
  2) '승차객의 나이'를 '대답'으로 정하시오.
  3) 만약 '승차객의 나이'가 '9' 이하 또는 '60' 이상이면 '할인 적용 대상입니다.'를 '2'초 동안 말하시오. 아니면 '할인 적용이 안 됩니다.'를 2초 동안 말하시오.
    → 만약 '승차객의 나이'가 '9' 이하이면 '9세 이하이므로 승차료 30% 할인되었습니다.'를 '2'초 동안 말하시오.
    → 만약 '60' 이상이면 '60세 이상이므로 승차료 50% 할인되었습니다.'를 '2'초 동안 말하시오.

[유의사항]

※ 보기블록 스프라이트에 주어진 블록만 이용하시오.

> 해설

1 또는 조건 설정

① [보기블록] 스프라이트를 선택합니다.

② 블록 중 [또는] 블록을 [고양이] 스프라이트로 드래그 하여 추가한 후 [만약 ~이라면 ~아니면] 블록 안의 조건에 드래그 합니다.

2 9 이하 또는 60 이상 조건 설정

① [보기블록] 스프라이트의 블록 중 [승차객의 나이 < 또는 승차객의 나이 =] 블록을 [고양이] 스프라이트로 드래그 하여 추가한 후 [또는] 블록 왼쪽 조건에 드래그 합니다.

② [보기블록] 스프라이트의 블록 중 [승차객의 나이 > 또는 승차객의 나이 =] 블록을 [고양이] 스프라이트로 드래그 하여 추가한 후 [또는] 블록 오른쪽 조건에 드래그 합니다.

③ 입력상자에 『9』, 『9』, 『60』, 『60』을 각각 입력합니다.

❸ 9 이하 60 이상 조건 설정

① 추가한 블록 중 [승차객의 나이 < 9 또는 승차객의 나이 = 9] 블록을 마우스 오른쪽 버튼을 클릭하여 [복사] 메뉴를 선택한 후 [만약 ~ 이라면] 블록 조건에 드래그 합니다.

② 추가한 블록 중 [승차객의 나이 > 60 또는 승차객의 나이 = 60] 블록을 마우스 오른쪽 버튼을 클릭하여 [복사] 메뉴를 선택한 후 [만약 ~ 이라면] 블록 조건에 드래그 합니다.

❹ 조건에 따라 할인율 말하기

① [보기블록] 스프라이트를 선택합니다.

② 블록 중 [Hello!를 2초 동안 말하기] 블록을 [고양이] 스프라이트로 드래그 하여 추가한 후 위쪽에 있는 [만약 ~이라면] 블록 안으로 드래그 합니다. 동일한 방법으로 아래쪽에 있는 [만약 ~이라면] 블록 안으로 드래그 합니다.

③ 추가한 블록의 입력상자에 『9세 이하이므로 승차료 30% 할인되었습니다.』와 『60세 이상이므로 승차료 50% 할인되었습니다.』를 각각 수정합니다.

◎ 파일명 : 짝수 판단하기.sb2

설명

입력된 값에 따라 짝수인지 여부를 판단하는 프로그램입니다.

동작 과정

1 🏁 클릭하면
→ 무대에 고양이가 보입니다.
→ 입력할 수를 묻고 대답합니다.
→ 대답의 숫자에 따라 짝수인지 여부를 말합니다.

2 프로그램 종료하기

변수 설명

▶ 승차객의 나이 : 승차객의 나이가 저장되는 변수입니다.

지시 사항

코딩 스프라이트 : 고양이

▶ 🏁 클릭했을 때
1) '수를 입력하세요.' 묻고 기다리시오.
2) '승차객의 나이'를 '대답'으로 정하시오.
3) 만약 '대답' 나누기 '2'의 나머지가 '0'이라면 '짝수입니다.'를 '2'초 동안 말하시오. 아니면 '짝수가 아닙니다.'를 '2'초 동안 말하시오.

해설

1 조건 설정

① [연산] 블록 중 [=] 블록을 [만약 ~이라면 ~아니면] 블록 안의 조건에 드래그 하여 추가합니다.
② [연산] 블록 중 [~나누기 ~의 나머지] 블록을 [=] 블록 왼쪽에 드래그 하여 추가합니다.
③ [감지] 블록 중 [대답] 블록을 [~나누기 ~의 나머지] 블록 왼쪽에 드래그 하여 추가합니다.
④ [나누기 의 나머지] 블록 오른쪽 입력란에 『2』를 입력하고, [=] 블록 오른쪽에 『0』을 입력합니다.

[만약 대답 나누기 2 의 나머지 = 0 (이)라면]
[아니면]

2 결과 말하기

① [형태] 블록 중 [Hello!를 2초 동안 말하기] 블록을 [만약 ~이라면 ~아니면] 블록 안으로 드래그 하여 추가한 후 입력상자에 『짝수입니다.』로 수정합니다.

② [형태] 블록 중 [Hello!를 2초 동안 말하기] 블록을 [만약 ~이라면 ~아니면] 블록 안으로 드래그 하여 추가한 후 입력상자에 『짝수가 아닙니다.』로 수정합니다.

[만약 대답 나누기 2 의 나머지 = 0 (이)라면
    짝수입니다. 을(를) 2 초동안 말하기
  아니면
    짝수가 아닙니다. 을(를) 2 초동안 말하기]

◎ 파일명 : 공배수 구별하기.sb2

설명

입력된 값에 따라 2와 6의 공배수인지 구별하는 프로그램입니다.

동작 과정

1 ▶ 클릭하면
→ 무대에 고양이가 보입니다.
→ 입력할 수를 묻고 대답합니다.
→ 대답의 숫자에 따라 2와 6의 공배수인지 말합니다.

2 프로그램 종료하기

지시 사항

코딩 스프라이트 : 고양이

▶ ▶ 클릭했을 때
1) '숫자를 입력하세요.' 묻고 기다리시오.
2) 만약 '대답' 나누기 '2'의 나머지가 '0'이고 '대답' 나누기 '6'의 나머지가 '0'이면 '2와 6의 공배수입니다.'를 '2'초 동안 말하시오. 아니면 '2와 6의 공배수가 아닙니다.'를 '2'초 동안 말하시오.

해설

1 조건 설정

① [보기블록] 스프라이트를 선택합니다.
② 블록 중 [그리고] 블록을 [고양이] 스프라이트로 드래그 하여 추가한 후 [만약 ~이라면 ~ 아니면] 블록 안의 조건에 드래그 합니다.

2 2의 배수와 6의 배수 조건 설정

① [보기블록] 스프라이트의 블록 중 [대답 나누기 의 나머지 =] 블록을 [고양이] 스프라이트로 드래그 하여 추가한 후 [그리고] 블록 왼쪽 조건에 드래그 합니다.
② 추가한 [대답 나누기 의 나머지 =] 블록을 마우스 오른쪽 버튼을 클릭하여 [복사] 메뉴를 선택한 후 [그리고] 블록 오른쪽 조건에 드래그 합니다.
③ 입력상자에 『2』, 『0』, 『6』, 『0』을 각각 입력합니다.

> 만약 대답 나누기 ❷ 의 나머지 = 0 그리고 대답 나누기 ❻ 의 나머지 = 0 (이)라면
> 아니면

3 공배수 여부 말하기

① [보기블록] 스프라이트의 블록 중 [Hello!를 2초 동안 말하기] 블록을 [고양이] 스프라이트로 드래그 하여 추가한 후 [만약 ~이라면 ~아니면] 블록 안으로 드래그 합니다.
② [Hello!를 2초 동안 말하기] 블록을 마우스 오른쪽 버튼을 클릭하여 [복사] 메뉴를 선택한 후 [만약 ~이라면 ~아니면] 블록 안으로 드래그 합니다.
③ 입력상자에 『2와 6의 공배수입니다.』, 『2와 6의 공배수가 아닙니다.』를 각각 입력합니다.

> 만약 대답 나누기 ❷ 의 나머지 = 0 그리고 대답 나누기 ❻ 의 나머지 = 0 (이)라면
>   2와 6의 공배수입니다. 을(를) ❷ 초동안 말하기
> 아니면
>   2와 6의 공배수가 아닙니다. 을(를) ❷ 초동안 말하기

SECTION 02 반복과 중첩 실행

1 반복적 실행 방식의 중첩

반복적인 실행 방식은 내부적으로 되풀이 되는 실행 과정을 가능하게 합니다. 되풀이 된 반복적 실행의 예로 구구단을 2단부터 9단까지 계산할 때, 각 단에서 9개의 곱셈 계산식을 되풀이해서 계산하는 작업을 2단부터 9단까지 반복하게 됩니다.

2단부터 9단까지 되풀이하면서 계산 →

2단
2 X 1 = 02
2 X 2 = 04
2 X 3 = 06
2 X 4 = 08
2 X 5 = 10
2 X 6 = 12
2 X 7 = 14
2 X 8 = 16
2 X 9 = 18

3단
2 X 1 = 02
2 X 2 = 04
2 X 3 = 06
2 X 4 = 08
2 X 5 = 10
2 X 6 = 12
2 X 7 = 14
2 X 8 = 16
2 X 9 = 18

· · ·

9단
9 X 1 = 09
9 X 2 = 18
9 X 3 = 27
9 X 4 = 36
9 X 5 = 45
9 X 6 = 54
9 X 7 = 63
9 X 8 = 72
9 X 9 = 81

↓ 각 단마다 9개의 곱셈 계산식을 반복

아래는 구구단을 계산하는 스크립트입니다. 2단을 "2*1=1"부터 "2*9=18"까지 적용하여 계산합니다. 같은 방식으로 3~9단까지 반복하여 계산식을 적용합니다. 따라서 각 단은 1부터 9까지 곱하는 반복 작업을 2단부터 9단까지 되풀이된 반복 작업을 실행하게 됩니다.

[스크래치 블록 스크립트 이미지 - 구구단 계산]

- 9단까지 반복되는 숫자로 10이 되면 제어문을 벗어납니다(9까지 계산).
- 각 단에 곱하는 숫자로 10이 되면 제어문을 벗어납니다 (9까지 계산).
- [곱하기] 변수에 1씩 증가한 후 제어문을 반복합니다.
- [구구단] 변수에 1씩 증가한 후 제어문을 반복합니다.

▲ 파일명 : 구구단 계산하기(결과).sb2

② 선택적 실행 방식의 중첩

선택적 실행 방식은 조건 블록 안쪽에 선택적으로 실행합니다. 예를 들어 1차 시험과 2차 시험이 모두 60보다 크면 '최종 합격입니다.'를 말할 때, 먼저 1차 시험에 대한 점수가 60보다 큰지를 확인합니다. 만약에 결과가 60보다 크면 다시 2차 시험에 대한 점수가 60보다 큰지를 확인합니다. 이런 경우, 최종적으로 1차 시험과 2차 시험이 모두 60보다 큰지에 대한 선택 과정이 필요합니다.

아래는 2가지 시험에 대한 결과를 말하는 스크립트입니다.

[스크래치 블록 스크립트 이미지 - 합격 여부 판단]

- 1차 필기 시험에 대해 확인합니다.
- 2차 면접 시험에 대해 확인합니다.

▲ 파일명 : 합격 여부 판단하기.sb2

③ 반복적 실행 방식과 선택적 실행 방식

반복적 실행 방식과 선택적 실행 방식은 내부적으로 자유롭게 다양한 문장을 제어할 수 있습니다. 아래의 조건은 문자 W 가 입력될 때까지 반복적인 숫자 값을 입력 받습니다. 그리고 3의 배수를 구별하는 작업을 반복적으로 실행하여 구분합니다.

```
[클릭했을 때]
  안녕하세요. 숫자나 문자를 입력해 주세요. 을(를) 2초동안 생각하기
  숫자 또는 W를 입력하세요. 묻고 기다리기
  [대답 = W] 까지 반복하기                ← 사용자가 입력한 [대답]이 'W'일 때까지 조건 안쪽의
    만약 [대답 나누기 3의 나머지 = 0] (이)라면        문장들을 반복하여 실행합니다.
      3의 배수 입니다. 을(를) 2초동안 말하기
    아니면
      3의 배수가 아닙니다. 을(를) 2초동안 말하기
    숫자 또는 W를 입력하세요. 묻고 기다리기
  프로그램을 중지합니다. 을(를) 2초동안 말하기
```

▲ 파일명 : W일 때까지 3배수 입력하기.sb2

◎ 파일명 : 교통수단 판단하기.sb2

설명

입력된 지역에 따라 교통수단을 판단하는 프로그램입니다.

동작 과정

1 🚩 클릭하면

→ 무대에 고양이가 보입니다.
→ 좋아하는 지역을 말하고 대답합니다.
→ 대답의 지역에 따라 이동할 교통수단을 말합니다.
→ X를 입력하면 프로그램을 중지한다고 말합니다.

2 프로그램 종료하기

지시 사항

코딩 스프라이트 : 고양이

▶ 🚩 클릭했을 때

1) '좋아하는 지역을 말하세요. X를 입력하면 프로그램이 종료됩니다.' 묻고 기다리시오.
2) '대답'이 'X'와 같을 때까지 반복합니다.
   → 만약 '대답'이 '제주도'와 같으면 '비행기 또는 배를 타고 가세요.'를 '2'초 동안 말하시오.
      아니면 '기차 또는 버스를 타고 가세요.'를 '2'초 동안 말하시오.
   → '좋아하는 지역을 말하세요. X를 입력하면 프로그램이 종료됩니다.' 묻고 기다리시오.
3) '프로그램을 중지합니다.'를 '2'초 동안 말하시오.

[유의사항]
※ 보기블록 스프라이트에 주어진 블록만 이용하시오.

해설

1 반복 조건 설정

① [보기블록] 스프라이트를 선택합니다.
② 블록 중 [대답 =] 블록을 [고양이] 스프라이트로 드래그 하여 추가한 후 [까지 반복하기] 블록 안의 조건에 드래그 합니다.
③ 입력상자에 『X』를 입력합니다.

2 선택 조건 설정

① [보기블록] 스프라이트를 선택합니다.
② 블록 중 [만약 ~이라면 ~아니면] 블록을 [고양이] 스프라이트로 드래그 하여 추가한 후 [까지 반복하기] 블록 안으로 드래그 합니다.
③ [묻고 기다리기] 블록은 [만약 ~이라면 ~아니면] 블록 아래로 드래그 합니다.
④ [대답 = X] 블록에서 마우스 오른쪽 버튼을 클릭하여 [복사] 메뉴를 선택한 후 [만약 ~이라면 ~아니면] 블록 조건에 드래그 합니다. 입력상자에 『제주도』를 입력합니다.

3 조건에 따라 말하기

① [보기블록] 스프라이트를 선택합니다.
② 블록 중 [Hello! 2초 동안 말하기] 블록을 [고양이] 스프라이트로 드래그 하여 추가한 후 [만약 ~이라면 ~아니면] 블록 안으로 드래그 합니다.
③ [Hello! 2초 동안 말하기] 블록에서 마우스 오른쪽 버튼을 클릭하여 [복사] 메뉴를 선택한 후 [만약 ~이라면 ~아니면] 블록 조건에 드래그 합니다.
④ 입력상자에 『비행기 또는 배를 타고 가세요.』와 『기차 또는 버스를 타고 가세요.』로 수정합니다.

06 연습문제

1 다음 중에서 '만약 또는 아니면' 선택형에 대한 설명이 아닌 것은 무엇입니까?

① 선택문의 조건이 참일 때 실행문과 조건이 거짓일 때 문장을 나누어 실행합니다.
② 선택적 조건이 참이라면 참인 선택적 문장만 실행합니다.
③ 선택적 조건이 거짓이라면 거짓인 선택적 문장들을 실행합니다.
④ 선택문의 조건이 참이라도 거짓의 문장을 실행합니다.

2 다음 중에서 '만약' 선택형에 대한 설명이 아닌 것은 무엇입니까?

① 선택한 조건이 참일 때, 실행할 문장들로만 분류합니다.
② 만약에 선택한 조건이 참이라면 선택한 문장들을 실행합니다.
③ 그렇지 않고 거짓이면 그 이후의 문장들을 실행합니다.
④ 만약에 선택한 조건이 참이라도 실행 문장들을 실행하지 않습니다.

3 문장의 선택적 실행 방식에서 장점이 아닌 것은 무엇입니까?

① 선택적 실행 방식을 활용하면 조건에 따라 실행될 수 있습니다.
② 실행되지 않을 수도 있는 작업도 프로그래밍이 가능합니다.
③ 두 문장을 조건에 상관없이 순차적인 방법에 따라 단계별로만 실행합니다.
④ 조건에 맞는 문장만 실행합니다.

4 스크래치에서 선택적인 조건 실행 유형의 블록을 활용하는 메뉴 단계는 무엇입니까?

① [스크립트] 탭의 [제어] 집합에서 확인할 수 있습니다.
② [스크립트] 탭의 [연산] 집합에서 확인할 수 있습니다.
③ [스크립트] 탭의 [이벤트] 집합에서 확인할 수 있습니다.
④ [스크립트] 탭의 [동작] 집합에서 확인할 수 있습니다.

정답 1. ④ 2. ④ 3. ③ 4. ①

5 다음 중에서 아래 블록에 대한 설명으로 옳은 것은 무엇입니까?

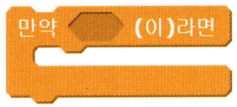

① 조건이 참일 때, 안쪽에 조립된 문장들을 순서대로 실행합니다.
② 조건이 참과 거짓을 구분하여 조립된 문장들을 실행합니다.
③ 조건이 거짓이라면 안쪽에 조립된 문장들을 실행합니다.
④ 조건이 참이라면 바깥쪽에 조립된 문장들을 실행합니다.

6 다음 중에서 반복적 실행 방식으로 중첩에 대한 설명으로 옳지 않은 것은 무엇입니까?

① 반복적인 실행 방식은 내부적으로 되풀이 되면서 실행합니다.
② 반복적 실행의 예로 구구단을 2단부터 9단까지 계산합니다.
③ 각 단에서 9개의 덧셈 계산식을 되풀이 합니다.
④ 계산하는 작업을 2단부터 9단까지 반복하게 됩니다.

7 다음 중에서 반복과 선택의 배수 방식으로 실행하는 설명으로 옳지 않은 것은 무엇입니까?

① 선택적 되풀이 실행 방식은 조건 블록을 선택적으로 실행합니다.
② 숫자가 배수인지를 확인할 때, 먼저 배수에 적용하여 검사합니다.
③ 조건 지정의 숫자가 두 가지 이상인 경우, 모두 배수로 만족하는지 검사합니다.
④ 배수가 되는 검증이 되풀이 되어도 조건 선택 과정은 불필요합니다

정답 5. ①   6. ③   7. ④

SECTION 06 실습문제

1 '문제1.sb2' 파일을 활용하여 지시된 내용으로 프로그램을 작성합니다.

설명

버스 승차료를 계산하는 프로그램입니다.

동작 과정

1 ▶ 클릭하면
- → 승객 10명이 리스트에 무작위로 입력됩니다.
- → 승객대상(어린이, 청소년, 성인)에 따라 버스 요금을 각각 계산합니다.
- → 고양이 스프라이트가 계산결과를 말합니다.

2 프로그램 종료하기

변수 설명

▶ 승객대상 : 어린이, 청소년, 성인 중 한 대상만 저장되는 변수입니다.
▶ 승차료 : 버스요금을 계산하고 값이 저장되는 변수입니다.
▶ N : 승객의 값을 비교하기 위해 사용되는 변수입니다.

지시 사항

코딩 스프라이트 : 고양이

▶ 정의하기 '승객대상'

　1) 다음 지시사항을 순서대로 '10번' 반복하시오.
　　→ '승객대상'을 '1'부터 '3' 사이의 난수로 정하시오.
　　→ '승객대상'이 '1'과 같다면 '어린이' 항목을 '승객'에 추가하시오.
　　→ '승객대상'이 '2'와 같다면 '청소년' 항목을 '승객'에 추가하시오.
　　→ '승객대상'이 '3'과 같다면 '성인' 항목을 '승객'에 추가하시오.

▶ 정의하기 '교통비계산'

　1) 다음 지시사항을 순서대로 '10번' 반복하시오.
　　→ 'N'번째 '승객' 항목이 '어린이'와 같다면 '승차료'를 '300' 만큼 바꾸시오.

→ 'N'번째 '승객' 항목이 '청소년'과 같다면 '승차료'를 '500' 만큼 바꾸시오.

→ 'N'번째 '승객' 항목이 '성인'과 같다면 '승차료'를 '1000' 만큼 바꾸시오.

→ 'N'을 '1' 만큼 바꾸시오.

[유의사항]

※ 보기블록 스프라이트에 주어진 블록만 이용하시오.

2 '문제2.sb2' 파일을 활용하여 지시된 내용으로 프로그램을 작성합니다.

설명

낮과 밤에 따라 산소와 이산화탄소가 증감하는 프로그램입니다.

동작 과정

1 🏁 클릭하면

→ 정해진 시간에 따라 배경이 낮과 밤으로 바뀝니다.

→ 낮과 밤에 따라 산소와 이산화탄소가 증감합니다.

2 프로그램 종료하기

변수 설명

▶ 산소 : 산소의 값이 저장되는 변수입니다.

▶ 이산화탄소 : 이산화탄소의 값이 저장되는 변수입니다.

▶ 시간 : 시간에 대한 값이 저장되는 변수입니다.

지시 사항

코딩 스프라이트 : 해바라기

▶ 🚩 클릭했을 때

1) 다음 지시사항을 순서대로 '시간'이 '100'과 같을 때까지 반복하시오.
   → 만약 '시간' 나누기 '5'의 나머지가 '0'과 같으면 배경을 '낮'으로 바꾸고, '산소'는 '1' 만큼, '이산화탄소'는 '-1' 만큼 바꾸시오. 아니면 배경을 '밤'으로 바꾸고, '산소'는 '-1' 만큼, '이산화탄소'는 '1' 만큼 바꾸시오.
   → '시간'을 '1' 만큼 바꾸고 '0.5'초 기다리시오.

3 '문제3.sb2' 파일을 활용하여 지시된 내용으로 프로그램을 작성합니다.

설명

리스트에 추가된 난수 중 짝수의 합계를 구하는 프로그램입니다.

동작 과정

1 🚩 클릭하면
   → 난수 리스트에 1부터 100까지 숫자 중 난수가 추가됩니다.
   → 고양이가 추가된 난수 중 짝수의 합계를 계산합니다.

2 프로그램 종료하기

변수 설명

▶ I : 난수의 개수가 저장되는 변수입니다.
▶ 짝수 합계 : 추가된 난수들 중 짝수의 합계가 저장되는 변수입니다.

지시 사항

코딩 스프라이트 : 고양이

▶ 🚩 클릭했을 때

1) 다음 지시사항을 5번 반복하시오.
   → '1'부터 '100' 사이의 난수 항목을 '난수'에 추가하시오.
2) 다음 지시사항을 5번 반복하시오.
   → 'I'번째 '난수' 항목을 '2'로 나눈 값이 '0'과 같다면 '짝수 합계'를 'I'번째 '난수' 항목만큼 바꾸시오.
   → 'I'를 '1'만큼 바꾸시오.
3) '짝수 합계'를 말하시오.

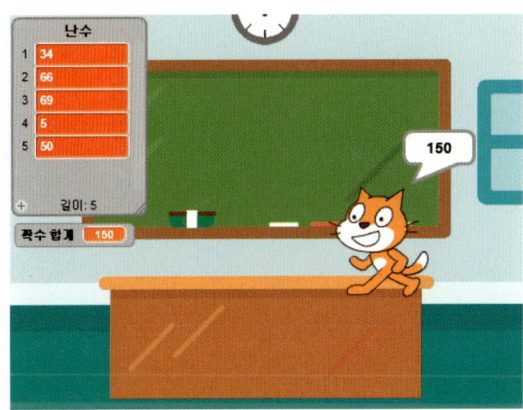

memo

Scratch Programming

CHAPTER 7
프로시저(함수)와 분산 처리

이 장에서 무엇을 공부하나요?

- 프로시저의 특징을 이해하고, 프로시저 호출과 실행 유형의 차이를 공부합니다.
- 프로시저의 인자와 매개변수의 개념을 분석하고, 다양한 종류의 인자 유형을 공부합니다.
- 스크래치 프로시저의 다양한 특징을 구분하고, 정의 블록의 활용을 실습합니다.
- 분산 처리 방식의 멀티태스킹과 멀티스레딩의 특징을 비교합니다.
- 스크래치에서 실행하는 분산 처리 방식을 이해하고, 이벤트 블록을 학습합니다.

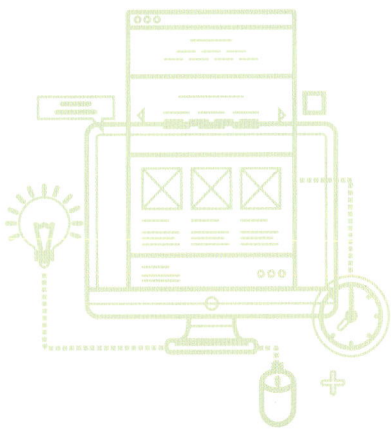

SECTION 01 | 프로시저의 특징과 매개변수

1 프로시저의 의미

프로시저의 의미는 프로그램에서 필요한 부분적인 기능들로만 묶어서 연속적으로 실행할 수 있는 명령들의 그룹입니다. 프로시저를 활용하면 매번 반복적인 프로그래밍보다는 정의된 명령들로 독립적으로 사용할 수 있으며, 프로그램 기능이 중복되는 부분을 최소화하여 결국 프로그래밍 작업량은 줄어들고 프로그램 제작에 필요한 소요시간을 절약할 수 있다는 장점이 있습니다. 또한 해당 프로시저에서만 실행되기 때문에 수정 또는 보완에 따른 유지보수를 쉽게 할 수 있습니다.

1 프로시저의 이해

구조적 프로그래밍 유형의 특징은 복잡하고, 많은 기능을 보다 세부적으로 쪼개어 작은 단위로 기능을 분해하는 작업을 실행합니다. 나누어진 기능들은 프로시저의 설계를 통해서 여러 프로그램들에게 배정하게 되고, 다양한 형태의 분산적인 방식으로 프로시저를 구현합니다. 프로시저는 설계 과정을 작은 기능 단위로 분해하고, 여러 프로그래머가 기능별로 선택하여 편집하고 나누어 추가적으로 개발합니다.

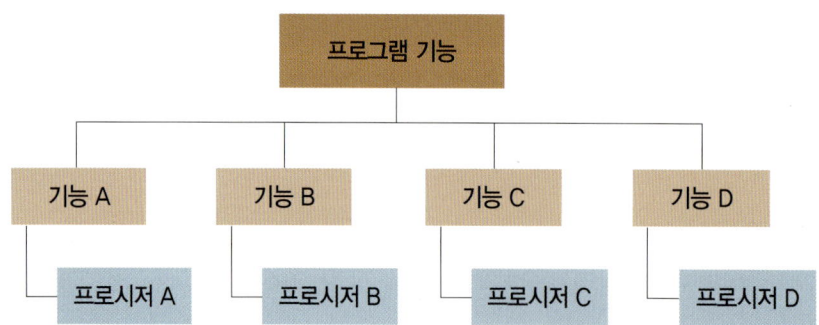

> Tip 프로시저는 중복적인 프로그램 구현의 시간과 노력을 최소화하고, 편집이 편리합니다. 그래서 복잡한 기능을 일부 분해하는 등의 장점 때문에 대부분의 프로그래밍 언어에서 프로시저 개념을 활용하고 있습니다.

2 프로시저 실행

프로시저를 호출했을 때, 실행 과정은 일단 정의된 프로시저 이름을 호출합니다. 프로시저는 각각 기능을 대표하는 이름으로 표시합니다. 프로시저를 통해 이름이 호출되면 포함된 실행 문장들은 순서대로 수행합니다. 프로시저에서 호출에 따른 실행에 있어서 유효한 범위는 자신이 만들어진 장소에서만 실행합니다. 그러므로 유효 범위가 아닌 장소에서는 프로시저 호출과 실행이 불가능합니다. 만약에 다른 프로시저를 호출했다면 호출한 프로시저의 실행 과정이 모두 완료될 때까지 기다렸다가 그 다음 차례로 실행합니다. 그 이후에 호출했던 지점 이후의 실행 문장들을 차례대로 실행합니다.

3 프로시저 인자와 매개변수의 역할

프로시저 인자와 매개변수는 프로시저를 호출할 때, 프로시저의 필수적인 실행 기능과 자료들을 전송합니다. 인자는 프로시저를 호출할 때, 프로시저 이름 바로 옆에 기재하고, 실행 정보를 확인할 수 있습니다.

프로시저에서 매개변수는 프로시저가 호출될 때, 함께 전송되는 자료들을 배정 받는 변수들을 의미합니다. 프로시저 인자와 매개변수의 사용 규칙은 일단 개수가 동일해야 하고, 기재된 순서에 맞게 인자가 매개변수에 배정됩니다. 그러므로 인자의 자료형과 배정될 매개변수의 변수 자료형은 반드시 같아야 합니다. 또한 매개변수는 프로시저 내부에서만 사용할 수 있습니다.

인자 5가 매개변수 x에 할당되고, 인자 10이 매개변수 y에 할당됩니다.

프로시저 1
더하기 (5, 10)

더하기 (정수형 변수 x, 정수형 변수 y)
x와 y를 더하는 기능을 수행합니다.
(x가 5이고, y가 10이므로 더한 값은 15입니다.)

② 프로시저의 전달 방식

1 값 호출 유형

값 호출 유형은 프로시저 구성 안에서 매개변수 값이 변경되더라도 원칙적으로 적용할 수 있는 인자가 되는 값은 변경할 수 없습니다.

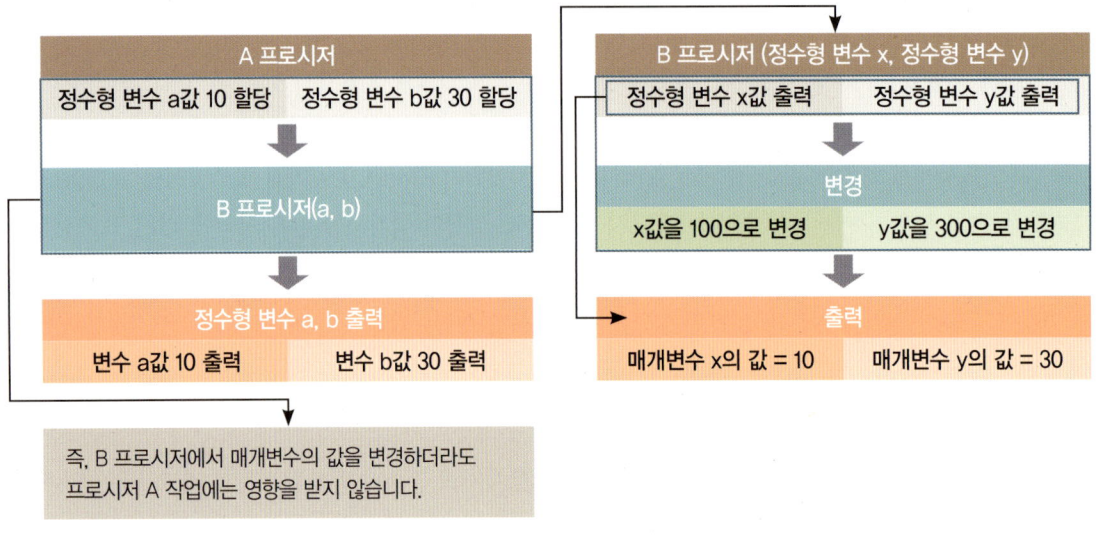

▲ 자료 값 호출 유형

2 참조 호출 유형

참조 호출 유형은 프로시저 내에서 매개변수 값이 변경되면 인자의 값도 함께 변경됩니다.

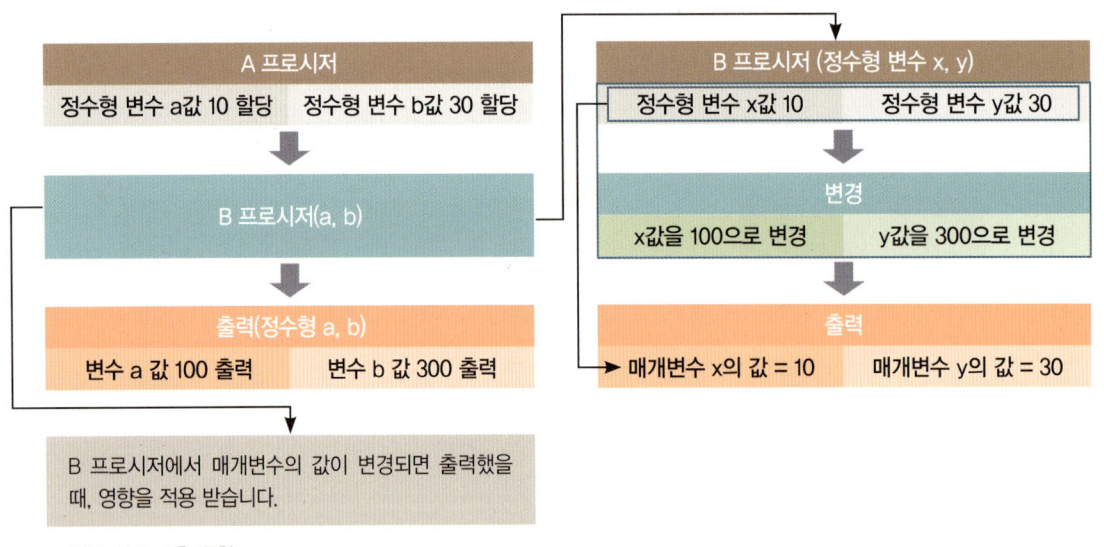

▲ 자료 참조 호출 유형

3 프로시저의 지역변수

프로시저 내부에 변수를 만드는 기능은 대부분의 프로그래밍에서 활용하고 있습니다. 이런 경우, 변수는 해당 프로시저 내에서 만들어져 사용하는 지역변수이고 다른 프로시저에서는 적용할 수 없습니다. 또한, 매개변수로 활용합니다.

지역변수의 장점은 프로시저의 내부적 기능을 수행하는 지역변수만 사용할 때는 프로시저들 사이의 의존성이 적어집니다. 그러므로 프로시저를 쉽게 이해하거나 편집할 수 있습니다.

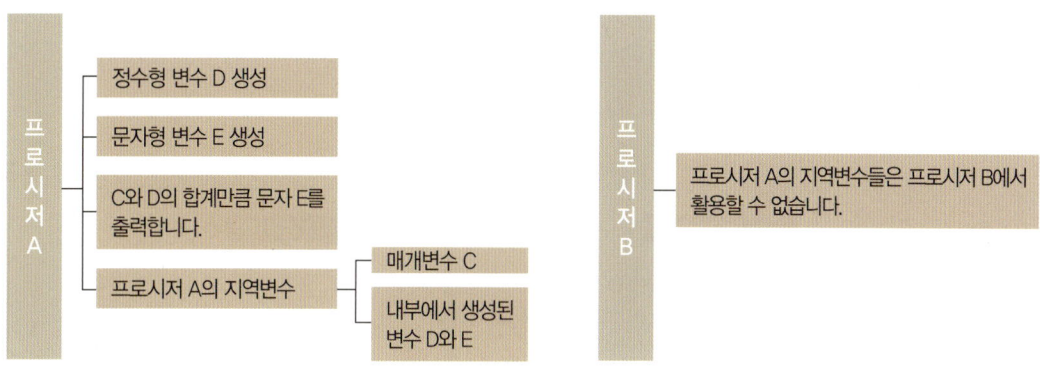

▲ 지역 변수 활용

4 프로시저의 반환 자료 값

프로시저가 모든 기능을 종료할 때 반환되는 자료 값입니다. 프로시저에서 반환하는 자료 값 기능은 프로그램에 따라 지원하거나 지원하지 않기도 합니다.

반환 값의 자료형은 프로시저 이름 시작에 표시하며, 해당 프로시저가 호출되면 프로시저에서 변수로 배정받아 적용합니다.

프로시저에서 반환되는 값의 자료형과 반환될 값을 배정받는 변수형과 정확하게 일치해야 오류 없이 실행할 수 있습니다.

5 스크래치 프로그래밍의 프로시저 활용

먼저 프로시저 실행을 위한 과정을 위해 블록을 만들기 합니다. 이것은 프로시저의 이름과 매개변수들을 포함하는 블록으로 구현합니다. 실행 과정은 [스크립트] 탭의 [추가 블록] 메뉴에서 [블록 만들기]를 통해 시작합니다.

프로그래머가 프로시저를 실질적으로 만드는 과정은 블록을 호출할 수 있는 문장 블록들로 구성합니다. 추가 블록은 문장 블록의 정보인 프로시저 이름과 프로시저 매개변수를 활용합니다. 스크래치 환경에서 자동적으로 만들기도 합니다. 그렇지만 스크래치에서 프로시저는 다른 프로그램과 달리 반환할 수 있는 자료 값 기능은 따로 없다는 차이점이 있습니다.

이동하기 프로시저와 매개변수(x좌표, y좌표) 만들기

① [추가 블록]에서 [블록 만들기]를 클릭하면 [새로운 블록] 창이 나타납니다.
② 만들어진 블록에 『이동하기』를 입력합니다.
③ [선택사항]을 클릭한 후 [문자열 매개변수 추가하기]를 두 번 클릭합니다.
④ 만들어진 매개변수에 『x좌표』, 『y좌표』를 각각 입력합니다.

아래와 같이 프로시저의 호출 문장이 만들어지면 정의된 블록이 자동으로 만들어집니다.

🔍 전문가 조언

[추가 블록] 메뉴의 정의 블록은 호출할 문장 블록을 의미합니다. 문장 블록은 프로시저의 이름과 매개변수의 정보를 포함하고 있기 때문에 관련된 정의 블록을 자동으로 만들 수 있습니다.

사칙연산 프로시저 구현 방법(파일명 : 사칙연산 계산하기)

사용자가 입력하는 두 숫자에 대하여 사칙연산의 과정을 계산하는 스크립트의 주요 기능은 다음과 같습니다.

> **프로그램을 실행했을 때**
> ① 고양이 스프라이트가 사칙연산 계산에 필요한 첫 번째 숫자를 입력 받습니다.
> ② 사용자가 숫자를 입력했을 때, 고양이 스프라이트는 두 번째 수를 입력 받습니다.
> ③ 고양이 스프라이트는 더하기, 빼기, 곱하기, 나누기 중 계산 종류를 입력 받습니다. 여기서 사칙연산의 종류는 『더하기』, 『빼기』, 『곱하기』, 『나누기』 등을 문자열로 입력합니다.
> ④ 사칙연산 계산 종류 중 하나를 입력 받아서 두 숫자의 계산 결과값을 말합니다.
> ⑤ 실행 과정을 무한 반복합니다.

사칙연산 프로그램 구현은 필요에 따라 아래와 같은 3개의 프로시저를 활용합니다.

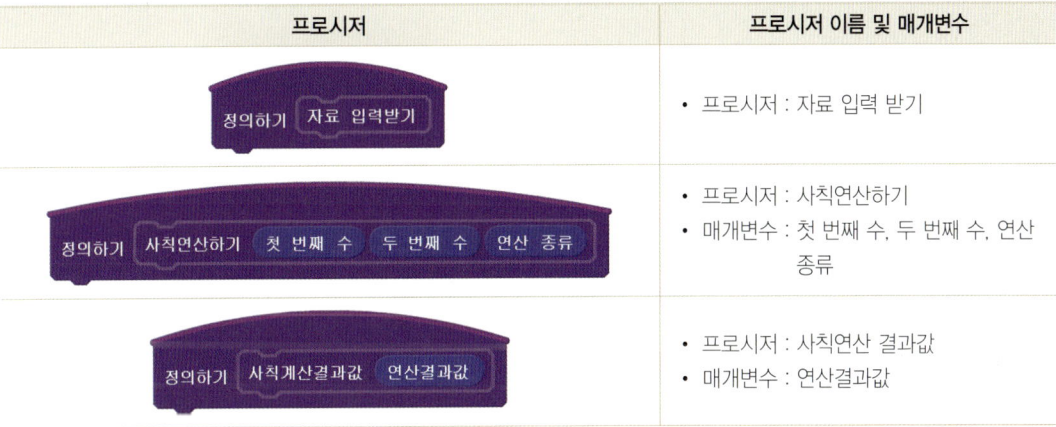

프로시저	프로시저 이름 및 매개변수
정의하기 자료 입력받기	• 프로시저 : 자료 입력 받기
정의하기 사칙연산하기 첫 번째 수 두 번째 수 연산 종류	• 프로시저 : 사칙연산하기 • 매개변수 : 첫 번째 수, 두 번째 수, 연산 종류
정의하기 사칙계산결과값 연산결과값	• 프로시저 : 사칙연산 결과값 • 매개변수 : 연산결과값

사칙연산을 활용하여 계산하는 스크립트입니다. [첫 번째 수], [두 번째 수], [연산종류], [연산결과값] 변수는 각 프로시저에서 정의한 매개변수와 연결됩니다.

클릭했을 때 [자료 입력 받기], [사칙연산하기], [사칙연산 결과값] 프로시저 순으로 호출을 무한 반복합니다.

[자료 입력 받기] 프로시저가 호출되면 '첫 번째 숫자를 입력하세요.' 묻고 대답을 '첫 번째 수' 변수에 저장합니다.

'두 번째 숫자를 입력하세요.' 묻고 대답을 '두 번째 수' 변수에 저장합니다.

'연산식을 입력하세요.' 묻고 대답을 '연산종류' 변수에 저장합니다.

[사칙연산하기] 프로시저가 호출되면 입력된 '연산종류'에 따라 계산된 값을 '연산결과값' 변수에 저장합니다.

[첫 번째 수], [두 번째 수], [연산종류] 매개변수가 사용됩니다.

[사칙연산 결과값] 프로시저가 호출되면 텍스트와 저장된 '연산결과값'을 결합하여 말합니다.

[연산결과값] 매개변수가 사용됩니다.

◎ 파일명 : 이동하기 프로시저.sb2

설명

프로시저를 활용하여 x축과 y축의 좌표 위치로 이동하는 프로그램입니다.

동작 과정

1 🚩 클릭하면
- → 무대에 고양이가 보입니다.
- → x좌표와 y좌표에 해당하는 값을 입력합니다.
- → 고양이가 입력받은 값으로 이동한 후 x, y좌표 값을 말합니다.

2 프로그램 종료하기

변수 설명

▶ x좌표 : 입력받은 값이 x축 좌표값으로 저장되는 변수입니다.
▶ y좌표 : 입력받은 값이 y축 좌표값으로 저장되는 변수입니다.

지시 사항

코딩 스프라이트 : 고양이

▶ 🚩 클릭했을 때
1) 'x좌표를 입력하세요.' 묻고 대답합니다.
2) 'y좌표를 입력하세요.' 묻고 대답합니다.
3) '이동하기'를 호출합니다.
4) '1'초 기다리기를 합니다.
5) 'x좌표'와 'y좌표'를 결합하여 '3'초 동안 말합니다.

▶ 정의하기
1) '이동하기' 이름의 프로시저를 만듭니다.
2) 'x좌표'와 'y좌표'의 문자열 매개변수를 추가합니다.

[유의사항]

※ 프로그램의 성능을 개선시키기 위한 내용으로 수정하시오.

해설

1 프로시저와 매개변수 만들기

① [추가 블록]에서 [블록 만들기]를 클릭하면 [새로운 블록] 창이 나타납니다.
② 만들어진 블록에 『이동하기』를 입력합니다.
③ [선택사항]을 클릭한 후 [문자열 매개변수 추가하기]를 두 번 클릭합니다.
④ 만들어진 매개변수에 『x좌표』, 『y좌표』를 각각 입력한 후 [확인]을 클릭합니다.

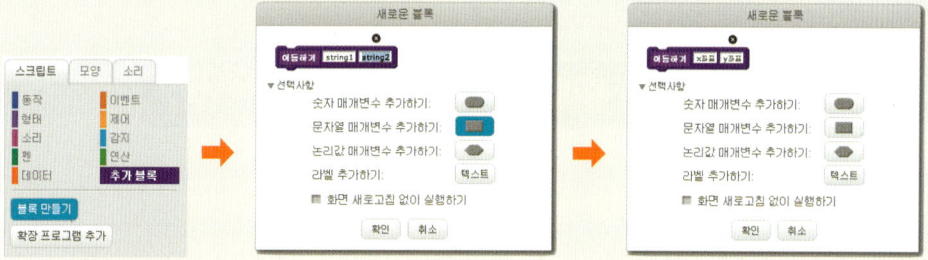

2 매개변수 활용하기

① [동작] 블록 중 [x: 100 y: 100으로 이동하기] 블록을 [정의하기] 프로시저 아래에 드래그 하여 추가합니다.
② [정의하기] 프로시저에 있는 'x좌표'와 'y좌표' 매개변수를 [x: 100 y: 100으로 이동하기] 블록에 각각 드래그 하여 추가합니다.

Tip 프로시저는 지정된 스프라이트나 무대에서만 활용할 수 있습니다. 즉 스크래치 프로시저의 호출 유효 범위는 만들어진 프로시저이고, 스프라이트 또는 무대가 실행범위가 됩니다.

3 이동하기 추가 블록

① [추가 블록] 블록 중 만들어진 [이동하기] 블록을 [1초 기다리기] 블록 위로 드래그 하여 추가합니다.
② [데이터] 블록 중 [x좌표] 블록과 [y좌표] 블록을 [이동하기] 블록에 각각 드래그 하여 추가합니다.

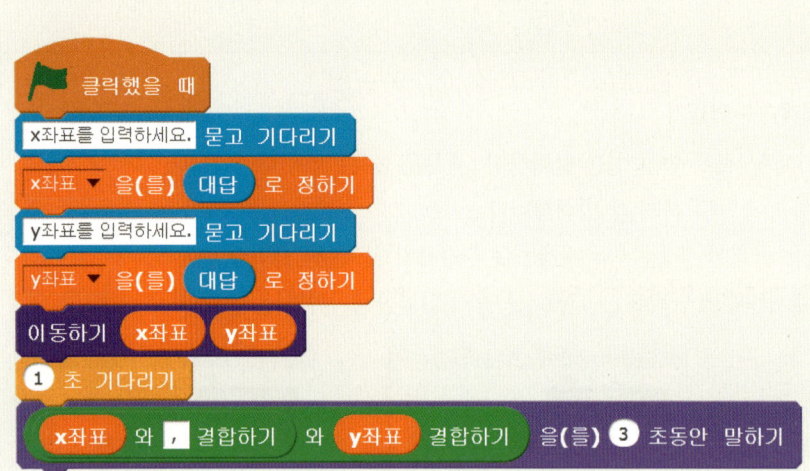

> 🔍 **전문가 조언**
>
> 프로시저 호출은 문장 블록으로 프로시저를 호출합니다. 프로시저를 호출할 때, 문장 블록 안에 포함된 구성 인자들이 프로시저에 속한 매개변수들에게 배정됩니다. 프로시저를 호출하면 실행 중이던 문장은 대기한 후 프로시저의 작업이 모두 완료되면 호출 이후의 문장을 실행합니다.

SECTION 02 | 분산처리 구현하기

SCRATCH PROGRAMMING

① 분산처리 멀티태스킹의 개념

최신 컴퓨터는 대부분 다수의 프로그램을 다중 분산적으로 실행하고, 다양한 기능을 동시에 활용할 수 있습니다. 예를 들어, 웹 브라우저를 실행시켜 검색하면서 동시에 SNS 프로그램으로 세계의 친구들과 교류할 수 있습니다. 거기에 음악도 감상하고, 재미있는 게임도 할 수 있습니다. 이렇게 두 개 이상의 프로그램을 동시에 실행시킬 수 있는 개념을 '멀티태스킹'이라고 말합니다.

> **Tip** 태스크라는 의미는 컴퓨터가 실행 가능한 명령어들의 집합이고, 실행중인 프로그램의 프로세스와 동일한 개념이 됩니다.

② 분산처리의 구현

하나의 프로그램으로 다중 작업을 한 번에 처리해야 하는 경우가 많습니다.

예를 들어, 게임 프로그램을 실행하면서 파일을 전송할 수도 있습니다. 이런 경우 하나의 프로그램만으로 다중 작업을 실행하는 것은 불가능합니다. 그래서 다수의 기능을 한 번에 실행하는 개념인 '멀티스레딩'이 필요합니다. 여기서 '스레드'는 프로그램에서 문장들을 실행하는데 중요한 본체가 됩니다. '스레드'의 특징으로 실행 중인 프로그램은 종류별로 스레드를 최소 한 개 이상 포함하고 있습니다. '스레드'의 기능면에서 '스레드'는 다중으로 만들기 하고, 다양한 기능을 병렬적 방식으로 실행할 수 있습니다.

예를 들면, 실행 중인 게임 프로그램을 하나의 스레드로 정의하고, SNS 기능을 수행하고, 또 다른 스레드를 만든 후 음악 감상 등의 기능을 병렬적으로 실행할 수 있습니다.

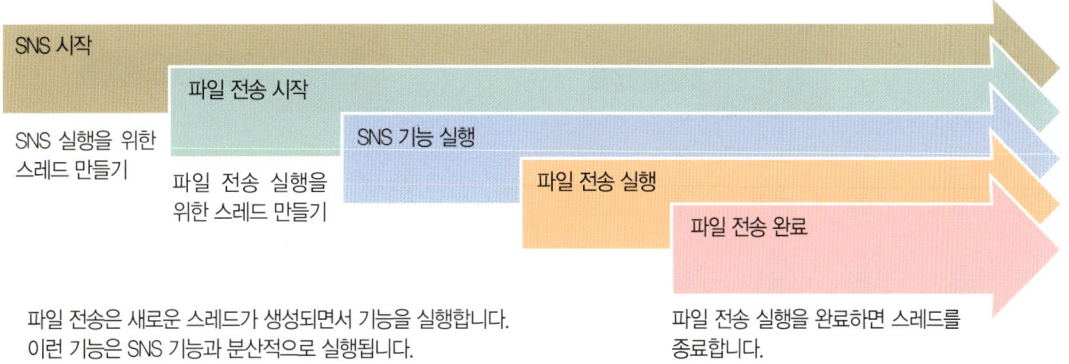

▲ 멀티스레딩의 구현 예

멀티스레딩 구현의 유의점

다수의 스레드들 중 하나만 오류가 있더라도 프로그램 실행의 전체가 종료될 수 있습니다. 예를 들어, SNS 프로그램의 실행 중에 파일을 전송하는데 오류가 발생하면 SNS 프로그램의 실행 전체가 종료될 수 있습니다.

스레드들은 프로그램으로부터 자원을 공유받기 때문에 예상하지 못한 상황이 발생할 수 있습니다.

예를 들어, 두 스레드가 하나의 변수를 공유하여 사용할 때, 한 개의 스레드가 고유한 값의 손상으로 인해 스레드가 최신의 변수 값으로 변경할 수 있습니다. 이것은 초기의 스레드는 변수의 최신 값이 아니라는 점에서 계산 결과가 무의미할 수 있습니다. 실행 중인 프로그램은 스스로 만들기 한 모든 스레드들이 종료될 때까지 종료할 수 없습니다.

③ 스크래치의 분산처리 기능

스프라이트와 무대는 이벤트의 발생에 따라 적합한 행동을 실행하도록 프로그래밍을 적용합니다. 여기서 이벤트란, 임의의 동작을 실행시킬 수 있는 사건 및 행동을 의미합니다. 스크래치에서 구현하는데 대표적인 이벤트는 키보드의 특정키 클릭, 실행 깃발 메뉴 클릭, 마우스 포인터 클릭 등이 있습니다. 스크래치는 다수의 이벤트 블록을 활용합니다.

> **Tip** 스크래치에서 이벤트 기능은 스프라이트와 무대의 이벤트가 발생했을 때, 행동할 수 있는 블록들이 모여 있습니다. 스크래치는 이벤트에서 반응할 행동으로 스프라이트나 무대마다 스레드를 개별적으로 만들기 하여 분산 처리를 실행합니다.

분산처리 구현 방법(파일명 : 쫓아다니는 개와 고양이)

클릭했을 때와 스페이스 키를 눌렀을 때 개와 고양이 스프라이트 스크립트의 주요 기능은 다음과 같습니다.

스프라이트	클릭했을 때	스페이스 키를 눌렀을 때
고양이	클릭했을 때 무한 반복하기 야옹 ▼ 끝까지 재생하기	스페이스 ▼ 키를 눌렀을 때 무한 반복하기 마우스 포인터 ▼ 위치로 이동하기
	'야옹' 재생을 무한 반복합니다.	'마우스 포인터' 위치로 이동을 무한 반복합니다.

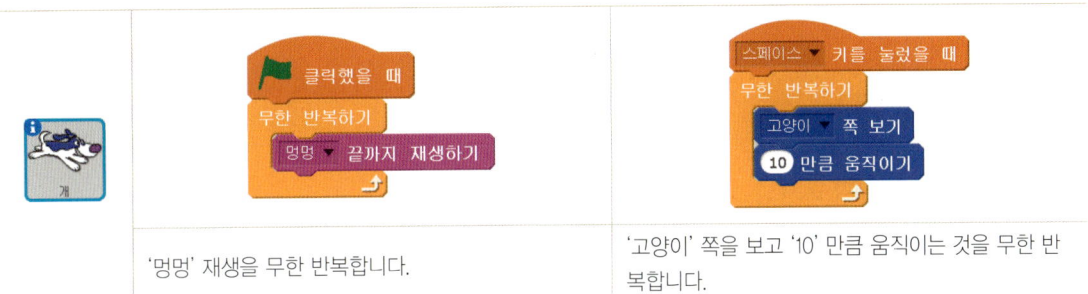

(개)	'멍멍' 재생을 무한 반복합니다.	'고양이' 쪽을 보고 '10' 만큼 움직이는 것을 무한 반복합니다.

'고양이' 스프라이트는 '야옹'을 무한 반복 재생하면서 마우스 포인터를 계속해서 쫓아가고 '개' 스프라이트는 '멍멍'을 무한 반복 재생하면서 '고양이' 스프라이트를 계속해서 쫓아가게 됩니다.

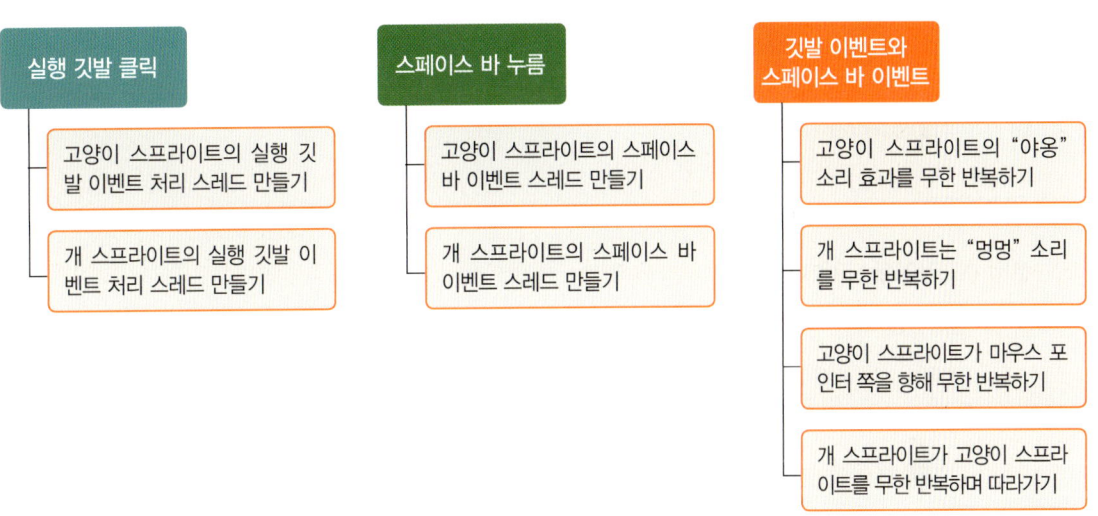

▲ '고양이', '개' 스프라이트의 동작 구조

◎ 파일명 : 개가 고양이를 따라가기.sb2

설명

이벤트를 활용하여 방향키에 따라 고양이가 움직이고 개가 따라가는 프로그램입니다.

동작 과정

1 🏁 클릭하면
  → 무대에 개와 고양이가 보입니다.
  → 개는 '멍멍', 고양이는 '야옹'을 무한 반복하여 소리를 냅니다.
  → 고양이는 방향키 방향으로 보고 움직입니다.
  → 개는 고양이를 따라 움직입니다.

2 프로그램 종료하기

지시 사항

코딩 스프라이트 : 고양이

▶ 🏁 클릭했을 때
  1) '설정하기'를 호출합니다.
  2) 다음 지시사항을 무한 반복하시오.
    → '야옹'을 끝까지 재생하시오.

▶ '위쪽 화살표' 키를 눌렀을 때
  1) 회전방식을 '회전하기'로 정하고, '0'도 방향을 보고, '5' 만큼 움직입니다.

▶ '오른쪽 화살표' 키를 눌렀을 때
  1) 회전방식을 '회전하기'로 정하고, '90'도 방향을 보고, '5' 만큼 움직입니다.

▶ '아래쪽 화살표' 키를 눌렀을 때
  1) 회전방식을 '회전하기'로 정하고, '180'도 방향을 보고, '5' 만큼 움직입니다.

▶ '왼쪽 화살표' 키를 눌렀을 때
  1) 회전방식을 '회전하기'로 정하고, '-90'도 방향을 보고, '5' 만큼 움직입니다.

[유의사항]
※ 프로그램의 성능을 개선시키기 위한 내용으로 수정하시오.

> 해설

1 고양이 소리 무한 반복하기

① [고양이] 스프라이트를 선택합니다.
② [제어] 블록 중 [무한 반복하기] 블록을 [설정하기] 블록 아래에 드래그 하여 추가합니다.
③ [소리] 블록 중 [야옹 끝까지 재생하기] 블록을 [무한 반복하기] 블록 안으로 드래그 하여 추가합니다.

2 위쪽 화살표 이벤트

① 스크립트 창에서 [스페이스 키를 눌렀을 때] 블록을 선택하고 '스페이스' 목록 단추를 클릭한 후 '위쪽 화살표'를 선택합니다.
② [0 도 방향 보기] 블록의 목록 단추를 클릭한 후 '0(위)'을 선택합니다.

3 오른쪽 화살표 이벤트

① 스크립트 창에서 [스페이스 키를 눌렀을 때] 블록을 선택하고 '스페이스' 목록 단추를 클릭한 후 '오른쪽 화살표'를 선택합니다.
② [0 도 방향 보기] 블록의 목록 단추를 클릭한 후 '90(오른쪽)'을 선택합니다.

4 아래쪽 화살표 이벤트

① 스크립트 창에서 [스페이스 키를 눌렀을 때] 블록을 선택하고 '스페이스' 목록 단추를 클릭한 후 '아래쪽 화살표'를 선택합니다.

② [0 도 방향 보기] 블록의 목록 단추를 클릭한 후 '180(아래쪽)'을 선택합니다.

```
아래쪽 화살표 ▼ 키를 눌렀을 때
회전방식을 회전하기 ▼ 로 정하기
180 ▼ 도 방향 보기
5 만큼 움직이기
```

5 왼쪽 화살표 이벤트

① 스크립트 창에서 [스페이스 키를 눌렀을 때] 블록을 선택하고 '스페이스' 목록 단추를 클릭한 후 '왼쪽 화살표'를 선택합니다.

② [0 도 방향 보기] 블록의 목록 단추를 클릭한 후 '-90(왼쪽)'을 선택합니다.

◎ 파일명 : 드럼 소리에 맞춰 댄서 춤추기.sb2

설명

이벤트를 활용하여 드럼 소리에 따라 댄서가 춤을 추는 프로그램입니다.

동작 과정

1 🏁 클릭하면
- → 무대에 댄서와 북이 보입니다.
- → 북을 클릭하면 소리를 재생하고 댄서는 춤을 춥니다. 다시 북을 클릭하면 소리와 춤을 멈춥니다. 과정을 반복합니다.

2 프로그램 종료하기

변수 설명

▶ 북 : 조건의 값을 저장하는 변수입니다.

지시 사항

코딩 스프라이트 : 북

▶ 이 스프라이트가 클릭될 때

  1) 만약 '참'이라면 '연주를 멈출 때 수행'을 호출하고 '거짓'이라면 '연주할 때 수행'을 호출합니다.

코딩 스프라이트 : 댄서

▶ 🏁 클릭했을 때

  1) 다음 지시사항을 무한 반복하시오.
   → '북'이 '거짓'과 같을 때까지 다음 모양으로 바꾸고, '0.5'초 기다리시오.

[유의사항]

※ 프로그램의 성능을 개선시키기 위한 내용으로 수정하시오.

> 해설

1 북 스프라이트 이벤트

① [북] 스프라이트를 선택합니다.

② [제어] 블록 중 [만약 ~이라면 ~아니면] 블록을 [이 스프라이트가 클릭될 때] 블록 아래에 드래그 하여 추가합니다.

③ [연산] 블록 중 [=] 블록을 [만약 ~이라면 ~아니면] 블록 조건으로 드래그 하여 추가합니다.

④ [데이터] 블록 중 [북] 블록을 [=] 블록 조건 왼쪽에 드래그 하여 추가한 후 오른쪽 입력상자에 『참』을 입력합니다.

2 호출하기

① [추가 블록] 블록 중 [연주를 멈출 때 수행] 블록과 [연주할 때 수행] 블록을 [만약 ~이라면 ~아니면] 블록 안으로 각각 드래그 하여 추가합니다.

3 댄서 무한 반복

① [댄서] 스프라이트를 선택합니다.

② [제어] 블록 중 [~까지 반복하기] 블록을 [무한 반복하기] 블록 안으로 드래그 하여 추가합니다.

③ [연산] 블록 중 [=] 블록을 [~까지 반복하기] 블록 조건으로 드래그 하여 추가합니다.
④ [데이터] 블록 중 [북] 블록을 [=] 블록 조건 왼쪽에 드래그 하여 추가한 후 오른쪽 입력상자에 『거짓』을 입력합니다.

4 댄서 모양 바꾸기

① [동작] 블록 중 [다음 모양으로 바꾸기] 블록을 [~까지 반복하기] 블록 안으로 드래그 하여 추가합니다.
② [제어] 블록 중 [1초 기다리기] 블록을 [~까지 반복하기] 블록 안으로 드래그 하여 추가합니다.

1 다음 중에서 분산 처리의 멀티태스킹의 개념으로 옳지 않게 설명한 것은 무엇입니까?

① 최신 컴퓨터는 대부분 다수의 프로그램을 집중적으로만 실행합니다.

② 다양한 기능을 동시에 활용할 수 있습니다.

③ 웹 브라우저를 실행시켜 검색을 하면서 동시에 SNS 프로그램으로 세계의 친구들과 교류도 할 수 있습니다.

④ 문서 작성을 하면서 음악도 감상할 수 있습니다.

2 다음 중 분산 처리의 개념으로 옳지 않게 설명한 것은 무엇입니까?

① 하나의 프로그램으로 다중 작업을 한 번에 처리해야 하는 경우가 많습니다.

② 게임 프로그램을 실행하면서 파일을 전송할 수도 있습니다.

③ 하나의 프로그램만으로 다중 작업을 실행하는 것은 불가능합니다.

④ 한 번의 실행만 필요하므로 개념인 '멀티스레딩'이 불필요합니다.

3 다음 중에서 분산처리의 스레드에 대한 설명으로 옳지 않은 것은 무엇입니까?

① '스레드'는 프로그램에서 문장들을 실행하는 데 중요한 본체가 됩니다.

② '스레드'의 특징으로 실행 중인 프로그램은 스레드를 최소 한 개 이상 포함하고 있습니다.

③ '스레드'의 기능면에서 '스레드'는 다중으로 만들기 합니다.

④ 기능을 직렬적인 방식으로 실행할 수 있습니다.

4 다음 중에서 프로시저에 대한 설명으로 옳지 않은 것은 무엇입니까?

① 프로시저는 프로그램의 일부적인 기능을 연속적인 문장들로 묶은 개체입니다.

② 프로시저 간 호출하는 프로그램 기능으로 절차적 프로그래밍 방식입니다.

③ 공통 기능의 프로시저는 프로그래밍 작업분량을 줄일 수 있습니다.

④ 프로시저는 프로그래밍 수정 작업이 복잡하다는 단점이 있습니다.

정답 1. ①   2. ④   3. ④   4. ④

5 다음 중에서 멀티 스레딩 구현의 유의점이 아닌 것은 무엇입니까?

① 다수의 스레드들 중 일부만 오류가 있더라도 프로그램 실행의 전체가 종료될 수 있습니다.

② 스레드들은 자원을 공유하기 때문에 예상하지 못한 상황이 발생할 수 있습니다.

③ 한 개의 스레드가 고유의 값 손상으로 인해 스레드가 최신의 변수 값을 변경할 수 있습니다.

④ 초기의 스레드는 변수의 최신 값이 아니지만 계산 결과가 중요합니다.

6 다음 중에서 이벤트의 설명이 아닌 것은 무엇입니까?

① 임의의 동작을 실행시킬 수 있는 사건 및 행동을 의미합니다.

② 스크래치의 이벤트 블록은 활용 범위가 거의 없습니다.

③ 스크래치에서 구현하는 이벤트로 키보드의 특정 키 클릭이 있습니다.

④ 스크래치에서 구현하는 이벤트로 실행 깃발 메뉴 클릭, 마우스 포인터 클릭 등이 있습니다.

7 다음 중에서 이벤트 블록에 속하지 않는 것은 무엇입니까?

① 클릭했을 때

② 복제되었을 때

③ 이 스프라이트가 클릭될 때

④ 스페이스 키를 눌렀을 때

정답 5. ④   6. ②   7. ②

SECTION 07 실습문제

1 '문제1.sb2' 파일을 활용하여 지시된 내용으로 프로그램을 작성합니다.

설명

대상과 인원에 따라 산소량의 남은 시간을 계산하는 프로그램입니다.

동작 과정

1 ▶ 클릭하면
  → 무대에는 우주선과 우주인이 보이고 우주선은 출발합니다.
  → 우주선에서 내린 대상과 인원을 말하고 대답합니다.
  → 대상과 인원에 따라 산소의 남은 시간을 계산하여 말합니다.

2 프로그램 종료하기

변수 설명

▶ 남은시간 : 산소량에서 전체 인원의 호흡량을 나눈 값이 저장되는 변수입니다.
▶ 성인 : 성인 인원이 저장되는 변수입니다.
▶ 어린이 : 어린이 인원이 저장되는 변수입니다.
▶ 호흡량A : 성인 1명의 호흡량이 저장되는 변수입니다.
▶ 호흡량B : 어린이 1명의 호흡량이 저장되는 변수입니다.

지시 사항

코딩 스프라이트 : 우주인

▶ ▶ 클릭했을 때
  1) '초기화', '질문하기', '변수 할당', '변수 할당', '남은시간 계산 1000' 순으로 호출하시오.

▶ 정의하기 '질문하기'
  1) '질문하기' 이름의 프로시저를 만듭니다.
  2) '어린이는 몇 명이 내렸습니까?' 묻고 '대답'을 '어린이'로 정하시오.
  3) '성인은 몇 명이 내렸습니까?' 묻고 '대답'을 '성인'으로 정하시오.

▶ 정의하기 '남은시간 계산'

1) '남은시간 계산' 이름의 프로시저를 만듭니다.
2) '산소량'의 숫자 매개변수를 추가합니다.
3) '남은시간'을 '산소량' / ('호흡량A' * '어린이') + ('호흡량B' * '성인')을 '천장 함수'로 계산한 값으로 바꾸시오.

[유의사항]

※ 프로그램의 성능을 개선시키기 위한 내용으로 수정하시오.

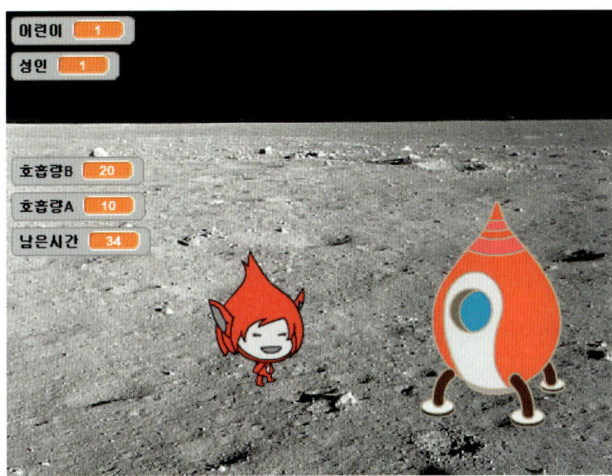

2 '문제2.sb2' 파일을 활용하여 지시된 내용으로 프로그램을 작성합니다.

　설명

육면체 부피를 계산하는 프로그램입니다.

　동작 과정

1 🏁 클릭하면
  → 무대에는 고양이가 보입니다.
  → 사용되는 변수들을 초기화 합니다.
  → 난수를 만들어 '높이 리스트'에 추가하고, 높이에 따라 부피를 계산하고 말합니다.

2 프로그램 종료하기

변수 설명

▶ N : '높이의 길이' 리스트의 순서가 저장되는 변수입니다.
▶ 높이 : 생성된 리스트의 항목이 저장되는 변수입니다.
▶ 밑넓이 : '한 변의 길이'*'한 변의 길이'가 저장되는 변수입니다.
▶ 부피 : '밑넓이'*'높이'가 저장되는 변수입니다.
▶ 한 변의 길이 : 한 변의 길이가 저장되는 변수입니다.

지시 사항

코딩 스프라이트 : 고양이

▶ 🚩 클릭했을 때
  1) '초기화', '높이의 길이' 추가 블록을 실행시키시오.

▶ 다음 내용을 순서대로 높이 리스트 추가블록을 완성하시오.
  1) '모두'번째 항목을 '높이의 길이'에서 삭제하시오.
  2) '1'부터 '10' 사이의 난수 항목을 '높이의 길이'에 추가를 '5'번 반복하시오.

[유의사항]

※ 프로그램의 성능을 개선시키기 위한 내용으로 수정하시오.

3 '문제3.sb2' 파일을 활용하여 지시된 내용으로 프로그램을 작성합니다.

> 설명

고양이가 사칙연산을 계산하는 프로그램입니다.

> 동작 과정

1 🏁 클릭하면
→ 무대에는 고양이가 보입니다.
→ 1번째 수, 2번째 수, 계산종류를 입력받아 결과값을 말하고 결과값 리스트에 추가를 5번 반복합니다.

2 프로그램 종료하기

> 변수 설명

▶ 1번째 수 : '1번째 수를 입력하세요.'에 대한 대답이 저장되는 변수입니다.
▶ 2번째 수 : '2번째 수를 입력하세요.'에 대한 대답이 저장되는 변수입니다.
▶ 계산종류 : '계산종류를 입력하세요.'에 대한 대답이 저장되는 변수입니다.
▶ 계산결과 : 입력받은 수와 계산종류에 따라 결과값이 저장되는 변수입니다.

> 지시 사항

코딩 스프라이트 : 고양이

▶ 🏁 클릭했을 때
 1) '5'번 반복하시오.
  → '초기화' 추가 블록을 실행하고, 수와 계산종류를 입력받아 '대답'으로 정합니다.
  → '연산하기' 추가 블록과 '사칙계산값' 추가 블록을 순서대로 실행합니다.
  → '계산결과' 항목을 '결과값'에 추가합니다.

▶ 다음 내용을 순서대로 연산하기 추가 블록을 완성하시오.
 1) 만약 '계산종류'가 '덧셈'이면 '계산결과'를 '1번째 수'+'2번째 수'로 정하시오.
 2) 만약 '계산종류'가 '뺄셈'이면 '계산결과'를 '1번째 수'−'2번째 수'로 정하시오.
 3) 만약 '계산종류'가 '곱셈'이면 '계산결과'를 '1번째 수'*'2번째 수'로 정하시오.
 4) 만약 '계산종류'가 '나눗셈'이면 '계산결과'를 '1번째 수'/'2번째 수'로 정하시오.

[유의사항]

※ 프로그램의 성능을 개선시키기 위한 내용으로 수정하시오.

Scratch Programming

CHAPTER 8

컴퓨팅 알고리즘과 프로그래밍

이 장에서 무엇을 공부하나요?

- 컴퓨팅 사고력의 특성과 알고리즘을 이해합니다.
- 추상화의 속성을 이해하고, 프로그래밍에 활용된 특성을 공부합니다.
- 분해의 개념을 프로그래밍에 적용하는 과정을 공부합니다.
- 패턴인식의 특성을 이해하고 프로그래밍 작업과의 상호 연관성을 공부합니다.
- 알고리즘 개념을 파악하고 알고리즘을 통한 프로그래밍을 학습합니다.

SECTION 01 | 컴퓨팅적 사고의 특성

❶ 컴퓨팅적 사고의 이해

컴퓨팅적 사고 방식은 정답 없는 문제의 해답을 일반화하고, 표현하는 과정입니다. 이것은 다양한 변수 환경에서 유의미한 해답을 끌어내는 데 필요합니다. 컴퓨터 과학에서 기본 개념은 문제 해결에 필요한 창의, 논리적인 생각과 서로 협동하는 자세로 인내하면서 문제를 해결합니다. 컴퓨팅적 사고를 활용한다면 복잡하고 어려운 문제의 해결책을 알고리즘에서 찾을 수 있고, 그로 인해 효율성에서 긍정적인 효과를 달성하는 데 활용됩니다. 컴퓨터 과학에서 기본적인 개념의 예로 개념의 추상화, 세분화한 분해, 일정한 규칙성의 패턴인식, 사고의 알고리즘 등이 있습니다.

추상화	분해
패턴인식	알고리즘

문제해결에 적합한 사고유형

문제해결에 적합한 사고유형

논리, 창의	인내력
상호협동	오류해결

문제 해결 태도

❷ 컴퓨터 과학의 기본 요소

컴퓨터 과학 분야 측면에서 첫 번째, 요소로 추상화(Abstraction)는 복잡한 데이터 자료, 다양한 모듈, 구조적인 시스템 등의 영역으로부터 개념 또는 기능을 요약해 내는 것을 의미합니다. 이것은 다양한 사물이나 개념에서 공통적인 속성들을 추출하고, 한층 더 일반화된 개념을 만들기도 합니다. 이것은 복잡한 요소를 통해 문제 해결을 위한 속성들만으로 요약하여 결론을 낼 수 있습니다. 이것은 문제의 해결책으로 문제의 중심에서 단순화하는 방법을 적용합니다.

추상화 : 문제 중심점으로 대상을 단순화 합니다.

두 번째, 요소로 분해(分解, Decomposition)는 어떤 대상을 보다 단순한 대상으로 나누는 과정입니다. 물리적 공간을 차지하고 있는 물질들의 재활용에 있어서 분해하는 과정이 필수적입니다. 이것은 대규모의 작업을 처리할 수 있는 가능한 최소 수준의 작업 단위까지 지속적으로 나누어 작업합니다. 그러므로 분해를 통해 문제의 해결 방안을 추상적인 수준에서 가능한 구체적이고, 구현이 가능한 수준으로 이해할 수 있도록 도와줍니다.

분해 : 문제에 대해 구현 가능한 수준까지 구분하기

세 번째, 요소로 패턴인식(Pattern Recognition)의 분야는 인지과학(Cognitive Science)과 인공지능(Artificial Intelligence)에 속하는 구성입니다. 패턴 인식은 사물을 구별하고, 인지할 수 있는 특징들을 패턴으로 정의할 수 있습니다. 특정의 사물들이 어떤 패턴에 포함하는지를 결정하는 기법을 의미합니다. 이것은 사물을 인식하고, 미래를 예측시스템으로 다양하게 활용합니다. 결과적으로 새로운 문제를 해결하는 데 있어서 기존의 해결책과 현재 문제와의 유사성을 분석하고, 그 해결책을 통해 향후 발생 가능한 문제에 적용할 수 있습니다.

패턴인식 : 문제 유형에 따른 유사성을 분석하고 적용합니다.

헬리콥터와 비행기 개발의 원리를 이용할 수 있습니다.

네 번째, 요소로 알고리즘은 복잡한 문제를 해결하는 데 필요한 절차 또는 해결하는 방법입니다. 현재 문제의 규모와 복잡성은 증가할수록 알고리즘의 중요성이 증가됩니다. 알고리즘의 분석 방법은 전체 과정을 분해하고, 연관성 있는 요소와 모든 해결 과정을 동원함으로써 문제의 한계에 대해 바람직한 의사결정을 내릴 수 있습니다.

복잡하며 대규모적인 문제를 알고리즘을 통해서 해결할 수 있고, 흔히 효율적인 면에서 상당한 개선 효과를 달성하는 데 적합합니다.

알고리즘 : 합리적인 문제 해결 방법을 고려합니다.

공들을 둘로 나눠 저울에 올려 놓고, 가벼운 위치만 선택하면 됩니다.

공 10개 중 무게가 약간 가벼운 공 1개가 있습니다. 이 가벼운 공과 저울을 이용해서 찾아 봅니다.

▲ 컴퓨터 과학의 기본 구조

추상화의 특성

SCRATCH PROGRAMMING

① 추상화의 개념

추상화란 공통점을 부각시키기 위해 차이점을 제거시킨 결과물이라고 할 수 있습니다. 현실적으로 객체의 속성과 행위 중에서 핵심적인 대상이 아닌 부분으로 표현할 영역을 '추상화한다.'라고 정의합니다. 이것은 사물 또는 개념의 특성 또는 속성을 일반화하는 과정이기도 합니다.

예를 들어 나비, 잠자리 등은 머리, 가슴, 배로 나누는 절지동물의 특징이 있습니다. 이런 보편적인 '곤충'이란 개념을 절지동물로 일반화하여 표현하기도 합니다.

다시 말해서 추상화 개념의 적용은 문제 해결에 있어서 복잡한 대상을 필요한 속성들만으로 간단하게 정리하고 표현하는 데 적합합니다.

▲ 절지동물의 일반적인 모습

② 프로그래밍에 적용된 추상화 개념

프로그래밍의 언어들에 있어서 구조적인 자료를 설계하는데 추상화된 개념을 대부분 적용합니다. 리스트에 적용된 프로그램이 추상화의 대표적인 개념으로 포함합니다. 그러므로 프로그래머에게 리스트 조작에 적합한 수식 연산들의 사용법은 중요합니다.

하지만 프로그래머에게 실제 원소들이 리스트 내부 구조에 저장되는 유형은 그리 중요하지 않습니다. 리스트의 속성을 살펴보면 수식 연산들을 통해서 표현하는 구현 방식이기 때문입니다. 이것은 프로그래머에게 리스트 조작에 필요한 정보들이 있습니다.

예를 들어, 리스트의 추상화된 표현은 수식의 연산 이름, 매개변수만으로 리스트의 자료 저장 방식과 연산의 구현 방식 등을 숨길 수 있습니다.

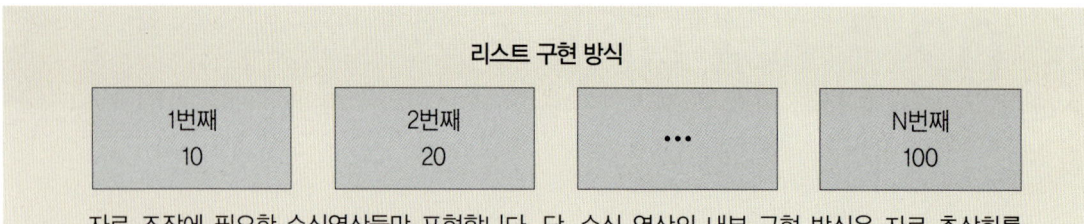

자료 조작에 필요한 수식연산들만 표현합니다. 단, 수식 연산의 내부 구현 방식은 자료 추상화를 적용하여 외부에 숨기게 됩니다.

> **전문가 조언**
>
> 자료형 중에서 추상화 개념이 적용된 형식을 추상적 자료형이라고 말합니다. 추상적 자료형의 변수는 그 추상적 자료형이 제공하는 연산들을 구분하여 적용합니다.

정보를 은닉하는 개념은 자료의 추상화 방식을 통해 숨기게 되고, 정보는 허락한 방법에 의해서만 제공받을 수 있습니다.

예를 들어, 리스트에 첫 번째 원소의 값은 리스트 순서에서 '특정 위치에 있는 대상을 선택하기'라는 연산식을 통해서만 실행할 수 있습니다. 이것은 정보 은닉 개념을 통해 불법적인 외부적인 접근을 차단하고, 내부의 중요한 정보를 보호하는 데 유용합니다.

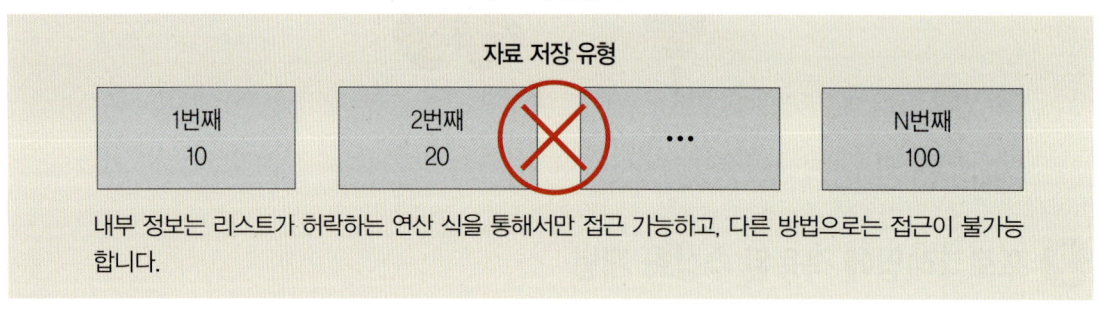

내부 정보는 리스트가 허락하는 연산 식을 통해서만 접근 가능하고, 다른 방법으로는 접근이 불가능합니다.

③ 스크래치에 적용된 추상화 개념

스크래치의 리스트에서 적용하는 프로그래밍 방식은 '자료의 추상화와 정보를 은닉한다'라는 개념을 적용합니다. 실행 과정은 1단계로 리스트의 [변수 만들기] 합니다. 이것은 리스트 프로그래밍에 필요한 블록들을 자동적인 방식으로 만들기 하고, 프로그래머에게 대상을 제공합니다. 그렇지만 프로그래머는 구성된 원소의 내부 저장 유형과 블록들의 설계 구현 과정을 파악할 수는 없습니다.

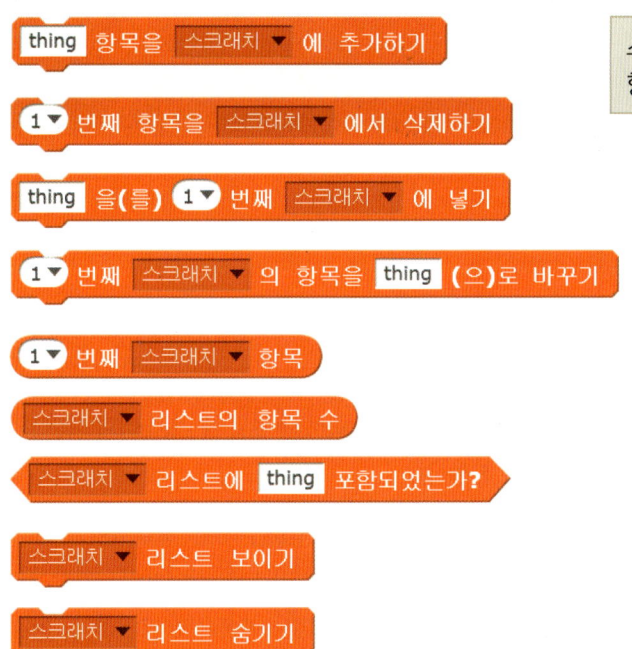

스크래치는 프로그래밍을 통해 한눈에 리스트의 항목들을 보여주는 기능을 제공하고 있습니다.

▲ 리스트에 구성된 블록

스크래치의 스프라이트는 자신의 행동 조작에 적합한 블록들만 프로그래머에게 제공합니다. 스프라이트는 블록 실행에 구성이 되는 내부 자료들과 내부 구현들은 숨기게 됩니다.

	블록
동작	x좌표 y좌표 방향
형태	배경 이름 크기 모양 #
소리	박자 음량
감지	음량 타이머 현재 분▼ 대답

🔍 전문가 조언

정보은닉과 깊은 상관관계가 있는 개념이 '캡슐화'라는 의미입니다. 캡슐화는 내부적인 정보를 처리하는 과정에서 연산들을 하나의 단일한 개념으로 '그룹화' 함을 의미합니다. 캡슐화에 필요한 요소들만 하나로 묶어야 한다는 것입니다. 예를 들어, 사람이란 개념의 포함에 날개나 털이 상관관계가 없다는 표현입니다.

분해의 특성

1 분해의 개념

분해에서 처리할 수 있는 작업 단위를 충분히 이해해야만 프로그래밍으로서 구현할 수 있습니다. 분해의 구조적인 기준에는 결합 정도, 모듈성, 응집성의 개념을 포함합니다.

모듈성 면에서는 분해를 통한 구분된 작업 단위일수록 모듈성이 높다고 볼 수 있습니다. '모듈성이 높다'라는 또 다른 의미는 어떤 대상을 변경할 때, 그 변경이 전체에 파급되는 영향이 '비교적 작다'라는 개념도 포함합니다. 즉, 모듈성이 높을수록 다른 대상 영역들에 대한 영향을 최소화하고, 편리하게 변경할 수 있습니다.

2 스크래치에서의 분해

분해의 특성을 활용해 스크래치에서는 스프라이트 또는 프로시저의 변수 정의를 지역변수로 만들기 합니다. 분해의 속성을 적용하면 다른 스프라이트 또는 프로시저들 간의 결합하는 정도를 약하게 할 수 있습니다.

스크래치에서 분해는 하향식 구조 분해 방식과 계층적 분해 구조의 개념으로 적용합니다. 하향식 구조 분해 방식은 큰 단위를 작은 단위로 구분하여 세분화할 수 있는 방식입니다. 이러한 계층적 분해는 대부분 하향식 구조 설계로 나눈 작업으로 계층적 분해 구조라는 의미도 포함합니다. 따라서 하향식 구조 분해 작업을 다른 의미로 '계층적 분해 구조'라고도 합니다.

3 계층적 관계를 활용한 구현

계층 간의 작업들을 스크래치에서는 프로시저라는 기능으로 구현할 수 있습니다. 계층 관계는 상위 관계 작업의 프로시저를 통해 하위 관계 작업들을 프로시저로 호출할 수 있도록 구현합니다.

스크래치에서 계층적인 분해 작업의 과정은 스프라이트와 무대의 행동들을 계층적으로 분해하는 단계부터 설계합니다.

계층적으로 분해하여 포함되는 작업들을 프로시저로 만들기 합니다. 다시 계층적 분해에서 표현되는 계층 간의 관계에서 프로시저 간의 호출 기능을 통해서 구현할 수 있습니다.

④ 프로그래밍에 활용되는 분해 작업 과정

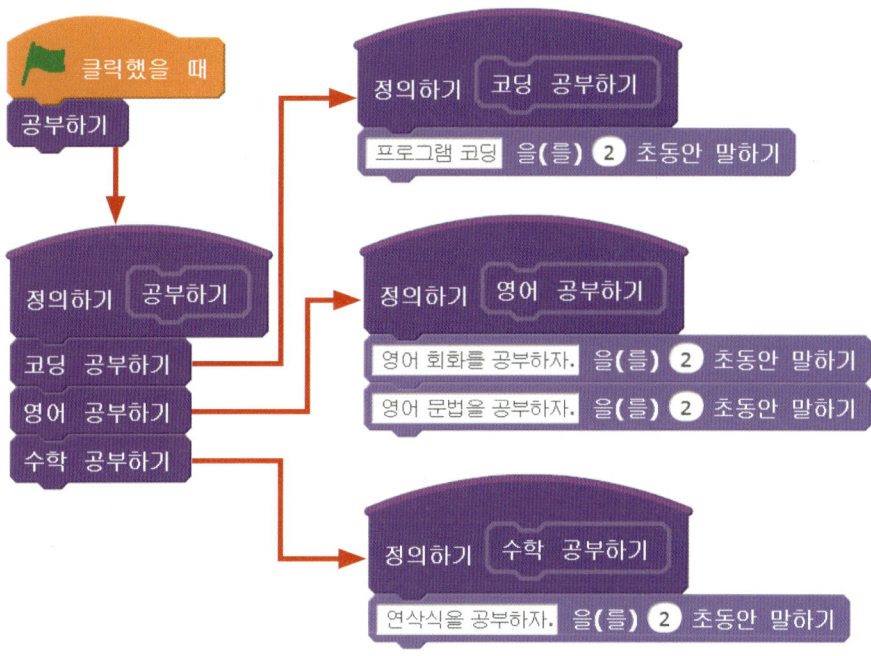

▲ 파일명 : 프로그래밍에 활용되는 분해 작업 과정.sb2

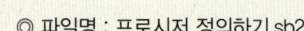

> 설명

고양이 스프라이트를 통해 프로시저를 정의하는 프로그램입니다.

> 동작 과정

1 🏁 클릭하면
- → 무대에 고양이가 보입니다.
- → '행복하고 아름답게 살자'를 호출하면 '항상 행복하기', '건강하게 살기', '아름답게 살기'를 순서대로 호출합니다.

2 프로그램 종료하기

> 지시 사항

코딩 스프라이트 : 고양이

▶ 🏁 클릭했을 때

1) '행복하고 아름답게 살자'를 실행합니다.
   - → '항상 행복하기', '건강하게 살기', '아름답게 살기'를 순서대로 실행합니다.
   - → 항상 행복하기 : '오늘은 좋은 날입니다.'와 '긍정적인 마음으로 삽시다.'를 각각 '2'초 동안 말하시오.
   - → 건강하게 살기 : '운동을 생활화 합시다.'와 '좋은 음식을 맛있게 먹습니다.'를 각각 '2'초 동안 말하시오.
   - → 아름답게 살기 : '바른 마음을 생활화 합니다.', '남을 배려하는 마음을 갖습니다.', '모든 일에 최선을 다합니다.'를 각각 '2'초 동안 말하시오.

[유의사항]

※ 프로그램의 성능을 개선시키기 위한 내용으로 수정하시오.

> 해설

1 정의하기
① [추가 블록] 중 [블록 만들기]를 클릭합니다.
② [새로운 블록] 창이 나타나면 블록 안에『행복하고 아름답게 살자』를 입력한 후 [확인]을 클릭합니다.

③ 동일한 방법으로 '항상 행복하기', '건강하게 살기', '아름답게 살기' 추가 블록을 만듭니다.

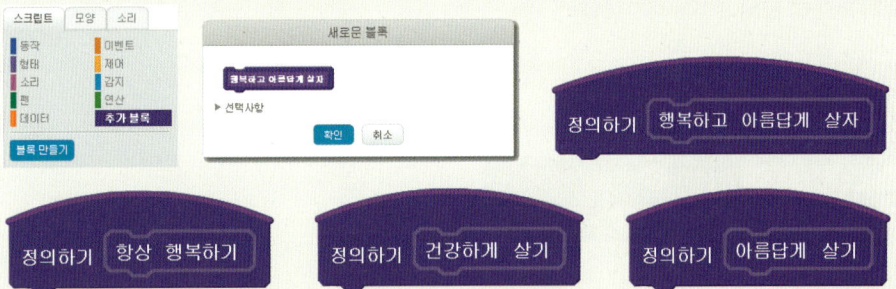

2 '행복하고 아름답게 살자' 호출

① [추가 블록] 블록 중 [행복하고 아름답게 살자] 블록을 [클릭했을 때] 블록 아래에 드래그 하여 추가합니다.

3 '항상 행복하기', '건강하게 살기', '아름답게 살기' 호출

① [추가 블록] 블록 중 [항상 행복하기] 블록을 [정의하기 '행복하고 아름답게 살자'] 블록 아래에 드래그 하여 추가합니다.
② [추가 블록] 블록 중 [건강하게 살기] 블록을 드래그 하여 추가합니다.
③ [추가 블록] 블록 중 [아름답게 살기] 블록을 드래그 하여 추가합니다.

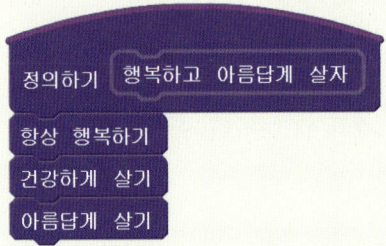

4 '항상 행복하기' 프로시저

① [형태] 블록 중 [Hello!를 2초 동안 말하기] 블록을 [정의하기 '항상 행복하기'] 블록 아래에 드래그 하여 추가한 후 입력란에 『오늘은 좋은 날입니다.』로 수정합니다.

② [형태] 블록 중 [Hello!를 2초 동안 말하기] 블록을 드래그 하여 추가한 후 입력란에 『긍정적인 마음으로 삽시다.』로 수정합니다.

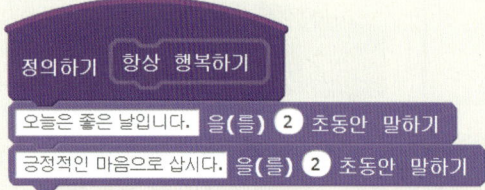

5 '건강하게 살기' 프로시저

① [형태] 블록 중 [Hello!를 2초 동안 말하기] 블록을 [정의하기 '건강하게 살기'] 블록 아래에 드래그 하여 추가한 후 입력란에 『운동을 생활화 합시다.』로 수정합니다.

② [형태] 블록 중 [Hello!를 2초 동안 말하기] 블록을 드래그 하여 추가한 후 입력란에 『좋은 음식을 맛있게 먹습니다.』로 수정합니다.

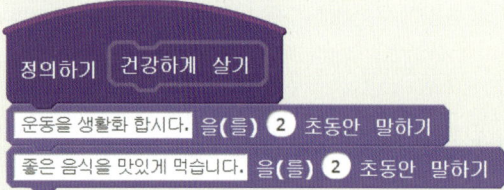

6 '아름답게 살기' 프로시저

① [형태] 블록 중 [Hello!를 2초 동안 말하기] 블록을 [정의하기 '아름답게 살기'] 블록 아래에 드래그 하여 추가한 후 입력란에 『바른 마음을 생활화 합니다.』로 수정합니다.

② [형태] 블록 중 [Hello!를 2초 동안 말하기] 블록을 드래그 하여 추가한 후 입력란에 『남을 배려하는 마음을 갖습니다.』로 수정합니다.

③ [형태] 블록 중 [Hello!를 2초 동안 말하기] 블록을 드래그 하여 추가한 후 입력란에 『모든 일에 최선을 다합니다.』로 수정합니다.

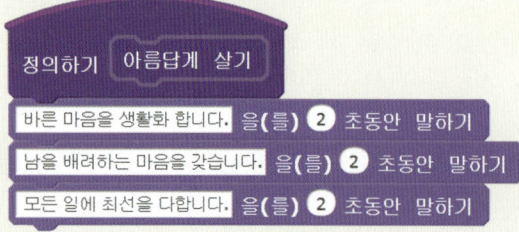

SECTION 04 패턴인식의 속성

① 패턴인식의 개념

컴퓨터가 임의의 대상을 인식하는 차원에서 구성할 수 있는 인공지능의 한 영역으로 구성합니다. 사물을 인식하고, 현상에 대해 미래를 예측하는 용도로 활용됩니다.

패턴인식의 유형은 사물을 구별할 수 있는 규칙적인 특징으로 패턴을 정의할 수 있습니다. 동일한 패턴으로 구성하는 사물들을 하나의 그룹으로 묶어서 분류합니다.

특정한 사물에 대해 그 사물의 특징이 임의의 패턴 그룹에 포함하는지를 결정할 수 있습니다. 패턴인식 면에서 사물에 대한 인식은 일상생활에서 패턴인식을 통해 사물을 확인할 수 있습니다.

② 패턴인식의 문제 해결에 활용

컴퓨팅적인 사고면에서 패턴인식은 어떤 문제를 해결하고자 하는 방법을 알고 있고, 유사한 문제와 연관시키는 사고를 표현하는 능력입니다.

문제를 해결하는 데 있어서 패턴인식을 적용하고, 문제의 중요한 특징들을 파악하는 데 도움이 됩니다. 그 특징들이 검증된 해결 방법을 알고 있는 유사한 문제를 탐색합니다. 유사한 문제의 해결 방법을 원래 문제에 적절히 활용합니다.

스크래치 프로그래밍 작업에서 패턴을 인식하여 활용할 수 있습니다. 그리하여 유사한 기능을 활용하여 프로그램을 작성하는 데 있어서 경험이 되어 활용합니다. 이것은 기존의 유사한 프로그램 또는 일부의 프로그램에 활용할 수 있습니다.

③ 패턴을 인식하는 프로그래밍의 활용

각 칸에 가로와 세로의 번호를 더한 값이 적혀 있는 가로 3칸, 세로 2칸의 격자의 계산 방식을 실행합니다.

	1	2	3
1	1+1=2	1+2=3	1+3=4
2	2+1=3	2+2=4	2+3=5

격자 안의 수를 더해가는 작업으로 임의의 기준을 단계별로 증가시키면서 유사한 작업을 반복적인 과정으로 수행하는 특성을 표현합니다.

▲ 파일명 : 가로와 세로의 합 계산.sb2 스타일

◎ 파일명 : 가로와 세로의 숫자 합 계산하기.sb2

설명

고양이 스프라이트를 통해 숫자의 합계를 계산하는 프로그램입니다.

동작 과정

1 🚩 클릭하면
- → 무대에 고양이가 보입니다.
- → 가로 번호와 세로 번호를 묻고 대답합니다.
- → 대답한 가로 번호와 세로 번호가 교차하는 격자 형식의 합계를 계산하고 말합니다.

2 프로그램 종료하기

지시 사항

코딩 스프라이트 : 고양이

▶ 🚩 클릭했을 때

1) '세로 순서 번호'를 '1'로 정하시오.
2) '세로 순서 번호'가 '세로 번호'보다 클 때까지 반복하시오.
   - → '가로 순서 번호'를 '1'로 정하시오.
   - → '가로 순서 번호'가 '가로 번호'보다 클 때까지 '총합계'를 '세로 순서 번호'+'가로 순서 번호' 만큼 바꾸고, '가로 순서 번호'를 '1' 만큼 바꾸기를 반복하시오.
   - → '세로 순서 번호'를 '1' 만큼 바꾸시오.
3) '총합계는'과 '총합계' 결합하여 '2'초 동안 말하시오.

[유의사항]

※ 프로그램의 성능을 개선시키기 위한 내용으로 수정하시오.

해설

1 세로 패턴 복사

① [세로 순서 번호를 1로 정하기] 블록에서 마우스 오른쪽 버튼을 클릭하여 [복사] 메뉴를 선택한 후 [세로 순서 번호를 1 만큼 바꾸기] 블록 위로 추가합니다.

❷ 가로 패턴 변경

① 복사한 블록에서 '세로 순서 번호'는 '가로 순서 번호', '세로 번호'는 '가로 번호'로 변경합니다.

❸ 총합계 계산

① [가로 순서 번호를 1 만큼 바꾸기] 블록에서 마우스 오른쪽 버튼을 클릭하여 [복사] 메뉴를 선택한 후 그 위에 추가합니다.
② '가로 순서 번호' 목록 단추를 클릭하여 '총합계'로 변경한 후 [연산] 블록 중 [+] 블록을 드래그 하여 추가합니다.
③ [데이터] 블록 중 [세로 순서 번호] 블록과 [가로 순서 번호] 블록을 드래그 하여 추가합니다.

SECTION 05 알고리즘의 구조

① 알고리즘의 개념

알고리즘(algorithm)이란 용어의 사용의 시작은 9세기경 페르시아의 수학자인 '알-콰리즈미'의 명칭에서 유래합니다. 특정한 문제를 해결하는 데 필요한 다양한 동작들의 모임을 의미합니다. 속성은 유한성을 가지고, 동작이 종료가 되어야 하는 특성이 있습니다. 컴퓨터 과학 측면에서 알고리즘이란 작동을 발생하게 하고, 단계적으로 실행하는 집합입니다. 알고리즘은 데이터, 연산 기능을 자동화된 방식으로 추론화를 수행합니다. 다시 말해서 알고리즘은 특정한 문제를 해결하기 위한 절차 또는 방식을 의미합니다.

알고리즘의 특징을 5가지로 요약합니다.
- 입력 : 알고리즘은 외부적으로 제공되는 자료가 0개 또는 그 이상 존재합니다.
- 출력 : 알고리즘은 최소한 1개 이상의 결과가 도출됩니다.
- 명확성 : 알고리즘의 실행 과정은 명확한 명령어로 구성되어야 합니다.
- 유한성 : 다른 의미로 종결성이라고도 하고, 이것은 제한된 명령어를 실행 시간이 지나면 종료되어야 합니다.
- 효율성 : 알고리즘의 각 단계별 과정은 사람이 수작업으로 계산하더라도 단순, 명백해야 합니다.

② 알고리즘의 역사

최초의 알고리즘은 보편적으로 B.C 300년경 유클리드의 최대공약수를 계산하는 방법을 최초의 알고리즘으로 인식하기 시작했습니다.

유클리드의 최대공약수 구하기 알고리즘(두 정수 A, B의 최대공약수 계산하는 알고리즘)
- 가설 : A와 B는 0 이상의 값이고 A가 B보다 크거나 같습니다.
- 1단계 : B가 0이면 A를 최대공약수로 지정하고, 모든 알고리즘을 종료합니다.
- 2단계 : B가 0이 아닐 때, A에서 B를 뺀 결과 값을 C로 지정합니다.
- 3단계 : B와 C를 비교하여 큰 값을 A 값으로 지정하고, 작은 값을 B로 지정하여 위 작업을 다시 1단계부터 실행합니다.

A	B	C(A−B)
30	16	14(30−16)
16	14	2(16−14)
14	2	12(14−2)
12	2	10(12−2)
10	2	8(10−2)
8	2	6(8−2)
6	2	4(6−2)
4	2	2(4−2)
2	2	0(2−2)
2	**0**	2(2−0)

▲ 알고리즘 수행 과정(30과 16의 최대공약수) : B가 0이므로 A의 값 2가 최대공약수이다.

③ 알고리즘의 구현 방법

1 보편적인 프로그래밍

의미를 오해할 수 있는 문제점이 존재합니다.

예를 들어 A에 B를 더하고, 그 수에 대해 1만큼 증가한다면 수가 A인지, B인지, 그렇지 않으면 A와 B를 더한 결과 숫자 값인지 해석이 애매할 수 있습니다. 그러므로 프로그래밍 언어와 유사한 '의사 표현 코드' 또는 '순서도'라는 알고리즘으로 표현합니다.

2 의사 표현 코드

보편적으로 프로그래밍 언어와 유사합니다.

if와 while 등의 문법을 통해 선택적인 제어와 반복적인 제어 방법을 실행합니다. return 명령어로 결과 값을 출력하게 되면 알고리즘이 전체적으로 종료됩니다.

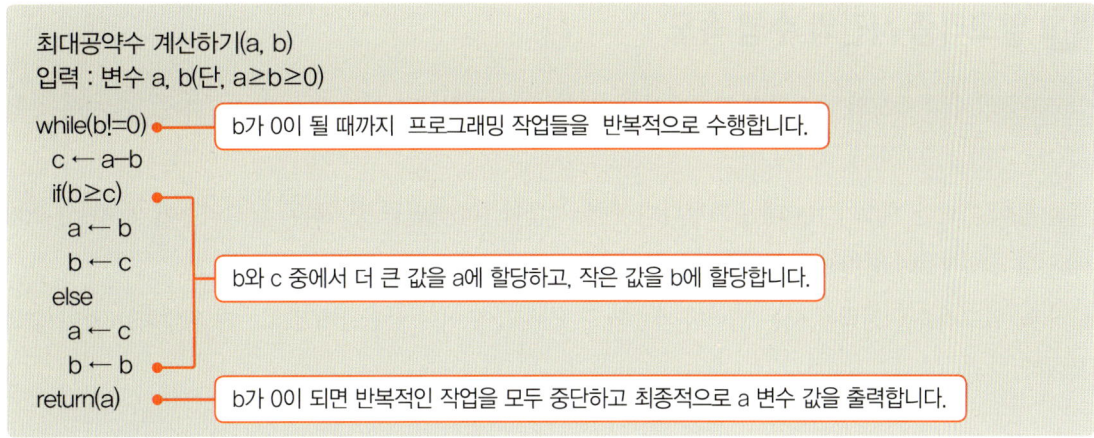

▲ 최대공약수 계산하는 알고리즘

4 알고리즘의 순서도 구현 방법

사각형 안에는 작업 대상을 입력하고, 마름모 안에는 선택적인 조건을 작성합니다. 화살표 방향에 따른 프로그래밍 작업의 진행되는 순서를 표현합니다.

마름모는 선택된 조건이 참일 때와 거짓인 경우를 분류하여 개별적으로 실행될 도형으로 화살표를 연결하여 실행합니다. 반복적으로 제어되는 화살표에 따라 위의 작업을 주기적으로 구성하여 표현합니다.

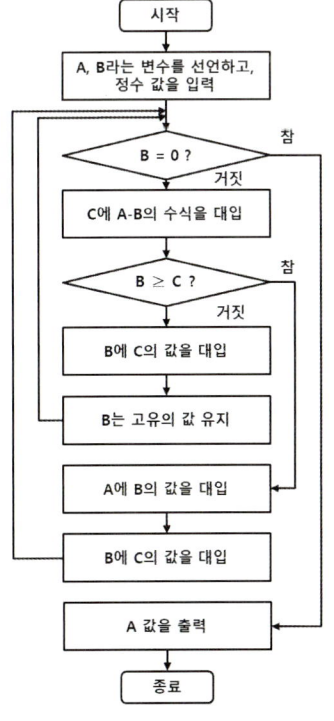

▲ 알고리즘의 순서도

> **Tip** 순서도는 알고리즘이 길어질수록 한 화면에 표현하는 데 어려움이 많습니다. 그러므로 간단한 알고리즘으로 명확한 표현이 필요합니다. 코스 시험에서는 순서도를 분석하고, 프로그래밍 하는 문제가 출제되고 있습니다. 과정을 정확하게 이해하는 것이 필요합니다.

⑤ 알고리즘 시간의 수행 속도

알고리즘의 수행 속도와 개수와의 관계에서 알고리즘은 보편적으로 처리해야 할 개수가 증가할수록 수행 시간도 그만큼 증가하게 됩니다.

예를 들어 입력한 개수가 100배 증가했다면 수행 시간이 100배만큼 증가하는 알고리즘이 있지만 1,000배 이상 수행시간이 걸리는 알고리즘도 있습니다.

따라서, 알고리즘을 선택할 때는 입력한 개수와 수행 시간에 어떤 상관관계가 있는지 파악하는 것이 중요합니다.

알고리즘의 시간의 복잡한 정도

입력한 개수가 증가할수록 알고리즘 수행에 필요한 시간이 증가하는 추세입니다. 이것은 알고리즘을 효율적으로 구성하였는가를 측정하는 데 활용할 수 있습니다.

빅오(O) 표기법

대표적인 알고리즘으로 수행시간의 복잡한 정도를 표현하는 기법입니다. 입력한 개수에 따른 최악의 알고리즘 실행하는데 소요 시간과의 상관관계를 나타냅니다.

- $O(1)$: 입력한 개수가 증가하더라도 알고리즘을 수행하는 데 소요되는 시간이 변함없이 일정함을 유지합니다.
- $O(n)$: 입력한 개수가 증가할수록 일정한 비율로 알고리즘의 수행 시간이 증가합니다.
- $O(n^2)$: 입력한 개수가 증가할수록 비율의 제곱만큼 알고리즘의 수행 시간이 증가합니다.

◎ 파일명 : 최대공약수 계산하기.sb2

설명

고양이 스프라이트를 통해 최대공약수를 계산하는 프로그램입니다.

동작 과정

1 🚩 클릭하면
→ 무대에 고양이가 보입니다.
→ 큰 숫자와 작은 숫자를 묻고 대답합니다.
→ 대답한 큰 숫자와 작은 숫자의 공통되는 최대공약수를 계산하여 말합니다.

2 프로그램 종료하기

지시 사항

코딩 스프라이트 : 고양이

▶ 🚩 클릭했을 때

1) '작은 수'가 '0'과 같을 때까지 반복하시오.
→ '차이'를 '큰 수'-'작은 수'로 정하시오.
→ 만약 '작은 수'가 '차이'보다 크다면 '큰 수'는 '작은 수'로 '작은 수'는 '차이'로 정하시오. 아니면 '큰 수'를 '차이'로 '작은 수'는 '작은 수'로 정하시오.

[유의사항]

※ 프로그램의 성능을 개선시키기 위한 내용으로 수정하시오.

해설

1 최대공약수 계산을 위한 반복문

① [연산] 블록 중 [=] 블록을 [~까지 반복하기] 블록 조건으로 드래그 하여 추가합니다.
② [데이터] 블록 중 [작은 수] 블록을 조건 왼쪽에 드래그 하여 추가한 후 오른쪽에는 『0』을 입력합니다.

❷ 큰 수와 작은 수 차이 계산

① [연산] 블록 중 [-] 블록을 [차이를 ~로 정하기] 블록 안으로 드래그 하여 추가합니다.
② [데이터] 블록 중 [큰 수] 블록과 [작은 수] 블록을 [-] 블록 왼쪽과 오른쪽에 각각 드래그 하여 추가합니다.

```
작은 수 = 0 까지 반복하기
    차이▼ 을(를) (큰 수 - 작은 수) 로 정하기
    만약 ( ) (이)라면
        큰 수▼ 을(를) 작은 수 로 정하기
        작은 수▼ 을(를) 차이 로 정하기
    아니면
        큰 수▼ 을(를) 차이 로 정하기
        작은 수▼ 을(를) 작은 수 로 정하기
```

❸ 큰 수와 작은 수 할당

① [연산] 블록 중 [>] 블록을 [만약 ~라면 ~아니면] 블록 조건으로 드래그 하여 추가합니다.
② [데이터] 블록 중 [작은 수] 블록을 조건 왼쪽에 드래그 하여 추가합니다.
③ [데이터] 블록 중 [차이] 블록을 조건 오른쪽에 드래그 하여 추가합니다.

```
작은 수 = 0 까지 반복하기
    차이▼ 을(를) (큰 수 - 작은 수) 로 정하기
    만약 (작은 수 > 차이) (이)라면
        큰 수▼ 을(를) 작은 수 로 정하기
        작은 수▼ 을(를) 차이 로 정하기
    아니면
        큰 수▼ 을(를) 차이 로 정하기
        작은 수▼ 을(를) 작은 수 로 정하기
```

08 연습문제

1 다음 중에서 컴퓨팅적 사고방식에 대한 설명으로 옳은 것은 무엇입니까?

① 정답 없는 문제의 해답을 특수화합니다.
② 다양한 변수 환경에서 무의미한 해답을 끌어냅니다.
③ 문제의 해답을 일반화하지만 표현하지는 못하는 과정입니다.
④ 어떠한 변수의 환경에서도 유의미한 해답을 이끌어 냅니다.

2 다음 중에서 컴퓨터 과학의 기본 요소가 아닌 것은 무엇입니까?

① 추상화　　　　　　　　　　② 통합
③ 패턴인식　　　　　　　　　④ 알고리즘

3 다음 중에서 컴퓨터 과학적 문제의 해결 태도가 아닌 것은 무엇입니까?

① 논리, 창의　　　　　　　　② 인내력
③ 상호협력　　　　　　　　　④ 오류 무시

4 다음 중에서 컴퓨터 구성 요소 중에서 사물을 구별하고, 인지할 수 있는 특징들을 패턴으로 정의할 수 있는 특성을 포함하는 요소는 무엇입니까?

① 패턴인식　　　　　　　　　② 추상화
③ 알고리즘　　　　　　　　　④ 분해

5 다음 중에서 스크래치의 리스트에서 적용하는 프로그래밍 방식에 대한 설명으로 옳지 않은 것은 무엇입니까?

① '자료의 추상화와 정보를 은닉한다.'라는 개념을 적용합니다.
② 리스트 프로그래밍에 불필요한 블록들을 자동적인 방식으로 만들기 합니다.
③ 프로그래머에게 대상을 제공합니다.
④ 프로그래머는 구성된 원소의 내부 저장 유형을 파악할 수 있습니다.

정답　1. ④　2. ②　3. ④　4. ①　5. ②

6 다음 중에서 스크래치의 분해에 대한 설명으로 옳지 않은 것은 무엇입니까?

① 스프라이트 또는 프로시저의 변수 정의를 지역변수로 만들기 합니다.

② 분해의 속성을 적용하면 다른 스프라이트 또는 프로시저들 간의 결합하는 정도를 강하게 할 수 있습니다.

③ 하향식 구조 분해 방식과 계층적 분해 구조의 개념으로 적용합니다.

④ 큰 단위를 작은 단위로 구분하여 세분화할 수 있는 방식입니다.

7 다음 중에서 스크래치에서 계층적인 분해 작업의 과정에 대한 설명으로 옳지 않은 것은 무엇입니까?

① 스프라이트와 무대의 행동들을 계층적으로 분해하는 단계부터 설계합니다.

② 계층적으로 분해하여 포함되는 작업들을 프로시저로 만들기 합니다.

③ 계층적 분해에서 표현되는 계층 간의 관계에서 프로시저 간의 호출 기능을 통해서 구현할 수 있습니다.

④ 계층 간의 관계에서 프로시저에게 직접 연결 기능만으로 구현할 수 있습니다.

정답 6. ② 7. ④

08 실습문제
SECTION

1 '문제1.sb2' 파일을 활용하여 지시된 내용으로 프로그램을 작성합니다.

설명

상자를 클릭하면 선물을 보여주는 프로그램입니다.

동작 과정

1 🏁 클릭하면
→ 무대에는 1개의 상자가 보입니다.
→ 상자를 클릭하면 3가지 선물 중에 1가지가 나타납니다.

2 프로그램 종료하기

변수 설명

▶ 난수 : 1부터 3 사이의 난수가 저장되는 변수입니다.

지시 사항

코딩 스프라이트 : 선물

▶ 🏁 클릭했을 때
1) 만약 '난수'가 '1'과 같다면 모양을 '기타'로 바꾸시오.
2) 만약 '난수'가 '2'와 같다면 모양을 '케이크'로 바꾸시오.
3) 만약 '난수'가 '3'과 같다면 모양을 '모자'로 바꾸시오.

[유의사항]

※ 프로그램의 성능을 개선시키기 위한 내용으로 수정하시오.

2 '문제2.sb2' 파일을 활용하여 지시된 내용으로 프로그램을 작성합니다.

설명

숫자의 제곱근을 소수점 이하 내림 계산한 후 사각형을 그리는 프로그램입니다.

동작 과정

1 🚩 클릭하면
   → 무대에는 연필이 보입니다.
   → 입력한 숫자의 제곱근을 계산하고 소수점 이하는 내림합니다.
   → 계산한 숫자 값을 한 변의 길이로 하여 정사각형을 그립니다.

2 프로그램 종료하기

변수 설명

▶ 제곱근 : 입력한 대답에 대한 제곱근이 저장되는 변수입니다.
▶ 내림 : 계산된 제곱근의 바닥 함수가 저장되는 변수입니다.

지시 사항

코딩 스프라이트 : 연필

▶ 🚩 클릭했을 때
   1) '제곱근'을 '대답'에 대한 '제곱근'으로 정하시오.
   2) '내림'을 '제곱근'에 대한 '바닥 함수'로 정하시오.
   3) 다음 내용을 순서대로 4번 반복하시오.
      → '내림'*'20' 만큼 움직인 후 '90'도 돌기하고, '0.5'초 기다리시오.

[유의사항]

※ 프로그램의 성능을 개선시키기 위한 내용으로 수정하시오.

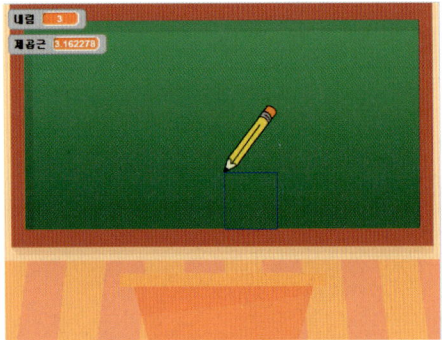

3 '문제3.sb2' 파일을 활용하여 지시된 내용으로 프로그램을 작성합니다.

설명

점수에 따라 학점을 말하는 프로그램입니다.

동작 과정

1 🏁 클릭하면
   → 무대에는 고양이가 보입니다.
   → 학생의 성적을 묻고 답하면 학점을 말합니다.

2 프로그램 종료하기

변수 설명

▶ 성적 : 성적에 대한 대답이 저장되는 변수입니다.
▶ 학점 : 학점에 대한 문자가 저장되는 변수입니다.

지시 사항

코딩 스프라이트 : 고양이

▶ '성적입력'을 받았을 때

   1) 만약 '성적'이 '90'보다 크면 '학점'을 'A'로 정하고, '80'보다 크면 'B'로 정하고, '70'보다 크면 'C'로 정하고, '60'보다 크면 'D'로 정하고, 아니면 'F'로 정하시오.

[유의사항]

※ 프로그램의 성능을 개선시키기 위한 내용으로 수정하시오.

memo

Scratch Programming

CHAPTER 9
감지 현상 응용 프로그래밍

이 장에서 무엇을 공부하나요?

- 스크래치 감지 현상의 개념을 분석합니다.
- 스크래치가 제공하는 감지 현상 기능과 관련된 블록들을 이해합니다.
- 스크래치의 감지 관련된 블록 기능들을 실습합니다.
- 멀티 모달 인터페이스의 속성을 이해합니다.
- 스크래치에서 비디오와 오디오를 감지 관련 블록들을 학습합니다.

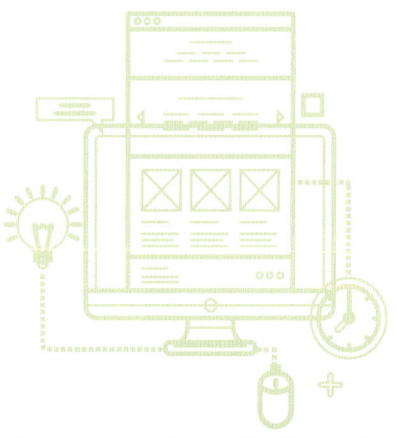

SECTION 01 | 감지 현상의 개념

1 감지 현상의 개념과 대상

감지의 의미는 특정한 상태나 자료를 인식 또는 해석하는 것을 포함합니다.

스크래치에서 감지 기능은 무대와 각각의 스프라이트에 다양한 블록 기능을 제공하여 자료로 활용하게 됩니다.

무대에 대한 감지 기능은 무대는 고정성이라는 특성을 고려하여 다른 스프라이트와의 거리 유지, 스프라이트와 스프라이트의 충돌 또는 접촉 등과 관련 있는 감지 기능을 실행할 수 없습니다.

스크래치의 감지 기능에 대한 활용 예로 고양이 스프라이트 간의 거리를 감지하고, 쥐 스프라이트와 일정한 거리 영역 안에 있을 때, 쥐 스프라이트를 추적합니다. 고양이 스프라이트는 마우스 포인터의 위치를 따라가면서 감지하고, 그 이동한 위치로 다시 추적합니다.

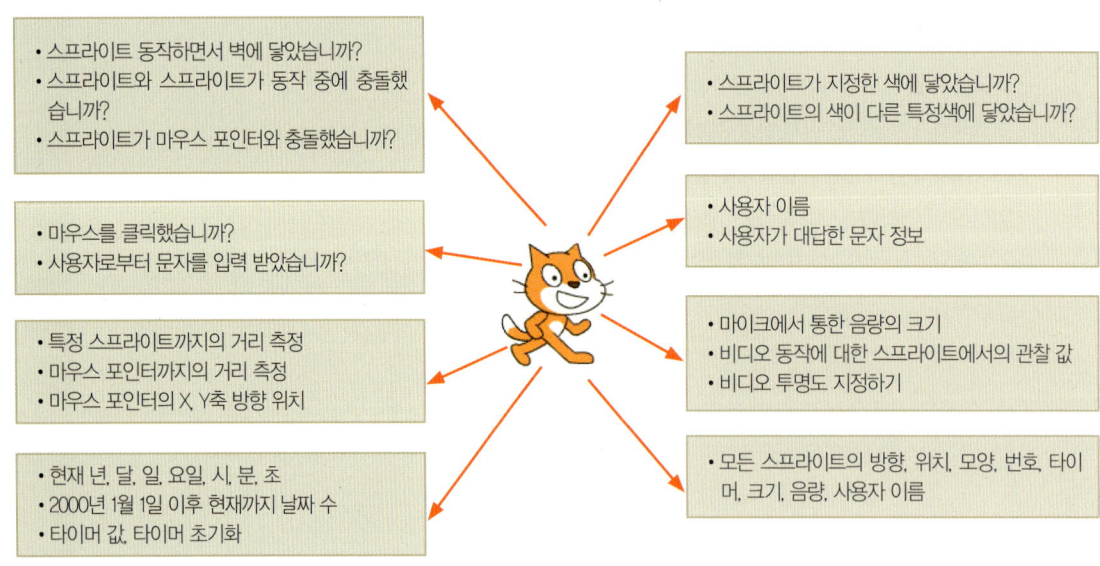

▲ 관찰의 다양한 대상

감지 기능의 활용은 제어 블록들을 조합한 후에 다양한 동작들을 편리하게 구현할 수 있습니다.

예를 들어, 스프라이트 사이의 충돌현상을 통해 고양이가 쥐를 잡았는지 여부를 판단할 수 있습니다. 또한, 특정한 색상과 접촉했을 때, 감지하여 대상과 충돌했는지를 판단할 수 있습니다. 그 밖에 스프라이트 사이의 거리를 감지하여 일정한 거리 안에서만 활용할 수 있는 장치를 만들 수 있습니다.

스프라이트가 질문을 하고, 사용자의 답변에 따라 퀴즈의 게임을 제작할 수 있습니다. 그리고 컴퓨터에 부착된 카메라를 통해 비디오를 감지하고, 손이 닿았을 때, 달아나는 고양이를 표현할 수도 있습니다.

② 스크래치의 감지 기능을 위한 블록들

감지 실행 관련 블록들의 모음은 [스크립트] 탭의 [감지] 메뉴에 있습니다.

감지 관련 블록들로 대상 스프라이트에 감지 기능을 실행할 현상이 발생했는지 아닌지에 따라 참, 거짓을 표현하는 조건 블록 형태로 제공합니다. 또한 타이머를 기본값인 0으로 초기화하는 블록의 종류처럼 감지 대상 스프라이트를 조작하는 문장 블록의 형태를 포함합니다.

블록 종류	설명
마우스 포인터 ▼ 에 닿았는가?	스프라이트가 다른 스프라이트, 벽 또는 마우스 포인터 등에 닿았는가를 실행합니다.
색에 닿았는가?	스프라이트가 선택한 색에 닿았는지를 실행합니다.
색이 색에 닿았는가?	스프라이트에서 첫 번째 설정한 색이 두 번째 설정한 색에 닿았는가를 실행합니다.
마우스 포인터 ▼ 까지 거리	스프라이트나 마우스 포인터까지의 거리를 실행합니다.
What's your name? 묻고 기다리기	사용자가 묻는 말에 답할 때까지 기다립니다.
대답	사용자가 대답한 문장들을 저장합니다.
스페이스 ▼ 키를 눌렀는가?	스페이스 키 등을 눌렀는가 여부를 실행합니다.
마우스를 클릭했는가?	마우스를 클릭했는가를 확인합니다.
마우스의 x좌표	마우스 포인터의 x좌표 위치를 실행합니다.
마우스의 y좌표	마우스 포인터의 y좌표 위치를 실행합니다.
음량	음량을 실행합니다.
비디오 동작 ▼ 에 대한 이 스프라이트 ▼ 에서의 관찰값	비디오 동작에 대한 스프라이트의 방향 값을 실행합니다.

블록	설명
비디오 켜기 ▼	비디오카메라를 켜기 하거나 끕니다.
비디오 투명도를 50 % 로 정하기	비디오의 투명도를 숫자 값으로 지정합니다.
타이머	타이머를 초 단위로 실행합니다.
타이머 초기화	타이머 값을 0으로 초기화 합니다.
x좌표 ▼ of 스프라이트 2 ▼	무대나 스프라이트의 x좌표, y좌표, 방향 등의 정보를 계산합니다.
현재 분 ▼	현재 년, 달, 일, 요일, 시, 분, 초 단위로 실행합니다.
2000년 이후 현재까지 날짜수	2000년 1월 1일 이후부터 현재까지의 날짜 수를 계산합니다.
사용자이름	사용자 이름을 실행합니다.

> 🔍 **전문가 조언**
>
> 소리 블록과 감지 블록의 소리의 음량을 비교하자면 소리 블록은 소리를 낼 때 그 소리의 음량이고, 감지 블록은 마이크를 통한 음량입니다. 소리 블록은 output을 조절하고, 감지의 음량은 마이크를 통한 input을 의미합니다.

◎ 파일명 : 키보드로 쥐 동작 제어하기.sb2

설명

키보드를 통해 쥐는 움직이고 고양이는 쥐를 따라가는 프로그램입니다.

동작 과정

1 🚩 클릭하면
→ 무대에 쥐가 보입니다.
→ 쥐는 키보드 방향키에 따라 움직이고 색깔이 바뀝니다. 고양이에 닿으면 '잡혔다.'를 말하고 멈춥니다.

2 프로그램 종료하기

지시 사항

코딩 스프라이트 : 쥐

▶ 🚩 클릭했을 때

1) 다음 지시사항을 무한 반복하시오.
   → '위쪽 화살표' 키를 누르면 '0'도 방향을 보고 '3' 만큼 움직이면서 '색깔' 효과를 '25' 만큼 바꾸시오.
   → '아래쪽 화살표' 키를 누르면 '180'도 방향을 보고 '3' 만큼 움직이면서 '색깔' 효과를 '25' 만큼 바꾸시오.
   → '왼쪽 화살표' 키를 누르면 '-90'도 방향을 보고 '3' 만큼 움직이면서 '색깔' 효과를 '25' 만큼 바꾸시오.
   → '오른쪽 화살표' 키를 누르면 '90'도 방향을 보고 '3' 만큼 움직이면서 '색깔' 효과를 '25' 만큼 바꾸시오.
   → '고양이'에 닿으면 '잡혔다.'를 '2'초 동안 말하고, 이 스크립트는 멈추시오.

[유의사항]
※ 프로그램의 성능을 개선시키기 위한 내용으로 수정하시오.

해설

1 위쪽 화살표

① [쥐] 스프라이트를 선택합니다.
② 첫 번째 [만약 ~이라면] 조건에 있는 [스페이스 키를 눌렀는가?] 목록 단추를 클릭한 후 '위쪽 화살표'를 선택합니다.
③ [형태] 블록 중 [색깔 효과를 25 만큼 바꾸기] 블록을 [3 만큼 움직이기] 블록 아래에 드래그하여 추가합니다.

```
만약 <위쪽 화살표▼ 키를 눌렀는가?> (이)라면
    0▼ 도 방향 보기
    3 만큼 움직이기
    색깔▼ 효과를 25 만큼 바꾸기
```

2 아래쪽 화살표

① 두 번째 [만약 ~이라면] 조건에 있는 [스페이스 키를 눌렀는가?] 목록 단추를 클릭한 후 '아래쪽 화살표'를 선택합니다.
② [형태] 블록 중 [색깔 효과를 25 만큼 바꾸기] 블록을 [3 만큼 움직이기] 블록 아래에 드래그하여 추가합니다.

```
만약 <아래쪽 화살표▼ 키를 눌렀는가?> (이)라면
    180▼ 도 방향 보기
    3 만큼 움직이기
    색깔▼ 효과를 25 만큼 바꾸기
```

3 왼쪽 화살표

① 세 번째 [만약 ~이라면] 조건에 있는 [스페이스 키를 눌렀는가?] 목록 단추를 클릭한 후 '왼쪽 화살표'를 선택합니다.

② [형태] 블록 중 [색깔 효과를 25 만큼 바꾸기] 블록을 [3 만큼 움직이기] 블록 아래에 드래그하여 추가합니다.

```
만약 <왼쪽 화살표 ▼ 키를 눌렀는가?> (이)라면
    -90 ▼ 도 방향 보기
    3 만큼 움직이기
    색깔 ▼ 효과를 25 만큼 바꾸기
```

4 오른쪽 화살표

① 네 번째 [만약 ~이라면] 조건에 있는 [스페이스 키를 눌렀는가?] 목록 단추를 클릭한 후 '오른쪽 화살표'를 선택합니다.

② [형태] 블록 중 [색깔 효과를 25 만큼 바꾸기] 블록을 [3 만큼 움직이기] 블록 아래에 드래그하여 추가합니다.

```
만약 <오른쪽 화살표 ▼ 키를 눌렀는가?> (이)라면
    90 ▼ 도 방향 보기
    3 만큼 움직이기
    색깔 ▼ 효과를 25 만큼 바꾸기
```

5 '고양이'에 닿았을 때

① 다섯 번째 [만약 ~이라면] 조건에 있는 [마우스 포인터에 닿았는가?] 목록 단추를 클릭한 후 '고양이'를 선택합니다.

```
만약 <고양이 ▼ 에 닿았는가?> (이)라면
    잡혔다. 을(를) 2 초동안 말하기
    이 스크립트 ▼ 멈추기
```

> **Tip** 고양이와 쥐가 충돌했을 때, 쥐는 모든 행동을 멈추고 키보드의 방향키로 움직이는 제어를 할 수 없습니다.

◎ 파일명 : 공을 잡으면 점수 득점하기.sb2

설명

고양이가 야구공을 잡으면 점수가 올라가는 프로그램입니다.

동작 과정

1 클릭하면
- → 무대에 고양이, 꽃게, 야구공이 보입니다.
- → 고양이는 좌우로 움직이면서 야구공을 잡으면 점수가 올라갑니다.
- → 꽃게는 야구공을 위쪽 방향으로 계속해서 던집니다.

2 프로그램 종료하기

지시 사항

코딩 스프라이트 : 야구공

▶ 클릭했을 때

1) 다음 지시사항을 무한 반복하시오.
   → 야구공의 색(흰색)이 고양이 색(주황색)에 닿으면 'snap'을 재생, 숨기기, '점수'를 '50' 만큼 바꾸고 '2'초 기다리시오.

코딩 스프라이트 : 고양이

▶ 클릭했을 때

1) 다음 지시사항을 무한 반복하시오.
   → '오른쪽 화살표' 키를 누르면 '90'도 방향을 보고, '10' 만큼 움직인 후 모양을 'cat flying'으로 바꾸시오.
   → '왼쪽 화살표' 키를 누르면 '-90'도 방향을 보고, '10' 만큼 움직인 후 모양을 'cat flying'으로 바꾸시오.

[유의사항]

※ 프로그램의 성능을 개선시키기 위한 내용으로 수정하시오.

> 해설

1 야구공 색이 고양이 색에 닿았는가?

① [야구공] 스프라이트를 선택합니다.
② [만약 ~이라면] 조건에 있는 [　색이　색에 닿았는가?] 블록에서 파랑색을 클릭한 후 마우스 포인터 모양이 손 모양으로 바뀌면 '고양이' 스프라이트의 주황색을 클릭합니다.

```
무한 반복하기
  만약 [ ]색이 [ ]색에 닿았는가? (이)라면
    snap ▼ 재생하기
    숨기기
    점수 ▼ 을(를) 50 만큼 바꾸기
    2 초 기다리기
```

2 고양이 좌우 방향으로 움직이기

① [고양이] 스프라이트를 선택합니다.
② 첫 번째 [만약 ~이라면] 조건에 있는 [스페이스 키를 눌렀는가?] 블록의 목록 단추를 클릭한 후 '오른쪽 화살표'를 선택합니다.
③ 두 번째 [만약 ~이라면] 조건에 있는 [스페이스 키를 눌렀는가?] 블록의 목록 단추를 클릭한 후 '왼쪽 화살표'를 선택합니다.

```
만약 오른쪽 화살표 ▼ 키를 눌렀는가? (이)라면
  90 ▼ 도 방향 보기
  10 만큼 움직이기
  모양을 cat1 flying ▼ (으)로 바꾸기
```

```
만약 왼쪽 화살표 ▼ 키를 눌렀는가? (이)라면
  -90 ▼ 도 방향 보기
  10 만큼 움직이기
  모양을 cat1 flying ▼ (으)로 바꾸기
```

SECTION 02 카메라와 마이크 기능

① 멀티 모달 인터페이스의 개념

모달은 보통 응용 프로그램의 주 대화상자로 호칭합니다. 그 이유는 대화상자를 열기할 때 대부분 사용되기 때문입니다. 이것은 우리가 쉽게 적용하는 파일 열기/저장 대화상자로 이해하면 됩니다. 주로 상호작용에 활용되고, 이것은 대화 채널의 의미로 '모달리티'라는 용어에서 유래합니다. 예를 들어 모달은 컴퓨터의 키보드가 대표적일 수 있습니다. 컴퓨터라는 매체와 상호작용하는 대화 채널을 활용하므로 하나의 모달리티 형식을 지원한다고 볼 수 있습니다. 이것을 더 확장한 멀티 모달 인터페이스가 있는데 키보드와 음성, 마우스, 스크린 터치 등의 다양한 양식으로 컴퓨터와 대화할 수 있는 매체로 활용합니다.

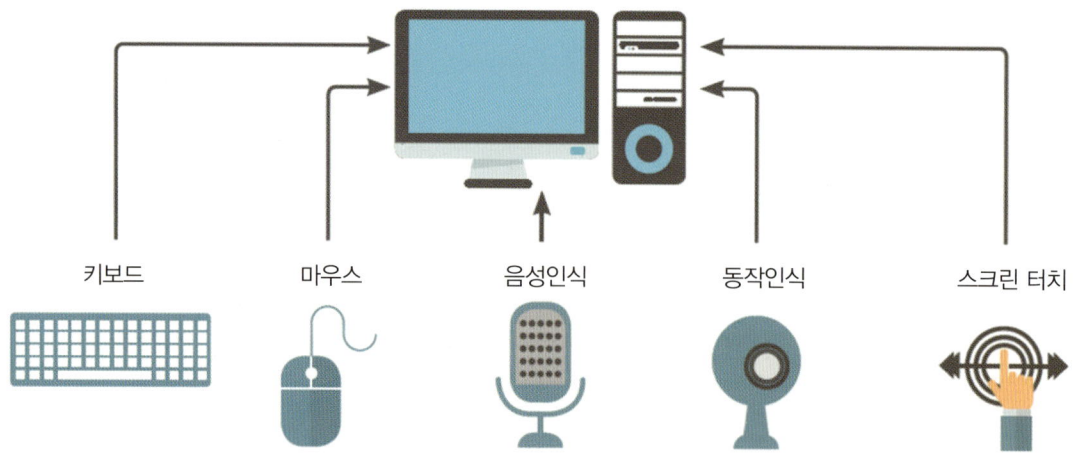

멀티 모달 인터페이스의 방향은 사람을 중심으로 지향하고, 자연스러우면서 효율적인 컴퓨터와의 소통을 도와주는 역할이 장점입니다.
키보드 조작에 어려움을 겪고 있는 노인이나 장애인들에게 음성으로 인식하는 인터페이스 역할을 합니다. 컴퓨터의 기능을 활용하는데 직관적으로 조작할 수 있고, 스크린 터치 인터페이스를 활용할 수 있습니다. 현재의 게임 산업과 멀티 모달 인터페이스는 음성, 동작, 스크린 터치로 새로운 세계를 창출하는 데 주요한 역할을 합니다.

닌텐도 Wii　　　　　　　　마이크로소프트 XBOX　　　　　　　　소니 PS

스크래치에서 멀티 모달 인터페이스 기능은 카메라로 촬영하는 비디오의 동작 또는 방향과 크기를 인식하는 기능입니다. 마이크 기기로 입력되는 오디오 음량의 폭을 측정할 수 있습니다.

비디오 동작 크기와 이동 방향 등의 감지 현상의 기준이 됩니다.

무대 기준은 무대에서 발생하는 모든 비디오의 동작과 관련 있는 크기와 방향을 감지할 수 있습니다.

스프라이트 기준은 스프라이트에서 비디오의 감지된 영역을 스프라이트가 차지하는 공간 안에서 발생하는 비디오 동작의 크기 또는 이동하는 방향만 감지할 수 있습니다.

② 멀티 모달 인터페이스의 활용

스크래치 멀티 모달 인터페이스 기능 활용에 있어서 비디오 동작의 대소 크기와 오디오 음량 폭의 감지된 자료 값은 컴퓨터 환경의 변화에 따라 민감한 반응을 보일 수 있습니다. 따라서, 스프라이트가 적합한 행동을 할 수 있도록 프로그램을 되풀이해서 실행하게 되면 감지된 숫자 값의 크기를 좀 더 정확하게 조정할 수 있습니다.

비디오 동작의 이동 방향은 매우 민감하므로 실질적인 비디오 동작의 방향과 숫자 값을 상세하게 구분하여 스프라이트의 행동들을 제어하는데 많은 어려움이 있습니다. 따라서 보편적인 동작은 왼쪽에서 오른쪽 방향으로 이루어지게 되면 양의 자료 값을 표현하게 됩니다. 만약에 오른쪽에서 왼쪽으로 이루어지게 되면 음의 자료 값을 표현하는 정도로만 나누어 프로그래밍에 활용하는 것이 적합합니다.

③ 스크래치의 멀티 모달 인터페이스 활용

비디오 동작과 이동 방향을 감지하려면 컴퓨터에 카메라 기능이 연결되어 있어야 합니다. 이런 환경을 구축하고, 접촉 강도에 따라 음량 소리의 크기가 변화하는 고양이 스크립트를 작성합니다. 이 고양이는 약한 접촉과 강한 접촉에 따라 음량의 크기를 제어할 수 있습니다. 이 스프라이트를 통해 비디오 동작을 감지하는 기능을 활용합니다.

블록 종류	설명
비디오 동작▼ 에 대한 무대▼ 에서의 관찰값	비디오 동작에 대한 감지 범위의 값으로 손동작이 크면 커질수록 값이 증가합니다.
비디오 동작▼ 에 대한 이 스프라이트▼ 에서의 관찰값	비디오 방향에 대한 감지 값은 스크래치가 향하는 방향을 기준으로 손이 움직이는 방향 값에 따라 측정합니다. 즉, 손이 왼쪽에서 오른쪽 방향으로 이동하면 양의 값, 반대로 오른쪽에서 왼쪽 방향으로 이동하면 음의 값이 측정됩니다.
비디오 방향▼ 에 대한 무대▼ 에서의 관찰값	무대에서 감지하게 되면 무대 내에서 모든 비디오의 움직임과 이동 방향을 감지할 수 있습니다.
비디오 방향▼ 에 대한 이 스프라이트▼ 에서의 관찰값	스프라이트를 대상으로 감지하면 스프라이트의 비디오 감지 영역이 차지하는 공간에서만 비디오의 움직임과 이동 방향을 감지합니다.

▲ 비디오 감지 블록

◎ 파일명 : 마우스 좌표 값에 따라 움직이기.sb2

설명

고양이가 마우스 좌표에 따라 움직이는 프로그램입니다.

동작 과정

1 🚩 클릭하면

→ 무대에 고양이가 보입니다.
→ 좌표 값에 따라 고양이가 야구장의 홈, 1루, 2루, 3루로 움직입니다.

2 프로그램 종료하기

지시 사항

코딩 스프라이트 : 고양이

▶ 🚩 클릭했을 때

1) 다음 지시사항을 무한 반복하시오.

→ '마우스의 x좌표'가 '0'보다 작고, '마우스의 y좌표'가 '0'보다 크면 '1'초 동안 x: '−49' y: '−8'로 움직이시오.
→ '마우스의 x좌표'가 '0'보다 작고, '마우스의 y좌표'가 '0'보다 작으면 '1'초 동안 x: '−132' y: '−50'으로 움직이시오.
→ '마우스의 x좌표'가 '0'보다 크고, '마우스의 y좌표'가 '0'보다 작으면 '1'초 동안 x: '56' y: '−78'루 움직이시오.
→ '마우스의 x좌표'가 '0'보다 크고, '마우스의 y좌표'가 '0'보다 크면 '1'초 동안 x: '129' y: '−24'로 움직이시오.

[유의사항]

※ 프로그램의 성능을 개선시키기 위한 내용으로 수정하시오.

해설

1 첫 번째 제어문

① [감지] 블록 중 [마우스의 x좌표] 블록을 [그리고] 조건문 왼쪽에 드래그 하여 추가합니다.
② [감지] 블록 중 [마우스의 y좌표] 블록을 [그리고] 조건문 오른쪽에 드래그 하여 추가합니다.
③ [1초 동안 x: y: 으로 움직이기] 블록의 x좌표에는 『−49』, y좌표에는 『−8』로 수정합니다.

[만약 마우스의 x좌표 < 0 그리고 마우스의 y좌표 > 0 (이)라면
  1 초 동안 x: -49 y: -8 으로 움직이기]

❷ 두 번째 제어문

① [감지] 블록 중 [마우스의 x좌표] 블록을 [그리고] 조건문 왼쪽에 드래그 하여 추가합니다.
② [감지] 블록 중 [마우스의 y좌표] 블록을 [그리고] 조건문 오른쪽에 드래그 하여 추가합니다.
③ [1초 동안 x: y: 으로 움직이기] 블록의 x좌표에는 『-132』, y좌표에는 『-50』으로 수정합니다.

[만약 마우스의 x좌표 < 0 그리고 마우스의 y좌표 < 0 (이)라면
  1 초 동안 x: -132 y: -50 으로 움직이기]

❸ 세 번째 제어문

① [감지] 블록 중 [마우스의 x좌표] 블록을 [그리고] 조건문 왼쪽에 드래그 하여 추가합니다.
② [감지] 블록 중 [마우스의 y좌표] 블록을 [그리고] 조건문 오른쪽에 드래그 하여 추가합니다.
③ [1초 동안 x: y: 으로 움직이기] 블록의 x좌표에는 『56』, y좌표에는 『-78』로 수정합니다.

[만약 마우스의 x좌표 > 0 그리고 마우스의 y좌표 < 0 (이)라면
  1 초 동안 x: 56 y: -78 으로 움직이기]

❹ 네 번째 제어문

① [감지] 블록 중 [마우스의 x좌표] 블록을 [그리고] 조건문 왼쪽에 드래그 하여 추가합니다.
② [감지] 블록 중 [마우스의 y좌표] 블록을 [그리고] 조건문 오른쪽에 드래그 하여 추가합니다.
③ [1초 동안 x: y: 으로 움직이기] 블록의 x좌표에는 『129』, y좌표에는 『-24』로 수정합니다.

[만약 마우스의 x좌표 > 0 그리고 마우스의 y좌표 > 0 (이)라면
  1 초 동안 x: 129 y: -24 으로 움직이기]

◎ 파일명 : 고양이와 게의 달리기 시합.sb2

설명

고양이와 게가 깃발까지 달려가는 시간을 체크하는 프로그램입니다.

동작 과정

1 ▶ 클릭하면
  → 무대에 고양이와 게가 보입니다.
  → 고양이와 게가 각자의 깃발을 향해 달려간 후 도착했을 때 타이머를 체크하고 말합니다.

2 프로그램 종료하기

지시 사항

코딩 스프라이트 : 고양이

▶ ▶ 클릭했을 때
  1) 다음 지시사항을 무한 반복하시오.
    → '고양이 깃발'에 닿으면 '타이머'를 말하고 '이 스크립트'를 멈추시오.
    → '고양이 속도' 만큼 움직이고, 다음 모양으로 바꾸고, '0.5'초 기다리시오.

코딩 스프라이트 : 게

▶ ▶ 클릭했을 때
  1) 다음 지시사항을 무한 반복하시오.
    → '게 깃발'에 닿으면 '타이머'를 말하고 '이 스크립트'를 멈추시오.
    → '게 속도' 만큼 움직이고, 다음 모양으로 바꾸고, '0.5'초 기다리시오.

[유의사항]
※ 프로그램의 성능을 개선시키기 위한 내용으로 수정하시오.

해설

1 고양이 깃발에 닿았는가?
  ① [고양이] 스프라이트를 선택합니다.
  ② [감지] 블록 중 [마우스 포인터에 닿았는가?] 블록을 조건에 드래그 하여 추가한 후 목록 단추를 눌러 '고양이 깃발'을 선택합니다.

```
만약  고양이 깃발 ▼  에  닿았는가?  (이)라면
```

2 고양이 타이머 측정

① [형태] 블록 중 [Hello! 말하기] 블록을 [만약 ~라면] 블록 안으로 드래그 하여 추가합니다.
② [감지] 블록 중 [타이머] 블록을 [Hello! 말하기] 블록 입력상자에 드래그 하여 추가합니다.
③ [제어] 블록 중 [모두 멈추기] 블록을 [타이머 말하기] 블록 아래로 드래그 하여 추가한 후 목록 단추를 눌러 '이 스크립트'를 선택합니다.

```
만약  고양이 깃발 ▼  에  닿았는가?  (이)라면
    타이머  말하기
    이 스크립트 ▼  멈추기
```

3 게 깃발에 닿았는가?

① [게] 스프라이트를 선택합니다.
② [감지] 블록 중 [마우스 포인터에 닿았는가?] 블록을 조건에 드래그 하여 추가한 후 목록 단추를 눌러 '게 깃발'을 선택합니다.

```
만약  게 깃발 ▼  에  닿았는가?  (이)라면
```

4 게 타이머 측정

① [형태] 블록 중 [Hello! 말하기] 블록을 [만약 ~라면] 블록 안으로 드래그 하여 추가합니다.
② [감지] 블록 중 [타이머] 블록을 [Hello! 말하기] 블록 입력상자에 드래그 하여 추가합니다.
③ [제어] 블록 중 [모두 멈추기] 블록을 [타이머 말하기] 블록 아래로 드래그 하여 추가한 후 목록 단추를 눌러 '이 스크립트'를 선택합니다.

```
만약  게 깃발 ▼  에  닿았는가?  (이)라면
    타이머  말하기
    이 스크립트 ▼  멈추기
```

1 스크래치에서 감지 기능의 활용에 대한 설명으로 옳지 않은 것은 무엇입니까?

① 제어 블록들을 조합한 후에 다양한 동작들을 편리하게 구현할 수 있습니다.

② 스프라이트 사이의 충돌 현상을 통해 고양이가 쥐를 잡았는지 여부를 판단할 수 있습니다.

③ 특정한 색상과 접촉했을 때, 감지하여 대상과 충돌했는지를 판단할 수 있습니다.

④ 스프라이트 사이의 거리를 감지하는 기능을 활용한다면 무제한의 거리에서도 장치를 만들 수 있습니다.

2 감지 관련 블록들에 대한 공통적인 설명으로 틀린 것은 무엇입니까?

① 참 값만 표현하는 조건 블록 형태로 제공합니다.

② 대상 스프라이트에 감지 기능을 실행할 현상이 발생했는지를 구분합니다.

③ 타이머를 기본 값인 0으로 초기화하는 블록의 종류입니다.

④ 관찰 대상 스프라이트를 조작하는 문장 블록의 형태를 포함합니다.

3 다음 중에서 스프라이트가 다른 스프라이트, 벽 또는 마우스 포인터 등에 닿았는가를 실행하는 블록은 어느 것입니까?

4 다음 중에서 무대나 스프라이트의 x좌표, y좌표, 방향 등의 정보를 계산하는 블록은 무엇입니까?

정답 1. ④   2. ①   3. ③   4. ①

5 멀티 모달 인터페이스에 대한 설명으로 옳지 않은 것은 무엇입니까?

① 보통 응용 프로그램의 주 대화상자로 호칭합니다.

② 대화상자를 열기할 때, 대부분 사용됩니다.

③ 특수하고, 전문적인 대화상자만을 의미합니다.

④ 모달 유형으로 컴퓨터의 키보드가 대표적일 수 있습니다.

6 멀티 모달 인터페이스의 장점이 아닌 것은 무엇입니까?

① 모달은 사람을 중심으로 지향합니다.

② 키보드 조작에 어려움으로 일반인은 활용하기 어렵습니다.

③ 자연스러우면서 효율적인 컴퓨터와의 소통을 도와주는 역할을 의미합니다.

④ 키보드 조작에 부자연스러움을 겪고 있는 노인이나 장애인들에게 음성으로 인식하는 인터페이스 역할을 합니다.

7 다음 중에서 비디오 동작에 대한 관찰 범위의 값으로 손동작이 크면 커질수록 값이 증가하는 블록은 무엇입니까?

① `비디오 [동작▼] 에 대한 [무대▼] 에서의 관찰값`

② `비디오 [방향▼] 에 대한 [무대▼] 에서의 관찰값`

③ `비디오 [동작▼] 에 대한 [이 스프라이트▼] 에서의 관찰값`

④ `비디오 투명도를 (50) % 로 정하기`

정답 5. ③ 6. ② 7. ①

09 PART 실습문제

1 '문제1.sb2' 파일을 활용하여 지시된 내용으로 프로그램을 작성합니다.

설명

돼지가 늑대로부터 피해 다니는 프로그램입니다.

동작 과정

1 🏳 클릭하면
- → 무대에는 돼지가 보입니다.
- → 돼지가 마우스 포인터를 따라 움직입니다.
- → 늑대는 '잡아라!' 외치고 돼지를 따라 움직입니다. 시간이 지남에 따라 늑대가 복제되어 동일하게 움직입니다.
- → 돼지가 잡히면 프로그램이 종료되고 무대 화면이 나타납니다.

2 프로그램 종료하기

변수 설명

▶ X : x좌표 값이 저장되는 변수입니다.
▶ Y : y좌표 값이 저장되는 변수입니다.
▶ 늑대 수 : 늑대의 수가 저장되는 변수입니다.
▶ 종료 : 초기값은 '0'이고, '1'이 되면 프로그램을 종료시키는 변수입니다.

지시 사항

코딩 스프라이트 : 고양이

▶ 🏳 클릭했을 때
  1) 다음 내용을 순서대로 '종료' 변수가 '0' 보다 클 때까지 반복하시오.
    → 'X'를 '마우스 x좌표'로 정하시오.
    → 'Y'를 '마우스 y좌표'로 정하시오.
    → x: 'X', y: 'Y' 로 이동하시오.
    → '늑대'에 닿으면 '종료'를 '1'로 정하시오. 숨기시오. '게임종료' 방송하시오.

[유의사항]
※ 프로그램의 성능을 개선시키기 위한 내용으로 수정하시오.

2 '문제2.sb2' 파일을 활용하여 지시된 내용으로 프로그램을 작성합니다.

설명

사과를 따서 바구니에 담는 프로그램입니다.

동작 과정

1 🏳 클릭하면
  → 무대에는 사과와 바구니가 보입니다.
  → 사과를 바구니로 드래그 하면 수량이 1씩 증가됩니다.
  → 사과 10개를 담으면 더 이상 딸 수 있는 사과가 없습니다.

2 프로그램 종료하기

변수 설명

▶ 사과수 : 바구니에 담긴 사과의 개수가 저장되는 변수입니다.

> 지시 사항

코딩 스프라이트 : 사과

▶ 🚩 클릭했을 때

1) '사과'를 복제한 후 '바구니'에 닿을 때까지 기다리다가 '바구니'에 닿으면 '사과수'를 '1' 만큼 바꾸시오.

▶ 복제되었을 때

1) '초기화'를 실행한 후 '사과'를 복제하시오.
2) '사과수'를 '0'으로 정하시오.
3) '사과'를 복제한 후 '바구니'에 닿을 때까지 기다리다가 '바구니'에 닿으면 '사과수'를 '1' 만큼 바꾸시오.

[유의사항]

※ 프로그램의 성능을 개선시키기 위한 내용으로 수정하시오.

3 '문제3.sb2' 파일을 활용하여 지시된 내용으로 프로그램을 작성합니다.

설명
움직이는 야구공을 잡는 프로그램입니다.

동작 과정

1 🏁 클릭하면
  → 무대에는 꽃게와 고양이가 보입니다.
  → 꽃게가 야구공을 임의의 위치로 던집니다.
  → 고양이가 야구공을 받으면 점수가 올라갑니다.

2 프로그램 종료하기

변수 설명
▶ 점수 : 점수가 저장되는 변수입니다.

지시 사항

코딩 스프라이트 : 고양이

▶ '반복'을 받았을 때
  → 만약 '스페이스' 키를 누르면 모양을 'cat flying'으로 바꾸시오.

▶ '왼쪽 화살표' 키를 눌렀을 때
  → '-90'도 방향을 보고 '10'만큼 움직이기 합니다.

▶ '오른쪽 화살표' 키를 눌렀을 때
  → '90'도 방향을 보고 '10'만큼 움직이기 합니다.

[유의사항]
※ 지시사항에서 설명한 블록만 이용하시오.

CHAPTER 10

Scratch Programming

이벤트형 동작 프로그래밍

이 장에서 무엇을 공부하나요?

- 이벤트 현상의 개념과 이벤트 처리 프로그램의 개념을 학습합니다.
- 메시지 방송을 활용하는 개념을 이해합니다.
- 스크래치에서 이벤트 처리하는 과정과 관련된 블록들을 활용합니다.
- 스크래치 환경에서 이벤트가 처리되는 관련된 블록들을 학습합니다.
- 비디오와 오디오를 통해 활용하는 이벤트 처리 블록 기능을 활용합니다.

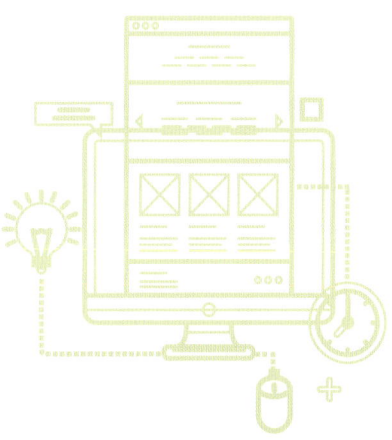

SECTION 01 이벤트 현상의 이해

이벤트란 모든 동작을 발행하게 되는 사건들을 의미합니다. 일상생활 속에서도 이벤트가 수행되는 경우가 아주 많이 있습니다. 이벤트는 예상치 않은 일들로 인해 일어나는 모든 행동을 포함합니다. 위급한 상황에 몸을 피하거나, 천재지변에 대한 즉각적인 행동이 모두 이벤트에 해당됩니다. 이것은 프로그램에서도 이벤트가 있을 때, 반응이 필요합니다. 대표적인 예로 마우스 클릭, 키보드 입력 등이 있습니다. 이벤트 처리가 중심이 되는 프로그램에는 마우스 클릭과 키보드에 지속적으로 반응하는 게임들이 있습니다.

이벤트가 핵심인 프로그램의 실행 및 모든 과정을 이벤트 중심 프로그램 또는 이벤트 드리븐(Event Driven) 프로그램이라고 호칭합니다.

스크래치에서는 이벤트를 통해 게임 또는 인터랙티브 스토리 등과 같이 사용자와 상호작용이 원활한 프로그램 개발을 지원합니다.

스크래치 이벤트 처리를 활용하게 되면 다양한 동작들을 편리하게 프로그래밍 할 수 있다는 장점이 있습니다. 예를 들어, 키보드를 활용한 이벤트로 다양한 처리를 조정할 수 있습니다. 그리고 무대 배경을 동작 유형에 따라 배경이 바다에서 운동장 등으로 바뀌고, 그에 따른 다양한 주인공의 행동을 연출할 수도 있습니다.

또 다른 예로 고양이가 쥐의 움직임에 따라 쥐를 쫓아가도록 이벤트를 설정할 수 있습니다. 그것은 카메라 또는 마이크로부터 받은 신호에 따라 자료의 값을 활용하고, 이로 인해 동작과 음성인식 프로그램도 작성할 수 있습니다.

1 일반적인 이벤트의 개념과 스크래치 환경의 이벤트

스크래치는 이벤트 드리븐 프로그래밍이라는 방식을 지원합니다. 주로 사용자와 상호작용이 많은 게임, 인터랙티브 스토리와 같은 프로그램 개발에 용이하게 적용합니다.

스크래치가 지원하는 이벤트의 종류 중에서 외부 이벤트가 있는데 마우스, 키보드, 마이크, 카메라 등과 같은 주요 입력 장치를 활용하여 발생합니다.

예를 들어 타이머 이벤트가 있는데 시간의 측정과 흐름을 통해 발생하는 이벤트의 유형이라고 볼 수 있습니다. 그리고 내부 이벤트는 프로그램 실행 중에서 스프라이트 또는 무대 배경의 변경, 동일한 스프라이트의 복제 및 만들기, 지정한 메시지만 인식하는 등의 이벤트가 있습니다.

Tip 자신과 똑같은 스프라이트를 만들기는 스프라이트 복제할 때 발생하는 이벤트입니다.

② 스크래치에서 지원하는 이벤트

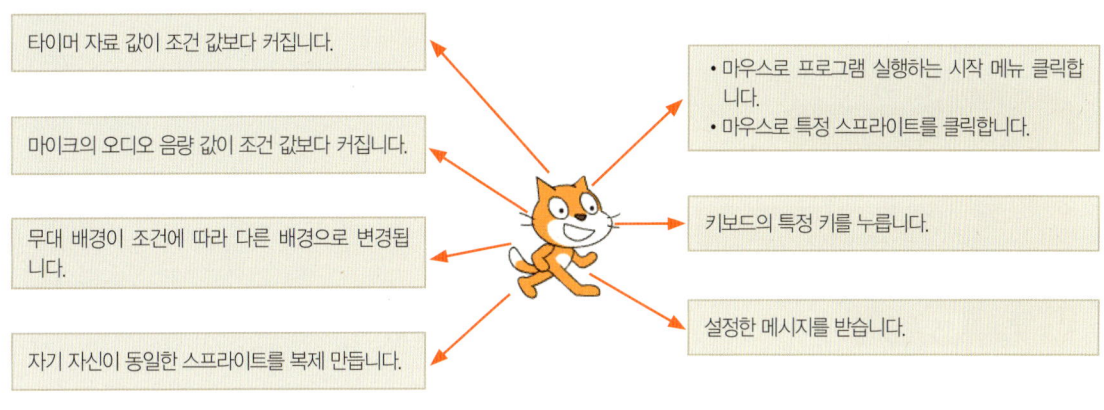

▲ 스크래치에서 지원하는 이벤트 유형

③ 이벤트의 처리 과정과 감지 유형의 차이

동일한 목적에 이벤트와 감지 과정의 방식이 모두 가능할 때, 마우스와 키보드의 특정한 키 클릭의 이벤트 발생과 감지 기능에 따른 과정을 처리해야 합니다.

이벤트 처리 유형에 따른 이벤트가 발생했을 때, 프로세스 흐름의 단위인 새로운 스레드를 만들기 합니다. 이런 과정은 이벤트가 발생하는 시점에 스레드를 만들기 하고, 이벤트의 처리 기능과 다른 기능들을 동시에 작게 나누어 실행하는 병렬적인 방법으로 수행합니다.

감지 방식은 특별한 현상이 생성된 시기에 감지하는 부분에서 많은 제약점이 존재할 수 있습니다. 감지의 시작은 감지가 이루어지는 시점에서 발생한 특별한 현상들만을 인식하는 기능에 있습니다.

예를 들어 만일 프로그램이 키보드 입력을 통해 감지 기능을 실행했을 때, 다른 연산을 수행하면서 다른 키를 클릭한다면 프로그램은 실행하던 현상을 더 이상 실행하지 못하게 됩니다. 따라서, 특정한 현상 또는 사건을 필수적으로 처리해야 한다면 감지로 처리하지 않고, 이벤트 형식으로 처리하는 것이 바람직합니다.

④ 스크래치의 이벤트 실행 과정을 위한 블록

이벤트 실행 과정과 관련 있는 블록들은 [스크립트] 탭의 [이벤트] 메뉴에 있습니다.

블록	설명
클릭했을 때	실행 단추를 클릭했을 때, 이벤트에 연결된 블록들의 과정을 실행합니다.
스페이스 키를 눌렀을 때	스페이스 키 등을 포함한 다양한 선택 영역을 클릭했을 때, 연결된 블록들을 단계별로 실행합니다.
이 스프라이트가 클릭될 때	이 스프라이트를 클릭했을 때 연결된 블록들을 단계별로 실행합니다.
배경이 배경1 (으)로 바뀌었을 때	배경으로 바뀌었을 때, 설정된 배경에 따른 연결블록들을 순차적으로 실행합니다.
음량 > 10 일 때	음량, 타이머, 비디오 동작 등이 입력한 값보다 크다면 연결된 블록들을 순차적으로 실행합니다.
메시지1 을(를) 받았을 때	선택한 메시지를 받았을 때, 연결된 블록들을 단계별로 실행합니다.
메시지1 방송하기	모든 스프라이트에 특정한 메시지를 방송하고 이어지는 동작을 즉각적으로 실행합니다.
메시지1 방송하고 기다리기	모든 스프라이트에 메시지를 방송하고 이 메시지를 받게 되면 실행되고 있는 블록들의 실행을 종료한 후 이어지는 동작을 실행합니다.

⑤ 메시지 방송의 활용 방법

메시지를 방송하고자 할 때, 사용자는 이름을 지정하고 특정한 메시지를 프로그램 내에 있는 모든 스프라이트들과 무대에 방송을 시작합니다. 여기서 방송의 전달에 대한 의미는 메시지를 일부의 대상이 아닌 모든 대상에게 전달하는 것입니다. 더욱이 메시지의 방송은 다른 스프라이트들에게도 전달할 수 있습니다.

메시지를 방송하는 과정은 메시지 방송과 관련하여 사용할 수 있는 블록들을 활용합니다.

블록	설명
메시지1 방송하기	목록 선택 메뉴에 설정된 메시지를 방송합니다. 스프라이트에 메시지를 방송하고, 즉시 그 다음의 관련 행동들을 실행합니다.
메시지1 방송하고 기다리기	목록 선택 메뉴에 선택된 메시지를 방송하고, 대답을 기다립니다. 스프라이트는 메시지를 방송하고, 이 메시지 방송과 관련된 모든 스프라이트와 무대의 움직임이 모두 종료될 때까지 대기하였다가 다음 동작을 실행합니다.

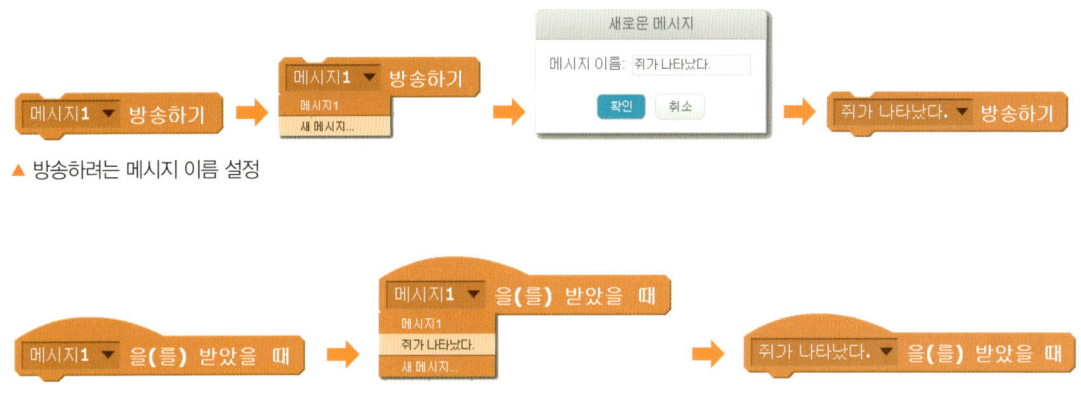
▲ 방송하려는 메시지 이름 설정

▲ 이벤트 블록 만들기

3마리의 고양이 모두가 '쥐가 나타났다.'라는 메시지를 받았을 때 고양이 모두 쥐 스프라이트를 쫓아가는 행동을 실행합니다. 동일한 메시지를 받았을 때 고양이마다 다른 문장을 지시하면 각자 다른 행동을 할 수 있습니다.

▲ 3마리 고양이 모두에게 동일하게 적용한 예

Tip 각각의 스프라이트가 특정한 메시지를 받으면 동시에 실행되는 병렬적인 방식으로 수행합니다.

◎ 파일명 : 키보드로 방향 제어하기.sb2

설명

키보드를 사용해서 물고기 방향을 제어하는 프로그램입니다.

동작 과정

1 🚩 클릭하면
  → 무대에 물고기가 보입니다.
  → 키보드 키에 따라 해당 방향으로 움직입니다.

2 프로그램 종료하기

변수 설명

▶ 수영 : 물고기의 상태가 저장되는 변수입니다.

지시 사항

코딩 스프라이트 : 물고기

▶ 🚩 클릭했을 때
  1) 'a' 키를 눌렀을 때 '0'도 방향을 보고 움직이면서 '색깔' 효과를 '25' 만큼 바꾸시오.
  2) 'b' 키를 눌렀을 때 '90'도 방향을 보고 움직이면서 '색깔' 효과를 '25' 만큼 바꾸시오.
  3) 'c' 키를 눌렀을 때 '180'도 방향을 보고 움직이면서 '색깔' 효과를 '25' 만큼 바꾸시오.
  4) 'd' 키를 눌렀을 때 '-90'도 방향을 보고 움직이면서 '색깔' 효과를 '25' 만큼 바꾸시오.

[유의사항]

※ 프로그램의 성능을 개선시키기 위한 내용으로 수정하시오.

해설

1 a 키를 눌렀을 때
  ① [0도 방향 보기] 블록이 있는 [아무 키를 눌렀을 때] 블록의 목록 단추를 클릭하여 'a'를 선택합니다.
  ② [색깔 효과를 만큼 바꾸기] 블록 입력란에 『25』로 수정합니다.

```
a ▼ 키를 눌렀을 때
만약 ⟨ 수영 = 헤엄치기 ⟩ (이)라면
    0 ▼ 도 방향 보기
    5 만큼 움직이기
    색깔 ▼ 효과를 25 만큼 바꾸기
```

❷ b 키를 눌렀을 때

① [90도 방향 보기] 블록이 있는 [아무 키를 눌렀을 때] 블록의 목록 단추를 클릭하여 'b'를 선택합니다.

② [색깔 효과를 만큼 바꾸기] 블록 입력란에 『25』로 수정합니다.

```
b ▼ 키를 눌렀을 때
만약 ⟨ 수영 = 헤엄치기 ⟩ (이)라면
    90 ▼ 도 방향 보기
    5 만큼 움직이기
    색깔 ▼ 효과를 25 만큼 바꾸기
```

❸ c 키를 눌렀을 때

① [180도 방향 보기] 블록이 있는 [아무 키를 눌렀을 때] 블록의 목록 단추를 클릭하여 'c'를 선택합니다.

② [색깔 효과를 만큼 바꾸기] 블록 입력란에 『25』로 수정합니다.

```
c ▼ 키를 눌렀을 때
만약 ⟨ 수영 = 헤엄치기 ⟩ (이)라면
    180 ▼ 도 방향 보기
    5 만큼 움직이기
    색깔 ▼ 효과를 25 만큼 바꾸기
```

4 d 키를 눌렀을 때

① [-90도 방향 보기] 블록이 있는 [아무 키를 눌렀을 때] 블록의 목록 단추를 클릭하여 'd'를 선택합니다.

② [색깔 효과를 만큼 바꾸기] 블록 입력란에 『25』로 수정합니다.

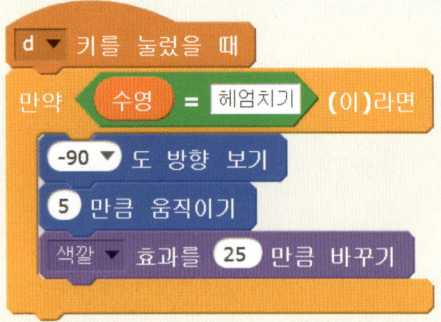

◎ 파일명 : 상어에게 쫓기는 물고기.sb2

설명

키보드를 사용해서 물고기 방향을 제어하는 프로그램입니다.

동작 과정

1 🏁 클릭하면
- → 무대에 상어와 물고기가 보입니다.
- → 물고기는 키보드 방향키에 따라 움직입니다.
- → 상어는 물고기까지 거리가 가까워지면 물고기를 쫓아갑니다. 다만, 상어를 클릭했을 때만 동작합니다.
- → 물고기가 상어에게 잡히면 '잡았다. ㅋㅋㅋ'를 말하고 모두 멈춥니다.

2 프로그램 종료하기

변수 설명

▶ 물고기 따라잡기 : 물고기의 상태가 저장되는 변수입니다.

지시 사항

코딩 스프라이트 : 상어

▶ 이 스프라이트가 클릭될 때
1) '물고기'까지의 거리가 '150'보다 작으면 아래 사항을 무한 반복하시오.
   → '물고기' 쪽을 보고 다음 모양으로 바꾸오. '4'만큼 움직이고 '물고기를 잡았는가?' 프로시저를 실행한 후 '0.1'초 기다리시오.

▶ 정의하기 '물고기를 잡았는가?'
1) '물고기'에 닿으면 아래 사항을 무한 반복하시오.
   → '물고기 따라잡기'를 '잡혔다.'로 정하시오.
   → 모양을 '상어_b'로 바꾸고, '잡았다. ㅋㅋㅋ'를 '2'초 동안 말하고 '모두' 멈추시오.

[유의사항]

※ 프로그램의 성능을 개선시키기 위한 내용으로 수정하시오.

해설

1 스프라이트 클릭 이벤트

① [상어] 스프라이트를 선택합니다.
② [이벤트] 블록 중 [이 스프라이트가 클릭될 때] 블록을 [무한 반복하기] 블록 위에 드래그 하여 추가합니다.

```
이 스프라이트가 클릭될 때
무한 반복하기
    만약 < 마우스 포인터▼ 까지 거리 > < [ ] (이)라면
        무한 반복하기
            물고기▼ 쪽 보기
            다음 모양으로 바꾸기
            4 만큼 움직이기
            0.1 초 기다리기
```

2 조건 지정

① [마우스 포인터까지 거리] 블록 목록 단추를 클릭한 후 '물고기'를 선택합니다.
② 조건 입력상자에 『150』을 입력합니다.

```
이 스프라이트가 클릭될 때
무한 반복하기
    만약 < 물고기▼ 까지 거리 > < 150 (이)라면
        무한 반복하기
            물고기▼ 쪽 보기
            다음 모양으로 바꾸기
            4 만큼 움직이기
            0.1 초 기다리기
```

3 프로시저 호출

① [추가 블록] 블록 중 [물고기를 잡았는가?] 블록을 [4만큼 움직이기] 블록 아래에 드래그 하여 추가합니다.

```
이 스프라이트가 클릭될 때
무한 반복하기
    만약 <물고기▼까지 거리> < 150 (이)라면
        무한 반복하기
            물고기▼ 쪽 보기
            다음 모양으로 바꾸기
            4 만큼 움직이기
            물고기를 잡았는가?
            0.1 초 기다리기
```

4 프로시저 실행

① [물고기 따라잡기를 정하기] 블록의 입력상자에 『잡혔다.』를 입력합니다.
② [2초 동안 말하기] 블록의 입력상자에 『잡았다. ㅋㅋㅋ』를 입력합니다.
③ [제어] 블록 중 [모두 멈추기] 블록을 드래그 하여 추가합니다.

```
정의하기 물고기를 잡았는가?
    만약 <물고기▼ 에 닿았는가?> (이)라면
        물고기 따라잡기▼ 을(를) 잡혔다. 로 정하기
        모양을 상어_b▼ (으)로 바꾸기
        잡았다. ㅋㅋㅋ 을(를) 2 초동안 말하기
        모두▼ 멈추기
```

◎ 파일명 : 10초 안에 도망치기.sb2

설명

키보드를 사용해서 물고기 방향을 제어하는 프로그램입니다.

동작 과정

1 🚩 클릭하면
- → 무대에 꽃게와 불가사리가 보입니다.
- → 불가사리는 키보드 방향키에 따라 움직이고 정해진 시간 동안 불가사리를 피해 도망 다닙니다.
- → 꽃게는 불가사리까지 거리가 가까워지면 불가사리를 쫓아갑니다.

2 프로그램 종료하기

변수 설명

▶ 따라잡기 : 불가사리의 상태가 저장되는 변수입니다.

지시 사항

코딩 스프라이트 : 불가사리

▶ '타이머'가 '10'일 때
  1) '따라잡기'가 '잡혔다'와 같으면 모양을 'starfish-b'로 바꾸시오. 아니면 '살았다!'를 '5'초 동안 말하고, '모두' 멈추시오.

[유의사항]
※ 프로그램의 성능을 개선시키기 위한 내용으로 수정하시오.

해설

1 타이머 이벤트
① [불가사리] 스프라이트를 선택합니다.
② [이벤트] 블록 중 [음량 > 10일 때] 블록을 [만약 ~이라면 ~아니면] 블록 위에 드래그 하여 추가한 후 목록 단추를 클릭하여 '타이머'를 선택합니다.

```
타이머 > 10 일 때
만약  ☐ = 잡혔다. (이)라면
    모양을 starfish-a (으)로 바꾸기
아니면
    ☐ 을(를) ○ 초동안 말하기
    모두 멈추기
```

② 조건 설정

① [데이터] 블록 중 [따라잡기] 블록을 조건 왼쪽에 드래그 하여 추가합니다.
② [모양을 starfish-a로 바꾸기] 목록 단추를 클릭하여 'starfish-b'로 선택합니다.
③ [를 초 동안 말하기] 블록 입력란에 『살았다!』와 『5』를 각각 입력합니다.

```
타이머 > 10 일 때
만약  따라잡기 = 잡혔다. (이)라면
    모양을 starfish-b (으)로 바꾸기
아니면
    살았다! 을(를) 5 초동안 말하기
    모두 멈추기
```

◎ 파일명 : 마녀와 귀신_음향효과.sb2

> 설명

키보드를 사용해서 물고기 방향을 제어하는 프로그램입니다.

> 동작 과정

1 🏁 클릭하면
- → 무대에 마녀와 귀신이 보입니다.
- → 귀신이 가까이 다가오면 마녀가 음향효과를 내면서 쫓아갑니다.

2 프로그램 종료하기

> 변수 설명

▶ 따라잡기 : 귀신의 상태가 저장되는 변수입니다.

> 지시 사항

코딩 스프라이트 : 마녀

▶ 🏁 클릭했을 때
  1) '귀신'까지 거리가 '150'보다 작으면 타이머를 초기화한 후에 '음향효과'를 방송하시오.

▶ 음향효과를 받았을 때
  1) '음향효과'를 끝까지 재생하고 '1'초 기다리기를 무한 반복하시오.

[유의사항]
※ 프로그램의 성능을 개선시키기 위한 내용으로 수정하시오.

> 해설

1 음향효과 방송하기
  ① [마녀] 스프라이트를 선택합니다.
  ② [이벤트] 블록 중 [음향효과 방송하기] 블록을 [타이머 초기화] 블록 아래에 드래그 하여 추가합니다.

```
만약  귀신▼ 까지 거리  < 150  (이)라면
    타이머 초기화
    음향효과▼ 방송하기
    무한 반복하기
        귀신▼ 쪽 보기
        색깔▼ 효과를 25 만큼 바꾸기
        4 만큼 움직이기
        귀신을 잡았는가?
        0.1 초 기다리기
```

❷ 음향효과를 받았을 때

① [이벤트] 블록 중 [음향효과를 받았을 때] 블록을 스크립트 창에 드래그 하여 추가합니다.
② [제어] 블록 중 [무한 반복하기] 블록을 [음향효과를 받았을 때] 블록 아래에 드래그 하여 추가합니다.
③ [소리] 블록 중 [음향효과 끝까지 재생하기] 블록을 [무한 반복하기] 블록 안으로 드래그 하여 추가합니다.
④ [제어] 블록 중 [1초 기다리기] 블록을 [음향효과 끝까지 재생하기] 블록 아래에 드래그 하여 추가합니다.

```
음향효과▼ 을(를) 받았을 때
무한 반복하기
    음향효과▼ 끝까지 재생하기
    1 초 기다리기
```

◎ 파일명 : 농구공의 동작을 제어하는 이벤트.sb2

설명

비디오 움직임을 통해 농구공을 제어하는 프로그램입니다.

동작 과정

1 🏁 클릭하면

→ 무대에 농구공이 보입니다.
→ 비디오가 켜지고 마우스를 클릭하면 마우스 포인터 방향으로 농구공은 움직임을 반복합니다.
→ 비디오 동작이 발생하면 농구공은 사라졌다가 5초 뒤에 다시 나타나 움직입니다.

2 프로그램 종료하기

지시 사항

코딩 스프라이트 : 농구공

▶ 🏁 클릭했을 때

 1) 비디오를 '켜기'를 실행한 후 농구공이 보이고 마우스 클릭을 하면 마우스 포인터 방향으로 움직이시오.

▶ '비디오 동작'이 '70' 보다 클 때

 1) 농구공을 숨기고, 타이머를 초기화하시오.

▶ '타이머'가 '5' 보다 클 때

 1) 농구공을 보이기 하시오.

[유의사항]

※ 프로그램의 성능을 개선시키기 위한 내용으로 수정하시오.

해설

1 비디오 켜기

 ① [감지] 블록 중 [비디오 켜기] 블록을 [크기를 50%로 정하기] 블록 아래에 드래그 하여 추가합니다.
 ② [형태] 블록 중 [보기] 블록을 [비디오 켜기] 블록 아래에 드래그 하여 추가합니다.

❷ 비디오 동작

① [이벤트] 블록 중 [음량 > 10일 때] 블록을 스크립트 창에 드래그 하여 추가한 후 목록 단추를 클릭하여 '비디오 동작'을 선택하고 입력란에 『70』으로 수정합니다.
② [형태] 블록 중 [숨기기] 블록을 드래그 하여 추가합니다.
③ [감지] 블록 중 [타이머 초기화] 블록을 드래그 하여 추가합니다.

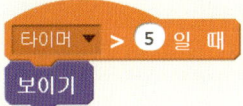

❸ 타이머

① [이벤트] 블록 중 [음량 > 10일 때] 블록을 스크립트 창에 드래그 하여 추가한 후 목록 단추를 클릭하여 '타이머'를 선택하고 입력란에 『5』로 수정합니다.
② [형태] 블록 중 [보이기] 블록을 드래그 하여 추가합니다.

SECTION 10 연습문제

1 다음 중에서 이벤트의 개념에 대한 설명으로 옳지 않은 것은 무엇입니까?

① 어떤 동작을 실행시키는 사건을 의미합니다.
② 어떤 상황에 대한 즉각적이 아닌 예상되는 행동이 모두 이벤트에 해당됩니다.
③ 이벤트는 예상치 않은 일들로 인해 일어나는 모든 행동을 포함합니다.
④ 프로그램에서도 이벤트가 있을 때, 반응이 필요합니다.

2 다음 중에서 스크래치 이벤트 처리를 활용하게 되는 설명으로 옳지 않은 것은?

① 다양한 동작들을 편리하게 프로그래밍 할 수 있다는 장점이 있습니다.
② 키보드를 활용한 이벤트로 다양한 처리를 조정할 수 있습니다.
③ 이벤트를 통해 무대 배경은 고정되어 바꿀 수 없습니다.
④ 다양한 주인공의 행동을 연출할 수도 있습니다.

3 다음 중에서 스크래치는 이벤트 드리븐 프로그래밍이라는 방식에 대한 설명으로 옳지 않은 것은 무엇입니까?

① 상호작용이 많은 게임, 인터랙티브 스토리와 같은 프로그램 개발에 용이하게 적용합니다.
② 스크래치가 지원하는 이벤트의 종류 중에서 내부, 외부 이벤트가 있습니다.
③ 타이머 이벤트가 있는데 시간의 측정과 흐름을 통해 발생하는 이벤트의 유형이라고 볼 수 있습니다.
④ 마우스, 키보드, 마이크, 카메라 등이 아닌 입력 장치를 활용하여 발생합니다.

4 다음 중에서 이벤트 처리 유형에 따른 이벤트가 발생했을 때의 설명이 아닌 것은 무엇입니까?

① 프로세스 흐름의 단위인 새로운 스레드를 만들기 합니다.
② 이벤트의 처리 기능으로 직렬적인 방법만 수행합니다.
③ 이벤트가 발생하는 시점에 스레드를 만들기 합니다.
④ 이벤트의 처리 기능과 다른 기능들을 동시에 작게 나누어 실행하는 병렬적인 방법으로 수행합니다.

 1. ②　2. ③　3. ④　4. ②

5 다음 중에서 스페이스 키 등을 포함한 다양한 선택 영역을 클릭했을 때, 연결된 블록들을 단계별로 실행하는 블록은 무엇입니까?

① 스페이스 ▼ 키를 눌렀을 때
② 이 스프라이트가 클릭될 때
③ 배경이 배경1 ▼ (으)로 바뀌었을 때
④ 메시지1 ▼ 방송하기

6 다음 중에서 메시지 방송에 대한 활용 방법에 대한 설명으로 옳지 않은 것은 무엇입니까?

① 사용자는 이름을 지정합니다.
② 특정한 메시지를 프로그램 내에 있는 모든 스프라이트들과 무대에 방송을 시작합니다.
③ 방송의 전달에 대한 의미는 메시지를 일부의 대상에게만 전달합니다.
④ 메시지의 방송은 다른 스프라이트들에게도 전달할 수 있습니다.

7 다음 블록에 대한 설명으로 옳은 것은 무엇입니까?

① 스페이스 키 등을 포함한 다양한 선택 영역을 클릭했을 때, 연결된 블록들을 단계별로 실행합니다.
② 배경으로 바뀌었을 때, 설정된 배경에 따른 연결 블록들을 순차적으로 실행합니다.
③ 선택한 메시지를 받았을 때, 연결된 블록들을 단계별로 실행합니다.
④ 모든 스프라이트에 특정한 메시지를 방송하고, 이어지는 동작을 즉각적으로 실행합니다.

정답 5. ①   6. ③   7. ②

SECTION 10 실습문제

1 '문제1.sb2' 파일을 활용하여 지시된 내용으로 프로그램을 작성합니다.

설명

늑대를 피해 돼지들이 벽돌집으로 도망가는 프로그램입니다.

동작 과정

1 🚩 클릭하면
  → 무대에는 벽돌집이 보입니다.
  → 벽돌집 문이 열리고 돼지들이 집으로 도망치면 문이 닫힙니다.
  → 늑대는 돼지들을 쫓아가다가 실패하고 다른 곳으로 이동합니다.
  → 늑대가 사라지면 돼지삼형제가 나와서 웃습니다.

2 프로그램 종료하기

지시 사항

코딩 스프라이트 : 벽돌집

▶ '들어가기'를 받았을 때
  1) 모양을 '벽돌집1'로 바꾸시오.
  2) '1'초 기다리시오.

▶ '벽돌집'을 받았을 때
  1) 모양을 '벽돌집2'로 바꾸시오.

[유의사항]
※ 프로그램의 성능을 개선시키기 위한 내용으로 수정하시오.

2 '문제2.sb2' 파일을 활용하여 지시된 내용으로 프로그램을 작성합니다.

> **설명**

여우가 포도주를 만드는 프로그램입니다.

> **동작 과정**

1 ▶ 클릭하면
→ 무대에는 여우와 나무통이 보입니다.
→ 여우가 발로 밟으면 포도알이 포도주로 점점 변해갑니다.

2 프로그램 종료하기

> **변수 설명**

▶ N : '횟수' 리스트 항목의 순서가 저장되는 변수입니다.
▶ S : 여우가 다섯 번 밟을 때마다 1씩 증가되어 저장되는 변수입니다.
▶ 밟기 : 여우가 밟은 횟수가 저장되는 변수입니다.

> **지시 사항**

코딩 스프라이트 : 여우

▶ '스페이스' 키를 눌렀을 때
  1) '밟기' 변수가 '15'보다 작으면 다음 모양으로 바꾸고, '밟기'를 '1'만큼 바꾸시오.

[유의사항]

※ 프로그램의 성능을 개선시키기 위한 내용으로 수정하시오.

3 '문제3.sb2' 파일을 활용하여 지시된 내용으로 프로그램을 작성합니다.

설명

늑대가 굴뚝 위로 올라갔다가 도망치는 프로그램입니다.

동작 과정

1 ▶ 클릭하면
  → 무대에는 늑대와 집이 보입니다.
  → 늑대가 굴뚝 위로 점프해서 올라갑니다.
  → 문이 열리면서 늑대는 엉덩이에 불이 붙어 도망칩니다.

2 프로그램 종료하기

지시 사항

코딩 스프라이트 : 늑대

▶ '점프'를 받았을 때

  1) 다음 사항을 '10'번 반복하시오.
    → 크기를 '-0.5' 만큼 바꾸시오.
    → '0.1'초 기다리시오.

▶ '나오기'를 받았을 때

  1) 모양을 '도망1'로 바꾸시오.
  2) x: '1' y: '31'로 이동하시오.
  3) 크기를 '100'%로 정하시오.
  4) 보이기를 하시오.

[유의사항]
※ 프로그램의 성능을 개선시키기 위한 내용으로 수정하시오.

Scratch Programming

CHAPTER 11
스프라이트 복제 범위 난수, 재귀호출 프로그래밍

이 장에서 무엇을 공부하나요?

- 스프라이트의 복제의 개념을 이해하고, 스크래치에서 복제 기능을 활용합니다.
- 원본 스프라이트와 스프라이트의 복제본 사이의 차이를 학습합니다.
- 무작위 난수의 개념을 이해하고, 스크래치에서 난수를 만드는 기능을 학습합니다.
- 재귀호출의 의미와 재귀호출을 활용한 수식 알고리즘들을 학습합니다.
- 스크래치에서 재귀 프로시저를 활용한 연산 프로그래밍을 분석합니다.

SECTION 01 스프라이트 복제와 활용

① 스크래치의 복제 기능

복제는 보편적으로 객체 지향형 프로그램에서는 원본을 복사한 객체를 의미하며 활용합니다. 이것은 메모리 영역에 복사하고, 그 복사된 객체를 스스로 동작할 수 있도록 처리합니다. 주요 기능에 따라서 동작합니다. 스크래치에서 복제는 스프라이트 자신과 동일한 특성의 개체를 만들기 하는 것이 핵심입니다. 또한 스크래치 프로그램에서는 비슷한 기능으로 복사한 블록을 활용합니다.

스크래치에서 복제 기능은 스프라이트의 모양과 현상을 그대로 유지한 채 복사하여 새로운 독립된 개체를 만들기 할 수 있습니다. 스프라이트에서 복제할 당시 적용된 다양한 그래픽 효과도 그대로 유지하여 반영할 수 있습니다. 따라서 모든 개체 및 효과를 복제할 수 있습니다. 예를 들어 스프라이트의 크기를 2배로 확대한 상태에서 복제하면 복제도 두 배로 확대된 크기를 반영합니다. 이런 경우, 여러 개체에 반복적으로 복제할 수 있습니다.

복제된 스프라이트의 다양한 행동은 개별적으로 스프라이트가 실행할 행동들에 대해 프로그래밍이 가능합니다. 모든 복제된 스프라이트는 기본적으로 원본 스프라이트가 수행해야 할 행동을 공통적으로 실행합니다.

▲ 원본 고양이   ▲ 복제된 고양이들이 수행하는 동작

② 스크래치의 복제 블록

복제 관련 블록들이 있고, [스크립트] 탭의 [제어] 메뉴에서 활용할 수 있습니다.

블록 종류	설명
복제되었을 때	복제되었을 때, 아래에 연결된 블록들의 기능을 순차적으로 실행합니다.
나 자신 ▼ 복제하기	설정된 동일한 스프라이트를 복제합니다.
이 복제본 삭제하기	복제본 스프라이트를 삭제합니다.

복제된 스프라이트에 행동을 좀 더 쉽게 이해하기 위해 기능을 활용하는 프로그램을 작성합니다. 실행을 클릭했을 때, 자신의 또 다른 복제본을 만들기 하는 고양이의 행동을 표현할 수 있습니다. 원본 고양이는 제자리에 그대로 정지된 상태를 유지하고, 복제된 고양이는 앞쪽 방향을 향해 '10' 만큼 움직인 후 '1'초씩 기다리기를 무한 반복합니다.

▶ 파일명 : 복제1.sb2

▲ 원본 고양이 스크립트   ▲ 복제본 고양이 스크립트   원본 고양이   복제된 고양이

원본 스프라이트의 이벤트 처리 기능이 있을 때, 복제된 스프라이트에 동일한 효과를 적용할 수 있습니다. 예를 들어 키보드의 방향기에 따라 이벤트를 처리하고, 스프라이트가 자신의 복제본을 작성히였다면 방향 키의 클릭에 대해서 원본 스프라이트뿐만 아니라 복제본도 동일한 효과를 적용합니다.

▶ 파일명 : 복제2.sb2

원본 고양이는 멈춰 있는 상태를 유지하고 복제된 고양이는 계속해서 앞쪽으로 움직입니다. 이벤트 처리인 키보드의 ← 또는 →를 클릭했을 때 원본과 복제본 모두 해당 화살표 방향으로 -10 또는 10만큼 움직이는 동작을 하게 됩니다.

만약에 복제된 스프라이트가 방향키의 움직임에 영향을 받지 않으려면 방향키를 이벤트로 처리하면 안 됩니다. 원본 스프라이트의 스크립트에서 내부적으로 감지 기능에 따라 처리하면 복제본은 영향을 받지 않게 됩니다.

▶ 파일명 : 복제3.sb2

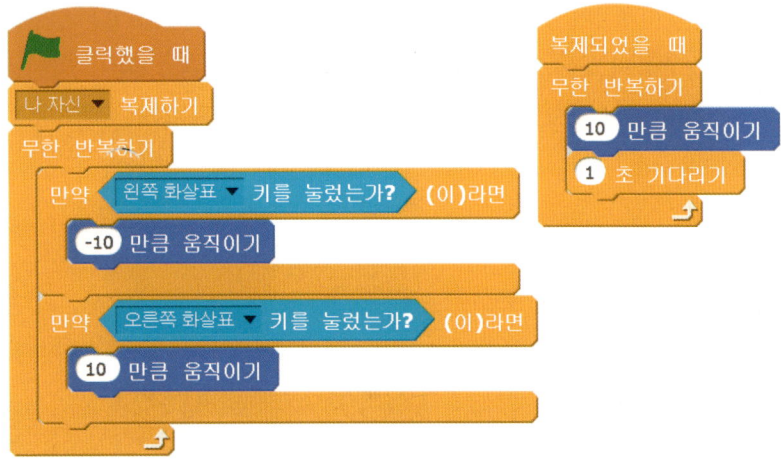

원본 고양이는 멈춰 있는 상태를 유지하고 복제된 고양이는 계속해서 앞쪽으로 움직입니다. 감지 기능으로 키보드의 ← 또는 →를 클릭했을 때 원본은 해당 화살표 방향으로 움직이고, 복제본은 계속해서 앞쪽으로 움직입니다.

◎ 파일명 : 눈송이가 마우스 포인터를 쫓아다니기.sb2

설명

눈송이가 복제되면서 마우스 포인터를 따라 따라가는 프로그램입니다.

동작 과정

1 ▶ 클릭하면
→ 무대에 눈송이가 보입니다.
→ 눈송이를 클릭하면 눈송이가 복제된 후 색이 변하면서 마우스 포인터를 따라가다 사라집니다.

2 프로그램 종료하기

지시 사항

코딩 스프라이트 : 눈송이

▶ '눈송이 복제하기'를 받았을 때
  1) 다음 사항을 무한 반복하시오.
     → '나 자신'을 복제하시오.

▶ 복제되었을 때
  1) 다음 사항을 '30'번 반복하시오.
     → '-5' 만큼 움직이시오.
  2) 이 복제본을 삭제하시오.

[유의사항]
※ 프로그램의 성능을 개선시키기 위한 내용으로 수정하시오.

해설

1 나 자신을 복제
  ① [제어] 블록 중 [무한 반복하기] 블록을 [눈송이 복제하기를 받았을 때] 블록 아래에 드래그 하여 추가합니다.
  ② [제어] 블록 중 [나 자신 복제하기] 블록을 [무한 반복하기] 블록 안으로 드래그 하여 추가합니다.

눈송이 복제하기 을(를) 받았을 때
무한 반복하기
　나 자신 복제하기

2 복제되었을 때

① [제어] 블록 중 [복제되었을 때] 블록을 스크립트 창으로 드래그 하여 추가합니다.
② [제어] 블록 중 [10번 반복하기] 블록을 [복제되었을 때] 블록 아래에 드래그 하여 추가한 후 입력란에 『30』으로 수정합니다.
③ [동작] 블록 중 [10만큼 움직이기] 블록을 [30번 반복하기] 블록 안으로 드래그 하여 추가한 후 입력란에 『-5』로 수정합니다.
④ [제어] 블록 중 [이 복제본 삭제하기] 블록을 [30번 반복하기] 블록 아래에 드래그 하여 추가합니다.

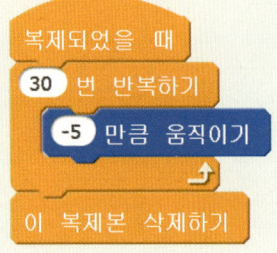

◎ 파일명 : 화살로 풍선 터트리기.sb2

설명

화살로 풍선을 맞추는 프로그램입니다.

동작 과정

1 ▶ 클릭하면
- → 무대에 화살이 보입니다.
- → 화살은 위, 아래로만 움직이고 특정키를 누르면 오른쪽으로 날아갑니다.
- → 풍선은 아래서 위로 올라가며, 화살에 맞거나 벽에 닿으면 사라지고 점수가 올라갑니다.

2 프로그램 종료하기

지시 사항

코딩 스프라이트 : 풍선

▶ ▶ 클릭했을 때
  1) 다음 사항을 무한 반복하시오.
     → '나 자신'을 복제하고 '3'초 기다리시오.

▶ 복제되었을 때
  1) 다음 사항을 무한 반복하시오.
     → y좌표를 '10' 만큼 바꾸시오.
     → '화살에 맞으면 실행하기'와 '벽에 닿으면 삭제하기' 프로시저를 실행한 후 '0.1'초 기다리시오.

코딩 스프라이트 : 화살

▶ 정의하기 '풍선 터트리기'
  1) '스페이스' 키를 누르면 다음 사항을 실행하시오.
     → '나 자신'을 복제한 후 '0.1'초 기다리시오.

▶ 복제되었을 때
  1) '벽'에 닿으면 다음 사항을 실행하시오.
     → 이 복제본을 삭제하시오.

[유의사항]
※ 프로그램의 성능을 개선시키기 위한 내용으로 수정하시오.

> 해설

1 풍선 복제

① [풍선] 스프라이트를 선택합니다.
② [제어] 블록 중 [나 자신 복제하기] 블록을 [클릭했을 때] 이벤트 블록에 있는 [무한 반복하기] 블록 안에 드래그 하여 추가합니다.
③ [제어] 블록 중 [3초 기다리기] 블록을 [나 자신 복제하기] 블록 아래에 드래그 하여 추가합니다.

2 복제되었을 때

① [제어] 블록 중 [x좌표를 10만큼 바꾸기] 블록을 [복제되었을 때] 이벤트 블록에 있는 [무한 반복하기] 블록 안에 드래그 하여 추가합니다.
② [추가 블록] 블록 중 [화살 맞으면 실행하기] 블록을 [x좌표를 10만큼 바꾸기] 블록 아래에 드래그 하여 추가합니다.
③ [추가 블록] 블록 중 [벽에 닿으면 삭제하기] 블록을 [화살 맞으면 실행하기] 블록 아래에 드래그 하여 추가합니다.
④ [제어] 블록 중 [1초 기다리기] 블록을 [벽에 닿으면 삭제하기] 블록 아래에 드래그 하여 추가한 후 입력란에 『0.1』로 수정합니다.

3 화살 복제

① [화살] 스프라이트를 선택합니다.
② [감지] 블록 중 [스페이스 키를 눌렀는가?] 블록을 [만약 ~이라면] 조건에 드래그 하여 추가합니다.
③ [제어] 블록 중 [나 자신 복제하기] 블록을 [만약 ~이라면] 블록 안에 드래그 하여 추가합니다.
④ [제어] 블록 중 [1초 기다리기] 블록을 [나 자신 복제하기] 블록 아래에 드래그 하여 추가한 후 입력란에 『0.1』로 수정합니다.

```
정의하기  풍선 터트리기
만약  <스페이스▼ 키를 눌렀는가?> (이)라면
    나 자신▼ 복제하기
    0.1 초 기다리기
```

4 복제본 삭제

① [감지] 블록 중 [마우스 포인터에 닿았는가?] 블록을 [만약 ~이라면] 조건에 드래그 하여 추가한 후 목록 단추를 클릭하여 '벽'을 선택합니다.
② [제어] 블록 중 [이 복제본 삭제하기] 블록을 [만약 ~이라면] 블록 안에 드래그 하여 추가합니다.

```
복제되었을 때
무한 반복하기
    x좌표를 20 만큼 바꾸기
    만약 <벽▼ 에 닿았는가?> (이)라면
        이 복제본 삭제하기
```

SECTION 02 | 난수의 활용

SCRATCH PROGRAMMING

① 난수의 이해

난수는 지정된 범위 영역 안에서 무작위로 추출된 숫자 값을 의미합니다. 난수가 주로 사용되는 예로 복권이나 주택청약 추첨에서 당첨번호를 만들기 합니다. 그리고 게임 등에서 무작위로 등장하는 출현 방식의 아이템들이 있습니다. 또한 예측이 안 된 상태에서 갑자기 생긴 일 또는 작업들의 시뮬레이션이 대표적인 예입니다.

▲ 당첨 번호 추첨하기

▲ 게임에서 예측하지 못한 위치에서 출현

▲ 일시적인 작업의 시뮬레이션

② 컴퓨터의 난수 만들기

컴퓨터에서 난수를 만드는 방법으로 이미 지정된 계산 방법을 사용하기 때문에 번번이 만드는 난수의 배열 형식과 같습니다. 이것은 번번이 실행할 때마다 같은 패턴 유형의 게임이 대표적인 예입니다. 같은 패턴의 문제를 계속 변화하는 컴퓨터의 현재 시각을 통해 번번이 다른 난수의 배열로 만들기 할 수 있습니다. 이런 경우 컴퓨터의 시간을 변경한다면 결국 동일한 난수 배열 만들기가 가능하게 됩니다.

난수의 종류 중에서 의사 난수는 같은 조건 하에서는 동일한 배열로 만들어지는 난수 종류입니다. 컴퓨터에 의해 만들어지는 모든 난수는 의사 난수 형식입니다.

▲ 컴퓨터의 난수 만들기에 씨앗값을 사용하지 않는 경우

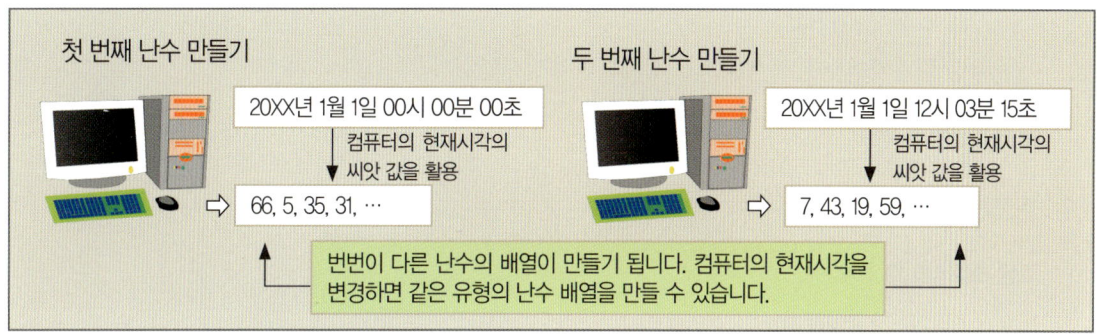

▲ 컴퓨터의 난수 만들기에 씨앗값을 사용하는 경우

③ 스크래치의 난수 만드는 특성

정수 또는 실수를 무작위 방법으로 만들기 할 때, 필요한 자료 형태의 블록들을 제공합니다. [스크립트] 탭의 [연산] 메뉴에 있습니다.

▲ 정수로 난수 만들기   ▲ 실수로 난수 만들기

범위를 입력할 때 어느 한쪽이라도 실수로 입력하면 실수로 난수가 만들어집니다.

◎ 파일명 : 용이 불특정 방향으로 움직이기.sb2

설명

용이 불특정 방향으로 복제되어 움직이는 프로그램입니다.

동작 과정

1 🚩 클릭하면

→ 무대에 용이 보입니다.

→ 용을 클릭하면 불특정 방향으로 복제되면서 날아갑니다.

2 프로그램 종료하기

지시 사항

코딩 스프라이트 : 용

▶ 이 스프라이트가 클릭될 때

  1) '용 복제하기'를 방송하고 다음 사항을 무한 반복하시오.

      → 벽에 닿으면 튕기기 하시오.

      → '방향' – '5' 부터 '방향' + '5' 사이의 난수 값으로 방향 보기를 하시오.

      → '5' 만큼 움직이고, '색깔' 효과를 '30' 만큼 바꾸시오.

▶ 복제되었을 때

  1) 다음 사항을 10번 반복하시오.

      → '–10' 만큼 움직이기 하시오.

  2) 이 복제본 삭제하기 하시오.

[유의사항]

※ 프로그램의 성능을 개선시키기 위한 내용으로 수정하시오.

해설

1 용의 방향 설정

  ① [동작] 블록 중 [벽에 닿으면 튕기기] 블록을 [이 스프라이트가 클릭될 때] 이벤트 블록에 있는 [무한 반복하기] 블록 안에 드래그 하여 추가합니다.

  ② [~ 부터 ~ 사이의 난수] 입력란에 『–5』와 『5』를 입력합니다.

③ [~ 만큼 움직이기] 입력란에 『5』를 입력합니다.
④ [색깔 효과를 ~ 만큼 바꾸기] 입력란에 『30』을 입력합니다.

```
이 스프라이트가 클릭될 때
용 복제하기 ▼ 방송하기
무한 반복하기
    벽에 닿으면 튕기기
    방향 - 5 부터 방향 + 5 사이의 난수 도 방향 보기
    5 만큼 움직이기
    색깔 ▼ 효과를 30 만큼 바꾸기
```

2 복제되었을 때

① [복제되었을 때] 이벤트 블록에 있는 [~번 반복하기] 블록 입력란에 『10』을 입력합니다.
② [~ 만큼 움직이기] 입력란에 『-10』을 입력합니다.

```
복제되었을 때
10 번 반복하기
    -10 만큼 움직이기
이 복제본 삭제하기
```

◎ 파일명 : 뽕망치로 두더지 잡기.sb2

설명

뽕망치로 두더지를 때리면 점수가 올라가는 프로그램입니다.

동작 과정

1 🏁 클릭하면
→ 무대에 뽕망치가 보입니다.
→ 뽕망치를 클릭하면 회전합니다.
→ 두더지는 불규칙하게 나타나고 뽕망치에 맞으면 점수가 올라갑니다.

2 프로그램 종료하기

변수 설명

▶ 위치 : 1부터 3 사이의 난수가 저장되는 변수입니다.
▶ 점수 : 뽕망치로 두더지를 잡았을 때 점수가 저장되는 변수입니다.

지시 사항

코딩 스프라이트 : 뽕망치

▶ 정의하기 '두더지'

    1) '위치'를 '1'부터 '3' 사이의 난수로 정하시오.
    2) '위치'가 '1'과 같다면 x: '-170' y: '10'으로 이동하시오.
    3) '위치'가 '2'와 같다면 x: '-10' y: '10'으로 이동하시오.
    4) '위치'가 '3'과 같다면 x: '150' y: '10'으로 이동하시오.

[유의사항]
※ 프로그램의 성능을 개선시키기 위한 내용으로 수정하시오.

해설

1 두더지 위치 설정

① [연산] 블록 중 [1부터 10 사이의 난수] 블록을 [위치를 ~로 정하기] 블록 안에 드래그 하여 추가합니다.
② 첫 번째 [만약 ~이라면] 블록의 조건에는 『1』을 입력하고, x좌표에는 『-170』, y좌표에는 『10』을 입력합니다.
③ 두 번째 [만약 ~이라면] 블록의 조건에는 『2』를 입력하고, x좌표에는 『-10』, y좌표에는 『10』을 입력합니다.
④ 세 번째 [만약 ~이라면] 블록의 조건에는 『3』을 입력하고, x좌표에는 『150』, y좌표에는 『10』을 입력합니다.

SECTION 03 | 재귀호출의 활용

① 재귀호출의 이해

재귀호출은 프로시저가 자기 자신을 호출하여 활용하는 것을 의미합니다. 재귀 프로시저는 재귀호출을 실행하는 기능의 프로시저를 의미합니다. 재귀 프로시저를 활용할 때, 유의할 점은 무한한 호출이 발생하여도 프로시저를 종료할 수 없습니다. 재귀 프로시저는 자신을 호출하는 동작을 종료하는 조건이 있을 때, 존재하고 그 조건이 만족하면 재귀호출은 중단해야 합니다.

> **전문가 조언**
>
> 재귀호출은 미세하게 변화하는 매개변수를 통해 같은 과정의 작업을 반복적이고, 알고리즘을 간략하게 표현할 수 있습니다. 그러므로 많은 알고리즘에서 재귀호출 형식의 프로그래밍이 활용되고 있습니다. 또한 프로그래밍에서 재귀호출을 활용하는 것은 어려운 일이지만 기본적인 이해를 통해 적용하는 것이 필요합니다.

② 재귀 프로시저의 구조

재귀 프로시저는 두 부분으로 나누어 구성합니다.

재귀호출 종료 부분은 재귀호출을 종료 시점에 조건과 그 조건이 만족되었을 때, 실행할 작업들이 있습니다. 재귀호출에 있어서 종료하는 조건은 프로시저의 매개변수에 따라 결정합니다.

재귀호출 수행 부분은 자신을 호출이 필요한 시점에서 실행할 작업과 자기 자신에 대해 호출이 필요한 작업의 영역을 포함합니다.

재귀 프로시저와 매개변수

매개변수를 활용했을 때 〈재귀호출 종료 조건〉이 적합하게 만족한다면
- 재귀호출 종료 상황에서 실행되어야 할 작업
- 재귀호출을 더 이상 반복적으로 수행하지 않음

〈재귀호출 종료 조건〉의 적합성에 만족하지 않는다면

- 최종적인 결과에서 일부의 작업 또는 중간 단계의 작업을 실행함
- 구성 인자를 수정하여 재귀호출을 실행함

재귀호출 시점마다 매개변수의 값이 변경되고 〈재귀호출 종료 조건〉을 만족해야 실행합니다.

❸ 재귀호출로 특정한 양의 정수까지 덧셈하기

▶ 파일명 : 재귀호출로 특정한 양의 정수까지 덧셈하기.sb2

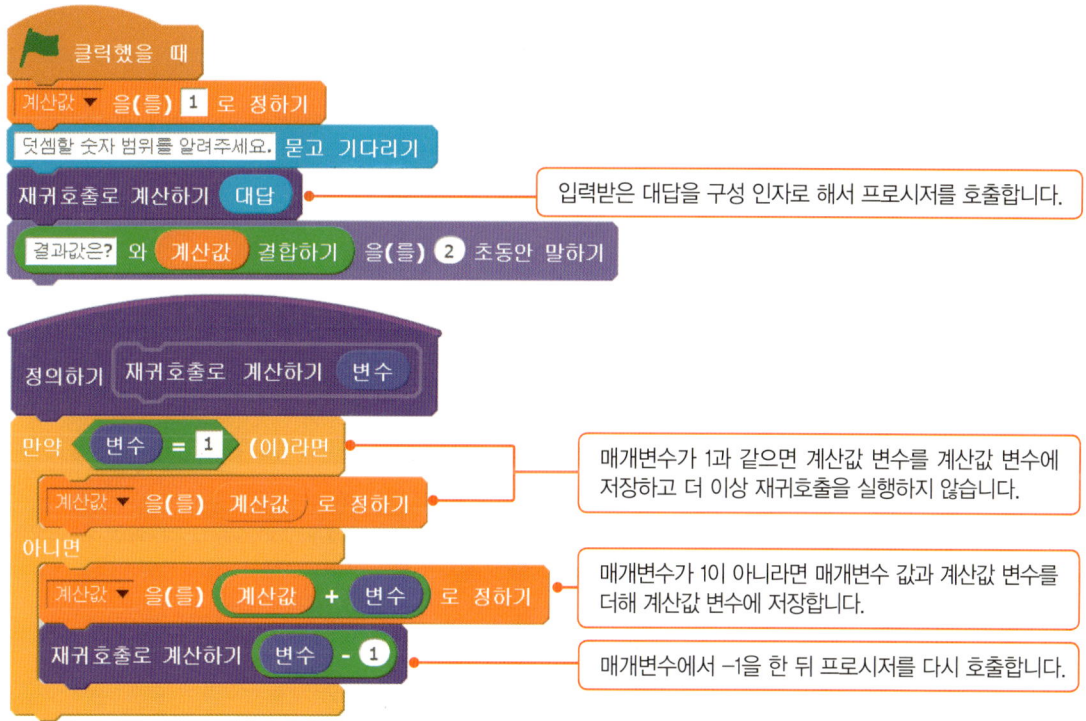

■ 프로시저 동작 과정

❶ 입력한 대답이 3이라면 매개변수에는 3이 저장됩니다.
❷ 매개변수(3)가 1이 아니기 때문에 호출 전에 저장한 계산값(1) 변수와 매개변수(3)의 합계를 계산값(4) 변수에 저장합니다.
❸ 매개변수(3)에서 1을 뺀 값(2)으로 다시 프로시저를 호출합니다.
❹ 다시 호출된 프로시저의 매개변수(2)가 1이 아니기 때문에 계산값(4) 변수와 매개변수(2)의 합계를 계산값(6) 변수에 저장합니다.
❺ 매개변수(2)에서 1을 뺀 값(1)으로 다시 프로시저를 호출합니다.
❻ 매개변수(1)가 1과 같기 때문에 계산값(6) 변수를 계산값(6) 변수에 저장합니다.

◎ 파일명 : 팩토리얼 계산하기.sb2

설명

입력 받은 양의 정수 값으로 팩토리얼(1부터 양의 정수 n까지의 정수를 모두 곱한 것) 계산하는 프로그램입니다.

동작 과정

1 ▶ 클릭하면
→ 무대에 고양이가 보입니다.
→ 숫자를 묻고 대답하면 대답한 값으로 팩토리얼 계산을 해서 결과값을 말합니다.

2 프로그램 종료하기

변수 설명

▶ 계산값 : 팩토리얼 계산의 결과값이 저장되는 변수입니다.

지시 사항

코딩 스프라이트 : 고양이

▶ 정의하기 '재귀호출'
  1) '팩토리얼' 매개변수가 '1'과 같다면 '계산값'을 '계산값'으로 정하시오. 아니면 '계산값'을 '계산값' 곱하기 '팩토리얼' 매개변수로 정하고 '재귀호출('팩토리얼' 빼기 '1')'을 호출하시오.

[유의사항]
※ 프로그램의 성능을 개선시키기 위한 내용으로 수정하시오.

해설

1 재귀호출

① [팩토리얼] 매개변수를 조건 왼쪽에 드래그 하여 추가한 후 조건 오른쪽에 『1』을 입력합니다.
② [데이터] 블록 중 [계산값] 블록을 [계산값을 ~로 정하기] 블록 입력란에 드래그 하여 추가합니다.
③ [데이터] 블록 중 [계산값] 블록을 [*] 블록 왼쪽에 드래그 하여 추가합니다. 오른쪽에는 [팩토리얼] 매개변수를 드래그 하여 추가합니다.

④ [추가 블록] 블록 중 [재귀호출 1]을 드래그 하여 추가합니다.
⑤ [연산] 블록 중 [-] 블록을 [재귀호출 1] 블록 입력란에 드래그 하여 추가합니다.
⑥ [팩토리얼] 매개변수를 [-] 블록 왼쪽에 드래그 하여 추가한 후 오른쪽 입력란에 『1』을 입력합니다.

1 다음 중에서 스크래치 복제 기능에 대한 설명으로 옳지 않은 것은 무엇입니까?

① 복제는 객체 지향형의 프로그램에서는 원본을 복사한 객체를 의미합니다.

② 메모리 영역에 복사하고, 그 복사된 객체를 스스로 동작 할 수 있도록 처리합니다.

③ 스프라이트 자신과 다른 특성의 개체를 만들기 하는 것입니다.

④ 스크래치 프로그램에서는 비슷한 기능으로 복사한 블록을 활용합니다.

2 다음 블록 중에서 설명에 적합한 블록을 고르시오.

> 복제되었을 때, 아래에 연결된 블록들의 기능을 순차적으로 실행합니다.

① 복제되었을 때
② 나 자신 ▼ 복제하기
③ 이 복제본 삭제하기
④ 모두 ▼ 멈추기

3 다음 중에서 스크래치의 복제 블록에 대한 설명으로 옳지 않은 것은 무엇입니까?

① 원본 스프라이트는 복제된 스프라이트에 동일한 효과를 적용할 수 있습니다.

② 스프라이트가 자신의 복제본을 작성하였다면 원본 스프라이트뿐만 아니라 복제본에게도 같은 효과를 적용합니다.

③ 스프라이트가 복제되었더라도 이벤트 처리 기능을 실행할 수 없습니다.

④ 원본과 복제본 스프라이트들도 함께 앞쪽과 뒤쪽 방향으로 동작하는 것을 볼 수 있습니다.

4 다음 중에서 난수에 대한 설명으로 옳지 않은 것은 무엇입니까?

① 난수는 무작위가 아닌 예정된 숫자 값을 의미합니다.

② 난수는 지정된 범위 영역 안에서 무작위로 추출된 숫자 값을 의미합니다.

③ 난수가 주로 사용되는 예로 복권이나 주택 청약 추첨에서 당첨번호를 만들기 합니다.

④ 게임 등에서 무작위로 등장하는 출현 방식의 아이템들이 있습니다.

정답 1. ③ 2. ① 3. ③ 4. ①

5 다음 중에서 컴퓨터에서 난수의 특성에 대한 설명으로 옳지 않은 것은 무엇입니까?

① 지정된 계산 방법을 사용하기 때문에 번번이 만드는 난수의 배열 형식과 같습니다.

② 컴퓨터의 시간을 변경한다면 매번 다른 형식의 난수 배열 만들기 합니다.

③ 번번이 실행할 때마다 같은 패턴 유형의 게임이 대표적인 예 입니다.

④ 난수의 종류 중에서 의사 난수는 같은 조건 하에서는 동일한 배열로 만들어지는 난수 종류입니다.

6 다음 중에서 재귀호출에 대한 설명으로 옳지 않은 것은 무엇입니까?

① 재귀호출은 프로시저가 다른 프로시저를 호출하여 활용하는 것을 의미합니다.

② 매개변수를 활용했을 때 재귀호출 종료 조건을 만족하면 재귀호출을 더 이상 반복적으로 실행하지 않습니다.

③ 재귀 프로시저는 무한한 호출이 발생하면 프로시저를 종료할 수 없습니다.

④ 재귀호출은 프로시저가 자기 자신을 호출하여 활용하는 것을 의미합니다.

7 다음 중에서 재귀 프로시저의 수행 부분에 대한 설명으로 옳은 것은 무엇입니까?

① 자신을 호출이 필요한 시점에서 실행할 작업과 자기 자신에 대해 호출이 필요한 작업의 영역을 포함합니다.

② 재귀호출을 종료 시점은 조건과 그 조건이 만족되었을 때 실행합니다.

③ 작업들과 재귀호출에 있어서 종료하는 조건은 프로시저의 매개변수에 따라 결정합니다.

④ 조건에 만족하면 더 이상 재귀호출을 반복적으로 수행하지 않습니다.

정답 5. ② 6. ① 7. ①

SECTION 11 실습문제

1 '문제1.sb2' 파일을 활용하여 지시된 내용으로 프로그램을 작성합니다.

설명

산소와 수소가 융합하여 물이 되는 프로그램입니다.

동작 과정

1 🏁 클릭하면
- → 무대에는 산소, 수소1, 수소2가 보입니다.
- → 산소, 수소1, 수소2 모두 불특정하게 움직입니다.
- → 산소와 수소1, 수소2가 모두 닿으면 물이 떨어집니다.

2 프로그램 종료하기

변수 설명

▶ W : 수소와 산소가 닿았을 때 +1 되어 저장되는 변수입니다.

지시 사항

코딩 스프라이트 : 수소1

▶ '융합1'을 받았을 때
  1) 다음 사항을 무한 반복하시오.
     → '산소' 위치로 이동하시오.
     → x좌표를 '10' 만큼 바꾸시오.
     → y좌표를 '-30' 만큼 바꾸시오.
     → 만약 'W' 변수가 '2'와 같다면 숨기시오.

코딩 스프라이트 : 산소

▶ '동작'을 받았을 때
  1) 벽에 닿으면 튕기기 하시오.
  2) '-30'부터 '10' 사이의 난수 값으로 시계 반대방향 돌기 하시오.

[유의사항]
※ 프로그램의 성능을 개선시키기 위한 내용으로 수정하시오.

2 '문제2.sb2' 파일을 활용하여 지시된 내용으로 프로그램을 작성합니다.

> 설명

마술사가 복제되는 유령을 맞추는 프로그램입니다.

> 동작 과정

1 ▶ 클릭하면
→ 무대에는 마술사와 유령이 보입니다.
→ 유령은 계속해서 복제되어 나타나고 매직봉에 맞으면 사라집니다.
→ 마술사가 던지는 매직봉이 유령에 맞으면 점수가 올라갑니다.

2 프로그램 종료하기

> 변수 설명

▶ 점수 : 매직봉이 유령에 맞았을 때 점수가 저장되는 변수입니다.

> 지시 사항

코딩 스프라이트 : 유령

▶ '유령 복제'를 받았을 때
  1) '3'부터 '5' 사이의 난수 값만큼 기다리시오.

2) '나 자신'을 복제하시오.

▶ '날아가기'를 받았을 때

1) 다음 사항을 무한 반복하시오.
→ '3'초 동안 x: ('-100'부터 '200' 사이의 난수) y: ('-140'부터 '140' 사이의 난수)로 움직이시오.

[유의사항]

※ 프로그램의 성능을 개선시키기 위한 내용으로 수정하시오.

3 '문제3.sb2' 파일을 활용하여 지시된 내용으로 프로그램을 작성합니다.

설명

1부터 입력한 숫자까지의 짝수만 또는 홀수만 곱셈하는 프로그램입니다.

동작 과정

1 ▶ 클릭하면
→ 무대에는 고양이가 보입니다.
→ 숫자를 입력하면 1부터 입력한 숫자까지의 짝수들 또는 홀수들의 곱을 말합니다.

2 프로그램 종료하기

변수 설명

▶ 계산값 : 짝수 또는 홀수의 계산된 결과값이 저장되는 변수입니다.

> 지시 사항

코딩 스프라이트 : 고양이

▶ 다음 순서도를 참고하여 작성합니다.

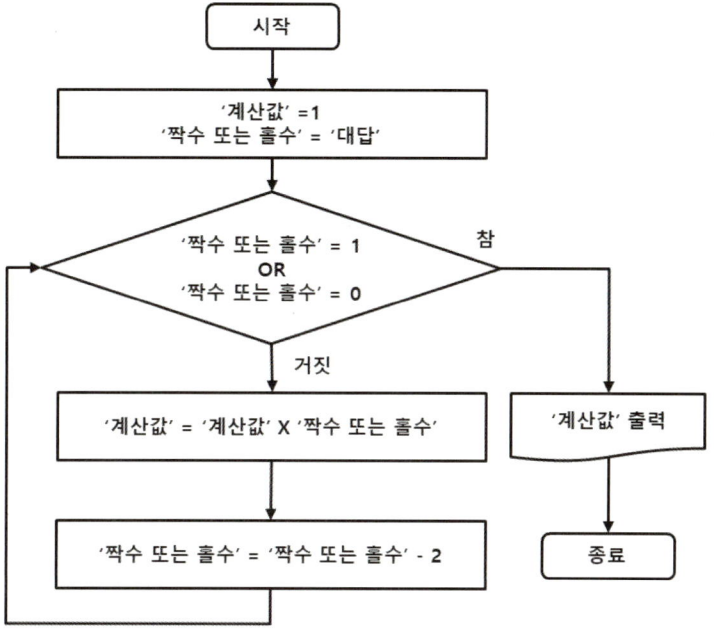

[유의사항]

※ 프로그램의 성능을 개선시키기 위한 내용으로 수정하시오.

memo

02

실전 모의고사

1 '실전 모의고사 01.sb2' 파일을 활용하여 지시된 내용으로 프로그램을 작성합니다.

> 설명

마녀가 유령을 피해 다니는 프로그램입니다.

> 동작 과정

1 ▶ 클릭하면
→ 무대에는 마녀와 유령이 보입니다.
→ 마녀는 마우스 포인터를 따라 움직이고 유령은 마녀를 따라 움직입니다.
→ 유령이 마녀를 잡으면 마녀는 사라지고 유령은 표정이 바뀌면서 마녀를 잡는 데 걸린 시간을 말합니다.

2 프로그램 종료하기

> 변수 설명

▶ 시간 : 유령이 마녀를 잡을 때까지의 시간이 저장되는 변수입니다.

> 지시 사항

코딩 스프라이트 : 마녀

▶ ▶ 클릭했을 때
  1) 다음 사항을 무한 반복하시오.
     → '마우스 포인터' 쪽을 보고 '마우스 포인터' 위치로 이동하시오.
     → '유령' 스프라이트에 닿으면 '잡혔다.'를 방송하시오.

[유의사항]
※ 프로그램의 성능을 개선시키기 위한 내용으로 수정하시오.

2 '실전 모의고사 02.sb2' 파일을 활용하여 지시된 내용으로 프로그램을 작성합니다.

설명

상자를 클릭하면 생일선물을 보여주는 프로그램입니다.

동작 과정

1 🚩 클릭하면
   → 무대에는 상자가 보입니다.
   → 상자에는 '기타', '신발', '머플러', '밴드', '케이크' 다섯 가지 생일 선물이 들어 있습니다.
   → 상자를 클릭하면 다섯 가지 생일 선물 중 무작위로 나타납니다.

2 프로그램 종료하기

변수 설명

▶ 생일선물 : 다섯 가지 생일 선물 중 무작위로 한 가지가 나오도록 하기 위한 변수입니다.

지시 사항

코딩 스프라이트 : 상자

▶ 이 스프라이트가 클릭될 때
  1) '받기' 메시지를 방송하고 숨기시오.

코딩 스프라이트 : 생일선물

▶ 🚩 클릭했을 때
  1) '생일선물' 변수를 '1'부터 '5' 사이의 난수로 정하시오.

[유의사항]

※ 프로그램의 성능을 개선시키기 위한 내용으로 수정하시오.

3 '실전 모의고사 03.sb2' 파일을 활용하여 지시된 내용으로 프로그램을 작성합니다.

설명

뽕망치로 두더지를 때리면 점수가 올라가는 프로그램입니다.

동작 과정

1 🚩 클릭하면
- → 무대에 뽕망치가 보입니다.
- → 뽕망치를 클릭하면 회전합니다.
- → 두더지는 불규칙하게 나타나고 뽕망치에 맞으면 점수가 올라갑니다.

2 프로그램 종료하기

변수 설명

▶ 위치 : 1부터 5 사이의 난수가 저장되는 변수입니다.
▶ 점수 : 뽕망치로 두더지를 잡았을 때 점수가 저장되는 변수입니다.

지시 사항

코딩 스프라이트 : 뽕망치

▶ 이 스프라이트가 클릭될 때
  1) 시계 반대 방향으로 '15'도 돌기를 '24'번 반복하시오.
  2) '잡기' 메시지를 방송하고 '0.1'초 기다리시오.

코딩 스프라이트 : 두더지

▶ 두더지 추가블록
  1) 다음 지시사항을 읽고 순서대로 동작하도록 스크립트를 완성하시오.
     - → '위치'를 '1'부터 '5' 사이의 난수로 정하시오.
     - → '위치'가 '1'과 같다면 x: '-170' y: '10'으로 이동하시오.
     - → '위치'가 '2'와 같다면 x: '-10' y: '10'으로 이동하시오.
     - → '위치'가 '3'과 같다면 x: '150' y: '10'으로 이동하시오.
     - → '위치'가 '4'와 같다면 x: '-60' y: '-70'으로 이동하시오.
     - → '위치'가 '5'와 같다면 x: '90' y: '-70'으로 이동하시오.

[유의사항]
※ '보기블록' 스프라이트에 주어진 블록만 이용하시오.

4 '실전 모의고사 04.sb2' 파일을 활용하여 지시된 내용으로 프로그램을 작성합니다.

설명

공이 들어있는 기계 속의 공을 무작위로 뽑는 프로그램입니다.

동작 과정

1 ▶ 클릭하면
→ 무대에 기계가 보이고 공이 계속해서 움직입니다.
→ 3초 후에 기계에서 숫자가 적힌 공 한 개가 무작위로 나오고 해당 숫자를 알려줍니다.

2 프로그램 종료하기

변수 설명

▶ 숫자 : 1부터 5까지의 난수가 저장되는 변수입니다.
▶ I : 공 모양을 정하기 위해 저장되는 변수입니다.

지시 사항

코딩 스프라이트 : 공

▶ ▶ 클릭했을 때
  1) '숫자'를 '1'부터 '5' 사이의 난수로 정하시오.
  2) '숫자' 변수와 'I' 변수가 같으면 모양을 'I' 변수로 바꾸고 '팡'을 재생하시오.

▶ 크기변환 추가블록
  1) 크기를 '10' 만큼 바꾸고 '1'초 기다리기를 '3'번 반복하시오.

[유의사항]
※ 프로그램의 성능을 개선시키기 위한 내용으로 수정하시오.

5 '실전 모의고사 05.sb2' 파일을 활용하여 지시된 내용으로 프로그램을 작성합니다.

설명

주어진 공식을 이용해서 값을 계산하는 프로그램입니다.

동작 과정

1 ▶ 클릭하면
  → 무대에 고양이가 보입니다.
  → 고양이가 '3 보다 큰 한 자리 숫자를 입력하시오.'라고 질문하면 답변을 입력합니다.
  → 답변한 숫자와 답변한 숫자보다 1 작은 수를 곱셈하여 결과 값을 리스트에 추가합니다.
  → 입력한 숫자를 1씩 감소시키며 3이 될 때까지 과정을 반복합니다.

2 프로그램 종료하기

변수 설명

▶ 숫자 : 질문에 대한 대답이 저장되는 변수입니다.

지시 사항

코딩 스프라이트 : 고양이

▶ ▶ 클릭했을 때
  1) 다음 사항을 '숫자' 변수가 '3' 보다 작을 때까지 반복하시오.
    → 입력한 숫자와 입력한 숫자보다 1 작은 숫자의 곱셈을 '곱셈' 리스트에 추가하시오.
    → '숫자' 변수를 '-1' 만큼 바꾸시오.

[유의사항]
※ '보기블록' 스프라이트에 주어진 블록만 이용하시오.

6 '실전 모의고사 06.sb2' 파일을 활용하여 지시된 내용으로 프로그램을 작성합니다.

> 설명

행성을 피해 아이템을 잡는 프로그램입니다.

> 동작 과정

1 ▶ 클릭하면
  → 무대에 우주선이 보입니다.
  → 아이템과 행성이 위에서 무작위로 떨어집니다.
  → 아이템을 잡으면 점수가 올라가고 행성에 부딪히면 중지됩니다.

2 프로그램 종료하기

> 변수 설명

▶ 위치 : 아이템과 행성의 위치가 저장되는 변수입니다.
▶ 점수 : 점수가 저장되는 변수입니다.

> 지시 사항

코딩 스프라이트 : 우주선

▶ ▶ 클릭했을 때
  1) '아이템'에 닿으면 '점수'를 '10' 만큼 바꾸고, '숨기기' 메시지를 방송하시오.

▶ '왼쪽 화살표' 키를 눌렀을 때
  1) '-10' 만큼 움직이시오.

▶ '오른쪽 화살표' 키를 눌렀을 때
  1) '10' 만큼 움직이시오.

코딩 스프라이트 : 아이템

▶ ▶ 클릭했을 때
  1) 다음 사항을 무한 반복하시오.
     → 보이기 한 후 '위치' 변수를 '1'부터 '3' 사이의 난수로 정하시오.
     → '아이템 날아오기' 추가 블록을 호출한 후 숨기기 하시오.

[유의사항]
※ 프로그램의 성능을 개선시키기 위한 내용으로 수정하시오.

7 '실전 모의고사 07.sb2' 파일을 활용하여 지시된 내용으로 프로그램을 작성합니다.

> **설명**

아기돼지 삼형제 동화의 일부를 구현한 프로그램입니다.

> **동작 과정**

1 🚩 클릭하면
  → 무대에 집이 보입니다.
  → 늑대가 집 앞으로 나타나서 문을 부수려고 하지만 부서지지 않아 포기하고 사라집니다.
  → 늑대가 사라지면 돼지 삼형제가 집에서 나와 웃습니다.

2 프로그램 종료하기

> **지시 사항**

코딩 스프라이트 : 집

▶ '포기'를 받았을 때
  1) '1'초 기다린 후 모양을 '벽돌집1'로 바꾸시오.

코딩 스프라이트 : 늑대

▶ '늑대이동'을 받았을 때
  1) 다음 사항을 5번 반복하시오.
      → 모양을 '늑대2'로 바꾸고 '0.1'초 기다리시오.
      → 모양을 '늑대1'로 바꾸고 '0.1'초 기다리시오.

[유의사항]
※ 프로그램의 성능을 개선시키기 위한 내용으로 수정하시오.

8 '실전 모의고사 08.sb2' 파일을 활용하여 지시된 내용으로 프로그램을 작성합니다.

> 설명

연비, 연료량, 차종에 따라 이동할 수 있는 거리를 계산하는 프로그램입니다.

> 동작 과정

1 🏁 클릭하면
  → 무대에 자동차가 보입니다.
  → 차종과 남은 연료를 묻고 대답하면 이동 가능한 거리를 계산하여 말합니다.

2 프로그램 종료하기

> 변수 설명

- ▶ 경차 연비 : 경차의 연비인 8이 저장되는 변수입니다.
- ▶ 중형차 연비 : 경차의 연비인 12가 저장되는 변수입니다.
- ▶ 차종 : 차종이 중형차인지 경차인지에 대한 대답이 저장되는 변수입니다.
- ▶ 연료량 : 남은 연료량에 대한 대답이 저장되는 변수입니다.
- ▶ 이동거리 : 연비, 연료량, 차종에 따라 이동할 수 있는 거리가 계산되어 저장되는 변수입니다.

> 지시 사항

코딩 스프라이트 : 자동차

▶ '이동거리 계산' 추가 블록

  1) 차종 매개변수와 연료량 매개변수를 입력받아 자동차가 이동 가능한 거리를 계산하시오.
     → 중형차이면 '이동거리'를 '이동거리 = 연료량 * 중형차 연비'의 천장 함수로 계산하여 바꾸시오.
     → 경차면 '이동거리'를 '이동거리 = 연료량 * 경차 연비'의 천장 함수로 계산하여 바꾸시오.

[유의사항]
※ 프로그램의 성능을 개선시키기 위한 내용으로 수정하시오.

9 '실전 모의고사 09.sb2' 파일을 활용하여 지시된 내용으로 프로그램을 작성합니다.

설명

주어진 예시를 이용해서 합계를 계산하는 프로그램입니다.

동작 과정

1 🚩 클릭하면
- → 무대에 고양이가 보입니다.
- → 10자리 숫자를 입력하면 각 자리의 숫자를 덧셈합니다.
- → 고양이가 계산한 합계를 말합니다.

2 프로그램 종료하기

예시 '1234567890' 입력 → 1+2+3+4+5+6+7+8+9+0 → '45' 말하기

변수 설명

▶ N : 자연수의 자릿수를 판단하기 위해 사용하는 변수입니다.
▶ 합계 : 계산결과가 저장되는 변수입니다.

지시 사항

코딩 스프라이트 : 고양이

▶ '계산' 추가 블록

1) 10자리 숫자의 각 자리의 숫자를 덧셈하여 계산값을 말하도록 스크립트를 완성하시오.

[유의사항]
※ 보기블록 스프라이트에 주어진 블록만 이용하시오.

10 '실전 모의고사 10.sb2' 파일을 활용하여 지시된 내용으로 프로그램을 작성합니다.

설명

시작 숫자부터 끝 숫자까지의 모든 숫자를 곱하는 프로그램입니다.

동작 과정

1 🏁 클릭하면

→ 무대에 고양이가 보입니다.
→ 시작 숫자와 끝 숫자를 입력하면 시작 숫자부터 끝 숫자까지의 모든 숫자를 곱하여 계산합니다.
→ 고양이가 계산결과를 말합니다.

2 프로그램 종료하기

변수 설명

▶ 계산값 : 시작 숫자부터 끝 숫자까지의 모든 숫자의 곱셈 결과가 저장되는 변수입니다.
▶ 시작값 : 입력한 시작 숫자가 저장되는 변수입니다.
▶ 끝값 : 입력한 끝 숫자가 저장되는 변수입니다.

지시 사항

코딩 스프라이트 : 고양이

▶ 🏁 클릭했을 때

1) 다음 순서도를 참고하여 '시작 숫자'부터 '끝 숫자'까지의 모든 숫자의 곱셈의 값을 올바르게 계산하도록 스크립트를 완성하시오.

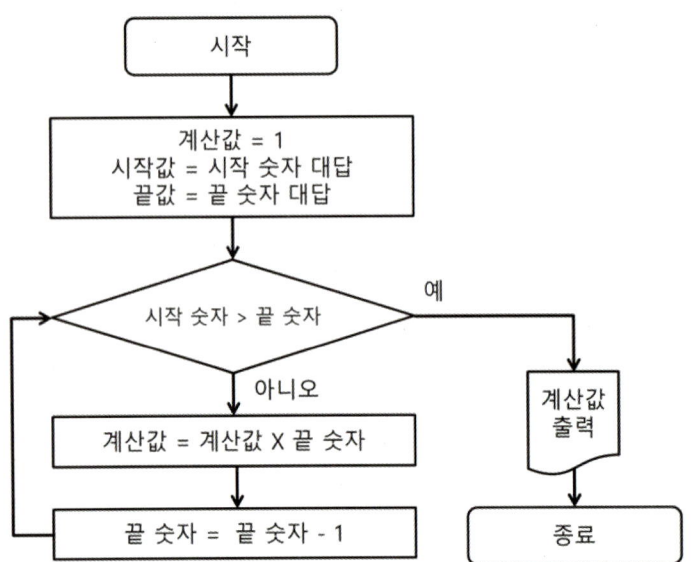

[유의사항]
※ 보기블록 스프라이트에 주어진 블록만 이용하시오.